Katrin Liebelt

Endlich wieder gute Bilder

Katrin Liebelt

Endlich wieder gute Bilder

Eine kleine Politsatire

HEINER LABONDE VERLAG

für Rolf und Tom

ISBN 978-3-937507-83-5
Gestaltung: Pada ri GmbH, Essen
Printed in Germany

Gestern warst du fröhlich und heute bist du froh,
dass dein Gegenüber dich nicht schlägt,
wenn sich intelligentes Leben in dir regt.
Stell' dich einfach tot,
Stell' dich einfach tot.
Iss, trink, schlaf', träum',
Iss, trink, schlaf'.
Das ist heute nicht dein Tag.

(Element of Crime, *Nicht Dein Tag*)

Die folgende Geschichte ist frei erfunden.
Und auch jede Ähnlichkeit mit real existierenden Personen ist rein zufällig.
Alles andere wäre bedenklich.

Prolog

Endlich war der Spuk vorbei. Hatten sich die optimistischen Zeitgenossen der Illusion hingegeben, danach würde alles anders sein, holte sie schnell die Realität ein. Wir radelten nicht rücksichtsvoll und entspannt über autofreie Hauptverkehrsadern durch eine Welt, die frei von Abgasen, Borkenkäfern und Glyphosat war. Wir lächelten uns nicht mehr mit den Augen zu, ließen uns den Vortritt oder übten uns in Verzicht und Achtsamkeit. Was erstaunlich war, denn ich erinnerte mich noch gut an all die Gespräche, in denen zwar bedauert wurde, dass es einer solch verheerenden Pandemie bedurfte, um »endlich mal runter zu kommen«, man aber mit dem Blick in den Abgrund zu guter Letzt zu erkennen meinte, »was wirklich zählt«. Die allgemeine Tiefgründigkeit war schnell verflogen, mit ihr Entschleunigung und Rücksichtnahme. Irgendwie war danach alles wieder wie davor, wenn nicht schlimmer.

Nach dem *Reset* konnten die Leute gar nicht schnell genug Sitze in voll besetzten Billigfliegern buchen, die sie an verlängerten Wochenenden in Barcelona, Tallinn oder Istanbul ausspuckten. Auf den U-Bahnsteigen rempelten sich wieder Berufspendler und Touristen an und verfluchten die Existenz der jeweils anderen Spezies. In den überfüllten Bussen atmeten sich genervte und schwitzende Menschen in den Nacken und sehnten sich nach den FFP2-Masken zurück. Auf Kreuzfahrtschiffen stürmten Horden von Weltenbummlern die Buffets und feierten allabendlich die wiedergewonnene Freiheit. Vor den Eingangstüren der *Flagship Stores* der internationalen Ketten, die mit Hilfe der Steuerzahler überlebt hatten, bildeten sich schon nachts lange Schlangen, damit eben diese Steuerzahler sich als erste das neueste Sneaker- oder Smartphone-Modell sichern konnten. Konsumkritik war gestern. Man kaufte auch nicht mehr lokal, um die kleinen Läden vor Ort zu retten. Stattdessen wurde wieder fröhlich im weltweiten Netz geshoppt, um die Weltwirtschaft anzukurbeln. Auch Globalisierungskritik war nur noch Erinnerung. Wellnesstempel lockten mit satten Rabatten, Fitnesscenter unterboten sich gegenseitig, und überhaupt war Geiz wieder geil. In den Clubs der Hauptstadt tauschten Unbekannte wie ehedem ungehemmt Körperflüssigkeiten aus. Und nicht jeder verlangte vorher einen Blick auf den Immunstatus des anderen. Auch

Wissenschaft und Politik hatten die größte Herausforderung seit dem zweiten Weltkrieg hinter sich gelassen, zumindest in den meisten Staaten der nördlichen Hemisphäre. Die Kräfteverhältnisse hatten sich verschoben, woran nicht immer der Zufall, sondern meist die politische Führung schuld war.

Die Virologen durften endlich wieder ihrem Kerngeschäft nachgehen und erholten sich in ihren einsamen Laboren von dem medialen Rummel, der ihnen oft ungefragt zuteil geworden war. Sie dürften sich aber noch lange auf dem ersten Platz bei Befragungen von Vorschulkindern nach deren Berufswunsch halten.

Die Gesundheitsexperten der Parteien hatten ihre Stammplätze in den Talkshows wieder an Fußballtrainer, Fernsehköche und Filmstars abgetreten. Alle sehnten sich nach Spaß, Unbeschwertheit und Vergnügen ohne Auflagen, Hygiene- und Abstandsregeln.

Das freilich wusste auch die Politik. Die Menschen hatten genug von Kurven und Statistiken, niemand hatte mehr Lust, auf täglichen Pressekonferenzen über Reproduktionszahlen, Verdoppelungszeiten oder Testverfahren aufgeklärt zu werden. Statt *flatten the curve* hieß es hochfahren, was das Zeug hält. Nach dieser seltsamen und unwirklich anmutenden Zeit erwarteten die Menschen von der Politik vor allem eins: endlich wieder gute Bilder. Und die sollten sie bekommen.

Homestory, Oktober

Frau Ministerin blickte frohgemut in die Kamera, ganz wie es die Öffentlichkeit und der politische Freund und Feind von ihr gewohnt waren. Das Kinn in die Höhe gereckt, mit hochgezogenen Brauen und strahlendem Lächeln. Das blonde Haar fiel frisch geföhnt und locker auf die schmalen Schultern. Diese steckten heute statt in einem dunkelblauen Blazer über einer hellblauen oder rosa Bluse in einem dem Anlass angemessenen rustikalen Karohemd. Dazu trug Frau Dr. Roswitha Wanninger eine sportliche Leinenhose und flache Schuhe. Ihr Gatte hielt sich vornehm im Hintergrund. Er überragte seine Frau und die beiden fast erwachsenen Töchter um Haupteslänge und blickte stolz auf die Seinen herab.

Die Ministerin plauderte mit den anwesenden Journalistinnen und Reportern und erzählte freimütig, wie sehr sie sich darauf freue, am Nachmittag auf dem nahen Golfplatz an ihrem Handicap zu arbeiten. Am Abend wollte sie mit Mann und Töchtern einen langen Spaziergang über die ausgedehnten Wiesen und Felder unternehmen, die ihr Vater über die Jahre in den Besitz der Familie gebracht hatte. Das Anwesen hatte nichts gemein mit der bayerischen Hofstelle, die der Alte in den fünfziger Jahren von einem studierten, aber praxisuntauglichen Agrarökonomen aus Westfalen übernommen und dann mit Fleiß und Willenskraft auf Vordermann gebracht hatte. Heute gehörte der Vater der Ministerin zu den vermögendsten Landwirten Oberbayerns. Dass ein Spross der Familie in die Politik ging und im fernen Berlin den Interessen der Milch- und Ackerbauern eine starke Stimme gab, war logische Folge dieser Erfolgsstory.

Bevor die Ministerin in ihre Golfkleidung wechseln und ein paar Bälle schlagen konnte, musste der generalstabsmäßig vorbereitete Fototermin über die Bühne gebracht werden. Schließlich hatte der Herrgott vor das Vergnügen die Arbeit gestellt.

Die gesamte Leitungsebene des *Bundesministeriums für Ernährung, Gesundheit, Lebensqualität und Nachhaltigkeit*, über dessen Kürzel BuEGeLN die Heute-Show nicht müde wurde flache Witze zu reißen, war vor Ort. Wir waren seit Wochen mit den Vorbereitungen des »wichtigsten Termins des Jahres« beschäftigt gewesen und standen kurz vor dem Startschuss erheblich unter Strom. Im Dateiverzeichnis des Leitungsstabs waren die entsprechen-

den Vermerke, *Papers* und *Non-Papers* im Ordner »Homestory-Ponyhof« abgespeichert. Presseleute und die gesamte Öffentlichkeitsarbeit, vom Referatsleiter bis zu den Praktikanten, hatten jedes einzelne Detail überprüft, überworfen und feingetunt, damit am Ende alles so natürlich und spontan wie möglich wirkte. Eben damit es endlich wieder richtig gute Bilder gab.
Ich sah auf die Uhr und sehnte den Moment herbei, in dem Pressesprecher Uli Boeck die versammelten Fotografen und Reporter mit den Worten »Vielen Dank, meine Damen und Herren« in den kläglichen Rest des Wochenendes entlassen würde. Ungeduldig trat ich von einem Fuß auf den anderen. Vor zwei Tagen waren wir frühmorgens mit dem Flieger aus Berlin in München gelandet. Nun, da sich *Fridays for Future* nach der Zwangspause wieder lauter zu Wort meldete und Flugscham verbreiten wollte, war diese Gruppenreise an Bord einer Lufthansamaschine mit einem gewissen Risiko verbunden. Schließlich hätte irgendeine sensationshungrige Volontärin an Bord sein und ein Foto vom Tross der Ressortchefin für Nachhaltigkeit schießen können, um daraus eine Skandalstory zu fabrizieren. Aber mit einer Kolonne von Dienstwagen nach Bayern zu heizen war auch keine Alternative. Erst vor ein paar Tagen war wieder eine Rangliste mit den CO_2-Werten der Fahrzeugflotte der Kabinettsmitglieder veröffentlicht worden, die wie jedes Jahr für Erregung sorgte. Immerhin waren auf Druck des Kanzlers inzwischen einige Fahrzeuge aus dem Verkehr gezogen und durch Elektroautos ersetzt worden, aber bis das Kabinett klimaneutral unterwegs war, würden noch einige Eisbären ihr Leben lassen.
Wir waren also vor zwei Tagen angemessen verschämt in den Flieger gestiegen und vom Erdinger Moos mit Minibussen in ein Hotel am Starnberger See verfrachtet worden. Am Abend vor dem Abflug ins Voralpen-Idyll hatten wir im Ministerium noch bis in die Puppen *Teambuilding* betrieben und bei Bier und Wein Karaoke gesungen. Diese denkwürdige Zusammenkunft steckte den meisten von uns noch in den Knochen, als wir uns in die Finalisierung der Homestory stürzten.
An den letzten beiden Tagen hatte ich mehrmals mit unserer polnischen Pflegekraft telefoniert. Wir konnten von Glück sagen, dass wir Natalia hatten. Sie betreute in der Nachbarschaft eine alte Dame, sprang aber gelegentlich bei uns ein, wenn wir Unterstützung brauchten. Wer nicht die finanziellen Mittel hatte, privat jemanden zu engagieren, hatte halt Pech.

Während der Pandemie hatte endlich auch die Politik das Thema Pflegenotstand auf die Agenda gesetzt. Die Heldinnen und Helden wurden beklatscht und bejubelt, bekamen einmalige Boni und einen Wellness-Gutschein, wenn sie an vorderster Front gedient hatten. Spannend war, was von der Wertschätzung ganz konkret übrigbleiben würde. Jedenfalls machte es sich mehr denn je wunderbar, wenn die Gesundheitsministerin den weißen Kittel überstreifte und in ihrem Wahlkreis für ein Stündchen im Altenwohnheim hospitierte. Auch ein solcher Einsatz garantierte gute Bilder. Der entsprechende Ordner trug den vielsagenden Titel »Zwischenmenschliches«. Auf der an das Fotoshooting anschließenden Pressekonferenz wurde dann ein *Masterplan* vorgestellt, der versprach, den Mangel an Pflegekräften binnen kürzester Zeit zu beheben, auch, um für einen erneuten Ernstfall gut gerüstet zu sein. Man musste nur den Lohn um ein paar Euro erhöhen und drei Urlaubstage drauflegen, und schon würden Massen junger Menschen sich für eine Ausbildung in der Pflege entscheiden. Nicht nur wegen des neuen Heldenmythos und der attraktiven Arbeitsbedingungen in diesem sexy Beruf, sondern auch, weil sie der Gesellschaft »etwas zurückgeben« wollten. Was sie angesichts der maroden Schulen, Spielplätze, Schwimmbäder und Sportanlagen eigentlich in so jungen Jahren zurückgeben wollten, war eine nicht ganz unberechtigte Frage, wie ich fand.

Natalia jedenfalls kümmerte sich um Papa, wenn ich dienstlich außerhalb Berlins unterwegs war, was zum Glück selten vorkam. Und noch seltener so wie jetzt drei ganze Tage am Stück. Die Tatsache, so lange nicht bei ihm in Berlin zu sein, zerrte zusätzlich an meinem angegriffenen Nervenkostüm.

Am Tag des Fototermins setzten wir ab sechs Uhr morgens die letzten Haken hinter unsere *To-do*-Listen. Ministerin, Gatte, Töchter und das Pony wurden frisiert und gepudert, die langsam eintrudelnde Journalistenschar mit Kaffee, Mettbrötchen und Smalltalk bei Laune gehalten und schaulustige Dorfbewohner hinter die Absperrungen aus weiß-rotem Flatterband verwiesen.

Jetzt war es elf Uhr und endlich konnte es losgehen mit der Homestory des Jahres. Dank des Klimawandels spielte auch das Wetter an diesem Morgen im Oktober mit. Die Sonne schien verlässlich und heiß vom wolkenlosen Himmel. Das verbrannte Gras auf den Wiesen im Hintergrund konnte man später für Instagram und Facebook mit einem Mausklick in sattes

Grün verwandeln. Und damit in die Farbe der Hoffnung. Das Spätsommerlicht würde sich auf den Bildern gut machen, warme Farben kamen immer gut rüber und ließen das Lächeln der Ministerin weicher erscheinen. Sobald das hier vorbei war, würde ich mit den Kolleginnen und Kollegen nach Berlin zurück jetten, Papa kurz Gesellschaft leisten und mir dann meine Schwimmtasche schnappen. Und dann nichts wie ins Wasser. Das Schwimmen hatte mir schon oft das Leben gerettet. Wenn es mir mit Papa zu viel wurde oder ich von Ebbi mit einer WhatsApp-Nachricht abgespeist wurde, weil er kurzfristig seiner Frau die Hand halten musste, statt unsere Verabredung einzuhalten. Oder wenn ihn mal wieder Skrupel überkamen und er mir mitteilte, dass er es nicht länger mit seinem Gewissen vereinbaren könne, seine depressive Frau mit einer Jüngeren zu hintergehen.

Bevor ich in düstere Stimmung versank, den ganzen Tag statt mit Ebbi mit Netflix im Bett verbrachte und in Selbstmitleid zerfloss, musste ich die Kurve kriegen und ins Schwimmbecken steigen. Nach zweitausend monotonen Metern ging es mir besser. Der Kopf war frei, die dunklen Wolken verzogen sich und ich glaubte wieder fest daran, dass auch für mich bald alles gut würde. Vor meinem geistigen Auge sah ich ganz deutlich die Alpenvereinshütte, auf der ich unbeschwerte Sommer verbrachte und die Geschichten zu Papier brachte, die schon lange in mir schlummerten. Ich schloss die Augen und beschwor gerade das herrliche Gefühl herauf, wenn die Fingerspitzen ins kühle Nass tauchten und mein Körper ins Wasser glitt, als ein ohrenbetäubender Knall die sonntägliche Idylle auf dem Gutshof der Familie Wanninger jäh zerriss.

Selbst denjenigen Zeugen der Szene, die nicht zu den eingeschworenen Fans von *True Crime*-Serien und -Podcasts zählten, gefror augenblicklich das Blut in den Adern. Allen war in diesem Moment klar, dass es sich bei dem Geräusch um nichts anderes handeln konnte als um einen Schuss, abgefeuert aus einem Hinterhalt.

Der Beweis folgte mit grausamer Heftigkeit. Der eben noch wenn auch kleine, so doch stolze Körper des Opfers sank zu Boden. Die in alle Richtungen ausgestreckten Gliedmaßen vollführten irre Zuckungen. Schmerz und Schreck mussten unerträglich sein und verwandelten das von Familie, Freunden und den Leserinnen der einschlägigen Klatschpostillen geliebte Wesen in eine gequälte Kreatur.

Aus der in adrettem Freizeitlook gekleideten und exakt gescheitelten Familie Wanninger wurde binnen Sekunden ein hysterisch kreischendes Knäuel. Um ihr Leben in Sicherheit zu bringen, stoben auch alle Umstehenden auseinander und überließen Zwergpony Ernie seinem grausamen Schicksal. Das so nett anmutende Gruppenbild war nicht mehr als Erinnerung. Allein das Pony blieb in seinem Todeskampf einsam und verlassen auf der Wiese zurück.
Niemand hatte es kommen sehen. Und doch beschlich mich der Gedanke, dass es früher oder später so hatte kommen müssen. Nach einem Jahr unter ihrem Regime gab es im BuEGeLN den einen oder anderen, der eine saftige Rechnung mit Frau Ministerin Dr. Roswitha Wanninger offen hatte. Ganz abgesehen von den Frauen und Männern, die sie über die Jahre auf ihrem Weg in die Führungsriege ihrer Partei ausgebootet hatte. Nun allerdings hatte es Ernie getroffen, das unschuldige Zwergpony, das seit Jahren einen festen Platz im Streichelzoo der Familie Wanninger eingenommen hatte.
Mich persönlich wunderte an der Sache eigentlich nur Folgendes: erstens, warum es so lange gedauert hatte, bis jemand Ernst gemacht hatte. Und zweitens, wieso der Stümper sein eigentliches Ziel verfehlt hatte.
Aber der Reihe nach.

Wahldesaster, September des Vorjahres

Ebenfalls an einem Sonntag, ein knappes Jahr zuvor, überstieg die Zahl der leeren Rotweinflaschen, wie immer bei diesen Zusammenkünften, deutlich die Zahl der anwesenden Personen. Zwar gab es gute Gründe, das Glas zu erheben, denn endlich war Licht am Ende des Tunnels. Das Oktoberfest würde stattfinden und die Rezession fiel nicht ganz so schlimm aus, wie es die Schlechte-Laune-Professoren der führenden Wirtschaftsinstitute noch vor Kurzem gebetsmühlenartig vor jeder Kamera wiederholt hatten. Es schien kurz vor der Wahl durchaus gerechtfertigt, optimistisch in die Zukunft zu blicken.

Meine Partei aber hatte mal wieder kein bisschen vom positiven Stimmungswandel profitiert. Geschweige denn vom durchaus souveränen Krisenmanagement der Regierung in den vergangenen Monaten. Im Gegenteil, das internationale Lob und die hohen Zustimmungswerte der Bevölkerung heimsten die anderen ein, während meine Partei weitgehend unsichtbar blieb. Und nun hatten wir die Quittung bekommen, weswegen es für uns rein gar nichts zu feiern gab. Wir hatten an diesem Tag, einem trüben und regnerischen Spätsommerabend, den Frust über eine Zahl ertränken wollen: gerade noch zweistellig.

Allen war klar: Das würde nicht reichen. Vielleicht noch nicht einmal als Juniorpartner in einer der vielen Farbvarianten, die im Vorfeld der Bundestagswahl in endlosen Talkshow-Schleifen diskutiert worden waren. Als meine Partei den Wahlkampf einläutete, musste man schon an kompletter Realitätsverweigerung leiden, um ernsthaft einen Kanzlerkandidaten zu präsentieren. Aber auf diesem Gebiet hatte meine Partei seit längerem die Nase ganz vorn. Leider nicht in den Hochrechnungen, die sich schon vor dem Morgengrauen in ein absolut desaströses Endergebnis verwandeln würden.

Das einzig Spannende war, wer die Kanzlerin beerben würde. Der Kandidat aus den eigenen Reihen oder der Kandidat der Grünen. Wer hatte nicht alles versucht, die Kanzlerin doch noch umzustimmen. Nach all den Monaten, in denen sie mehr Vertrauen bei der Bevölkerung genoss denn jemals zuvor, in denen sie den verunsicherten Menschen das Gefühl gab, niemand könne sie besser durch diese existenzielle Krise bringen, hatte sie dankend abgelehnt. Sie hatte einfach klipp und klar wiederholt, dass mit der Wahl das Ende ihrer Ära gekommen war. Sie stand zu ihrem Wort. Und während mit ihr an der Spitze sogar die absolute Mehrheit in greifbarer Nähe gelegen hätte, hatten ihre Kronprinzen das scheinbar Unmögliche hinbekommen und den sicher geglaubten haushohen Sieg auf den letzten Metern versemmelt. Die drei Alphatiere hatten sich in ihrem Streit um die Nachfolge der Kanzlerin gegenseitig so sehr demontiert, dass es allem Anschein nach nun sogar nur zum Juniorpartner reichen würde. Der Sieger der parteiinternen Diadochenkämpfe war angeschlagen und hatte an Ansehen verloren. Er würde den Vizekanzler geben und in die Geschichtsbücher eingehen als ein König ohne Land.

Das alles konnte die Kanzlerin am Wahlabend kalt lassen. Ein wenig Bedauern über den suboptimalen Umgang miteinander und ein paar mahnende Worte bei der Übergabe des Staffelstabs. Die Aufarbeitung würden Biographen, Historiker und Soziologen erledigen. Endlich neuer Stoff für Dissertationen und Habilitationsschriften über die erste deutsche Kanzlerin. Ihre Ära war Geschichte. Sie würde künftig auf dem Weltwirtschaftsforum in Davos, bei UNO-Vollversammlungen oder anlässlich der Verleihung des Friedens-Nobelpreises weise und warnende Worte finden. Außerdem konnte sie endlich in Bayreuth jedes Dekolleté tragen, das ihr gefiel, in Ruhe die Zutaten für ihre Kartoffelsuppe einkaufen, Kuchen mit viel Streuseln backen und beim Wandern in Sulden unbehelligt von Paparazzi ihr Jausenbrot mampfen.

Wir alle hatten uns an die Bundeskanzlerin gewöhnt wie an die nette Nachbarin in der Mietwohnung gegenüber. Ich wohnte in meiner ersten WG und war Studienanfängerin, als die taz am 11. Oktober 2005 titelte: »Es ist ein Mädchen!« Seitdem war sie wie selbstverständlich da gewesen, in jeder Tagesschau, in jeder Heute-Sendung, auf den Titelblättern und am Silvesterabend, wenn sie uns in ihrer jährlichen Neujahrsansprache Zuversicht gab für die Herausforderungen in dieser komplexer werdenden Welt. Vor der Krise war die Bundeskanzlerin allerdings weniger durch das Anpacken handfester Probleme aufgefallen als durch herzige Auftritte mit ihrem französischen und tapfer absolvierten Begegnungen mit ihrem amerikanischen Amtskollegen. Die Kärrnerarbeit hatte sie ihrem Kabinett überlassen, bis die Welt eine andere wurde und plötzlich wieder Tugenden

gefragt waren, mit denen man in Zeiten von *Fake News* und *Tweets* eigentlich einpacken konnte: emotionslose Sachlichkeit, rationaler Umgang mit nie dagewesenen Herausforderungen und nicht zuletzt die Fähigkeit, auf Experten zu hören, Einschätzungen verschiedener Disziplinen nüchtern gegeneinander abzuwägen und auf dieser Grundlage lautlos Entscheidungen zu treffen, statt auf das Bauchgefühl zu hören und immer als erster eine einfache Lösung aller Probleme in die Welt hinauszuposaunen. Vielleicht hatten deswegen selbst die schärfsten Kritiker der Kanzlerin das Gefühl, dass das Land einigermaßen heil durch diese schwere Zeit gekommen war. Die Kanzlerin machte einen ehrenvollen Abgang und ließ ein Land zurück, das mit einer neuen Regierung wieder optimistischer in die Zukunft blicken wollte. Die spannende Frage war: Wer von den fleißigen Arbeitsbienen würde sich hinüberretten können in die neue Zeit? Und die Hochrechnungen warfen noch eine viel existentiellere Frage auf: Würden wir tatsächlich einen grünen Kanzler bekommen? Das war die Variante, die in den Fernsehstudios gerade am heftigsten diskutiert wurde. Jamaika statt Groko, danach sah es an diesem Abend tatsächlich aus.
Deshalb schwante auch den Parlamentarischen Staatssekretären, dass sie nur noch einfache Abgeordnete sein würden. Künftig würden sie ihre Zeit statt auf Neujahrsempfängen, Sommerfesten, Parlamentarischen Abenden oder Klausurtagungen in edlen Wellnessresorts vor allem in langweiligen Ausschusssitzungen verbringen. Sitzungen, bei denen Selters statt Sekt gereicht wurde, dänische Buttercookies statt feinem Teegebäck aus dem KaDeWe. Und an Ausschussarbeit stand nicht wenig an. Während der Auswärtige Ausschuss weltbewegende Themen behandelte oder der Verteidigungsausschuss über Auslandseinsätze der Bundeswehr debattierte, konnte eine Sitzung im Ausschuss für Ernährung, Gesundheit, Lebensqualität und Nachhaltigkeit gewisse Längen entwickeln. Das war mir klar geworden, als ich einen Sprechzettel für eine solche Ausschusssitzung vorbereitet und mich in das Thema Tierfutterverordnung vertieft hatte. Auch die hausärztliche Versorgung der alternden Bevölkerung in der Uckermark oder die Kennzeichnung von Lebensmitteln als frei von Gluten, Laktose, Gentechnik und anderen Übeln waren Dauerbrenner im Ausschuss für Ernährung, Gesundheit, Lebensqualität und Nachhaltigkeit. Neuerdings stand das Impfen von Katzen auf der Agenda. Denn ein neuer Impfstoff machte es

möglich, dass auch Katzenhaar-Allergiker sich endlich das lang ersehnte süße Katzenbaby anschaffen konnten ohne Gefahr zu laufen, einen Asthmaanfall zu erleiden. Allerdings wurden nicht die Menschen geimpft, sondern die Katzen. Und das war der heikle Punkt. Zwar waren Impfungen an sich ja inzwischen ein wenig rehabilitiert, aber trotzdem tobten auf Facebook wieder erbitterte Wortgefechte zwischen Impfgegnern und Allergikern. Wenn man schon Kinder nicht fragte, ob sie überhaupt geimpft werden wollten, war diese ethische Frage doch bei niedlichen kleinen Kätzchen viel brisanter. Sie konnten ihren Willen schließlich noch weniger deutlich artikulieren. Die Sache würde gewiss bald im Ausschuss und dann vor dem Deutschen Ethikrat landen.

In den zahlreichen Ausschüssen des Deutschen Bundestages konnte sich jeder Hinterbänkler als Experte gerieren. Manchmal reichte die Fachkenntnis eines Nischenthemas sogar für eine Einladung ins Morgenmagazin. Man bekam dann die Moma-Tasse und konnte zuhause im Wahlkreis erzählen, dass man dauernd im Fernsehen war.

Eingeladen wurden zuständige Expertinnen und Experten etwa, wenn eine junge Frau an einem Allergieschock verstorben war, weil auf der Popcorn-Packung im Multiplex Kino der Hinweis fehlte, dass dieses Produkt Spuren von Mais enthalten könnte. Die BILD musste nur mit einer Schlagzeile aufmachen wie »Junge Blondine im Kino erstickt – Politik versagt beim Verbraucherschutz!« Schon war Expertise in Sachen Lebensmittelsicherheit gefragt. Dann durfte ein mit dem Thema vertrauter ehemaliger Hoffnungsträger seiner Partei auf allen Kanälen beherzt an die Verantwortung der internationalen Konzerne appellieren und eine »ehrliche Grundsatzdebatte« über die Folgen der Globalisierung einfordern.

Rund um alle erdenklichen Fragestellungen wurde so viel Papier produziert, dass für die Nachhaltigkeit statt der Abschaffung der Plastiktrinkhalme eine Abschaffung mancher Ausschüsse sinnvoller gewesen wäre. Ich dachte, dass man Greta Thunberg und ihren Mitstreitenden einmal eine Übersicht über die sogenannten Tischvorlagen schicken müsste, die vor jeder Sitzung verteilt wurden. Für diese einseitig bedruckten Papierstapel wurde wahrscheinlich in der Summe soviel Wald vernichtet wie durch die verheerenden Buschbrände in Australien.

Wenigstens waren die Parlamentarier während der Sitzungen ein paar

Stunden hinter verschlossenen Türen beschäftigt und konnten weder medial noch politisch Schaden anrichten.
Die Runde der selbsternannten Strippenzieher, Einflüsterer und Entscheidungsträger würde nach dieser Wahl zu einem Grüppchen Bedenkenträger mutieren und in der politischen Bedeutungslosigkeit versinken. Statt in Talkshows mit großer Geste die angespannte Weltlage zu analysieren, würden sie in Zukunft in ihren Wahlkreisen im Kreise von Provinz-Honoratioren Bänder durchtrennen, um das Wahlvolk mit zu Kunsthallen umfunktionierten Hallenbädern, mit Radwegen und öffentlichen Wasserspendern zu beglücken.
Die Gesichter um mich herum spiegelten Verzweiflung und Zukunftsangst wider, wie man sie aus den Einspielern zum Thema Hartz IV kennt.
Etwas gelassener konnten die beamteten Staatssekretäre auf die Hochrechnungen blicken. Als politische Beamte würden sie zwar genau wie die meisten Abteilungsleiter ihren bequemen Bürostuhl räumen müssen, aber das Schicksal meinte es besser mit ihnen. Im Geiste überschlugen die Damen und Herren ihre Pensionsanwartschaften und scannten ihre Adresslisten auf der Suche nach wertvollen Kontakten in der freien Wirtschaft oder an den privaten Lehranstalten der Republik. Zur Not würde man mit den ebenfalls in den einstweiligen Ruhestand entlassenen Kollegen einen *Think Tank* gründen oder sich als Lobbyist einem der zahlreichen Verbände andienen. Davon konnte es gar nicht genug geben im politischen Berlin. Und dann gab es noch Brüssel oder den Botschafterposten im Vatikan. Nicht die schlechteste Endstation einer Karriere.
Auf Referentenebene gestaltete sich die Zukunftsplanung schwieriger. Hier gab es mehrere Handlungsoptionen: Eigeninitiative, Lethargie oder Opportunismus.
In den kommenden Wochen würde sich zeigen, welchen Weg die Kolleginnen und Kollegen eingeschlagen hatten, die sich noch vor wenigen Wochen als Berufsoptimisten hervorgetan hatten. Klar würde unser Kanzlerkandidat das Ruder in letzter Sekunde herumreißen! Die Wahl wurde am Wahltag entschieden! Die Demoskopen hatten schließlich schon oft völlig daneben gelegen. So würde der wieder estarkte Hype um die Grünen an den Urnen verpuffen. Und alle, die wutentbrannt ins Mikro geiferten, sie würden den etablierten Parteien diesmal einen Denkzettel verpassen und Rechtsaußen

wählen, würden sich kurz vor Schließung der Wahllokale auf ihre staatsbürgerliche Verantwortung besinnen und ihre Stimme der Demokratie, der Toleranz und der Vielfalt geben.
Ich teilte den Zweckoptimismus seit Monaten nicht mehr und war mir sicher: Die anderen logen sich selbst in die Tasche. Dass ich Recht behielt, machte meine Lage allerdings keinen Deut besser. Darauf schenkte ich mir noch einen Rotwein ein und stellte zufrieden fest, dass die bunten Balken auf dem riesigen Bildschirm des Besprechungsraums, in dem die kleine Wahlparty stieg, mit steigendem Alkoholpegel an Bedrohlichkeit verloren. Alles blieb schön bunt, wenn die Zukunft auch eher düster ausfallen würde. Immerhin standen uns Redenschreibern, die wir uns im Vorfeld der Wahl die Finger wund getippt hatten, ein paar gemütliche Wochen bevor. Denn nach einer Wahl passierte erst einmal: gar nichts. Jedenfalls nicht auf Arbeitsebene. Man hatte reichlich Zeit für Spekulationen und Zukunftsszenarien. Im Grunde wusste keiner, wohin die Reise ging. Namen und Gerüchte kursierten, Unsicherheit machte sich breit und die Anspannung der Wochen zuvor wich einer bleiernen Schwere. Zumindest auf Leitungsebene, wo Posten mit Vertrauten besetzt wurden. Pressestelle, Öffentlichkeitsarbeit und die Positionen der Schreiberlinge überließ jede politische Seite nur ungern denjenigen, die in der Vergangenheit für die Konkurrenz die Reden und Grußworte, Pressemitteilungen, Dementis und Kampagnen entworfen hatten.
Das war in gewisser Weise verständlich und meine Kolleginnen und Kollegen im Leitungsstab des Ministeriums sahen das nüchtern. Einige hatten sich schon frühzeitig bei den Leitern der Abteilungen »Lebensqualität« oder »Nachhaltigkeit« angebiedert. Dort konnte man auch als Nichtjurist bis zur nächsten Legislaturperiode ein einigermaßen unbehelligtes Dasein fristen. Andere waren entweder zu optimistisch, loyal oder einfach zu dämlich gewesen und harrten der Dinge, die da kommen würden. Ich gehörte offensichtlich zur dritten Kategorie.
Natürlich würde auch ich gerne während der neuen Legislaturperiode in einem kuscheligen Referat in der Präventionsabteilung darüber sinnieren, wie man dicken Kindern den Kampf ansagen oder ihre adipösen, kettenrauchenden Eltern dazu bewegen könnte, die lieben Kleinen weg von der Playstation hinein in die Wohnküche zu locken, wo die Familie gemeinsam

Karotten schälte und Bio-Äpfel schnippelte und dabei fröhliche Lieder trällerte. Es wäre auch reizvoll, einen *Masterplan* zum Umbau von verwaisten Musikschulen in Senioren-Sportclubs zu entwickeln. Themen, die einer intensiven Neubetrachtung bedurften, gab es genug. Als belesene und interessierte Generalistin könnte ich mich ausgezeichnet einbringen. Leider waren die zahlreichen Projektgruppen, die die Kolleginnen und Kollegen mit Weitblick frühzeitig vor der schicksalhaften Wahl in die Haushaltsplanung eingebracht hatten, alle schon besetzt.

Ich selbst hatte es schlichtweg verschlafen, mich beizeiten um meine berufliche Zukunft zu kümmern.

Deshalb saß ich am Tag Eins nach dem Wahldesaster immer noch im »Referat für Reden und Textarbeit« und hoffte, dass sich auch für mich ein warmes Plätzchen in einer *Zielsteuerungsgruppe* oder *Task Force* finden würde. Bei der Schaffung von Versorgungsposten für unliebsame, aber unkündbare, da verbeamtete Mitarbeiter hatte unsere Personalabteilung in der Vergangenheit überraschende Kreativität bewiesen. Der Leiter des Referates »Vorhabenplanung« zum Beispiel hatte schon vor Monaten dafür gesorgt, dass er nach der Wahl eine eigens für ihn eingerichtete »Task Force Mensch und Wolf« übernehmen würde. In ihr sollten sich künftig sämtliche Mitarbeiter seines ehemaligen Planungsreferates und weitere Angehörige unserer bedrohten Art tummeln und zukunftsweisende Strategiepapiere entwerfen. Was sie dort inhaltlich genau machten, war der Fantasie überlassen. Wahrscheinlich ging es in Richtung Artenschutz versus Interessen von Schäfern, aber das klang viel zu banal und abgeschmackt für die illustre Truppe, die der ehemalige Oberstratege nun anführen würde.

Mensch und Wolf und ihr Verhältnis zueinander waren schließlich sehr *en vogue*, verging doch kaum ein Tag, an dem die BILD nicht wahlweise Tierschützer, verängstigte Bürger oder in ihrer Existenz bedrohte Schäfer zu Wort kommen ließ. Erst letzte Woche hatte das Springer-Kampfblatt mit der Titelzeile aufgemacht: »Erste Kita schließt wegen Wolf.« Wen das kalt ließ, der hatte wahrlich kein Herz in der Brust. Allerdings rührte auch der Anblick des blutüberströmten Wolfsbabys zu Tränen, das zwei Tage später mit dem rhetorisch raffinierten Kommentar abgedruckt worden war: »Wütender Wanderer greift zur Waffe – Wolfsbaby verblutet im Wald.«

Es erforderte also großes politisches Fingerspitzengefühl und Ausdauer, um im Spannungsfeld Mensch und Wolf einen Ausgleich der widerstreitenden Interessen zu erreichen. Nebenbei mussten hochsensible Termine koordiniert werden, bei denen die künftige Leitung des BuEGeLN entweder mit flauschigen Wolfbabys oder mit verängstigten Kita-Kindern und ihren besorgten Müttern abgelichtet werden konnte. Schäferinnen wären im Sinne des *Gender Mainstreaming* natürlich noch besser. Sie aufzutreiben war eine Aufgabe, für die man einen erfahrenen Experten wie besagten Referatsleiter brauchte. Und dann bekäme man, was in der Politik mindestens die halbe Miete war: gute Bilder.

Das Problem in den Wochen nach der Wahl war, dass es im Leitungs- und Planungsstab noch nichts zu leiten und zu planen gab. Selbst als bekannt wurde, wer das Ressort übernehmen sollte, war es noch ein langer Weg vom Koalitionsvertrag bis zur Umsetzung des darin bekundeten politischen Willens.

Es gab rein gar nichts, aus dem man eine Pressemitteilung mit Nachrichtenwert hätte stricken können, keine Kampagnen, die ausgeschrieben, und keine Reden, die entworfen werden mussten. Wer hätte die auch halten sollen, solange sich die handelnden Personen noch mit der Endabstimmung des Koalitionsvertrages beschäftigten und ausgelotet werden musste, wer die neuen Würdenträgerinnen und -träger in der Regierung sein würden. Was die »Menschen da draußen« nicht ahnten, waren die komplexen Regeln bei der Besetzung der Posten von Ministern, Staatssekretärinnen, Ausschussvorsitzenden und Sprecherinnen. Hätten sie es gewusst, wäre manche Personalentscheidung, über die in den Schankstuben der Dorfkneipen heftig debattiert wurde, plötzlich nachvollziehbar und logisch gewesen. Die Zauberformel hieß Proporz, also das Austarieren der erstrebenswerten Anteile von Frauen und Männern, Menschen mit und ohne Behinderungen, Katholiken und Protestantinnen, neuerdings Muslimen, am besten auch Menschen jüdischen Glaubens, Alleinerziehenden mit und ohne Migrationshintergrund und von Hoffnungsträgerinnen und alten Hasen aus allen Teilen der Republik. Je nach Partei wurden auch Lesben, Schwule, Bisexuelle, Transgender- und Inter-Personen in die komplizierten Berechnungen mit einbezogen. Man musste ein mathematisches Genie sein, um den kleinsten gemeinsamen Nenner zu finden. Und wenn er endlich errechnet war, konnte es passiert sein, dass man den Bock zum Gärtner gemacht hatte.

Mit Frau Dr. Roswitha Wanninger aus Oberbayern als neuer Ministerin für Ernährung, Gesundheit, Lebensqualität und Nachhaltigkeit hatte ihre Partei allerdings einen Volltreffer gelandet. Zum einen hatte sie über die »Signifikanz von Pausengymnastik für die psychische Gesundheit in der Arbeitswelt« promoviert. Und bislang hatte *Vroniplag* an der Doktorarbeit nichts auszusetzen gehabt. Sie musste auch nicht fürchten bei der nächsten Pandemie schlechte Botschaften überbringen zu müssen. Das war dem Kollegen vorbehalten, der das neue Bundesministerium für Infektionsschutz und Krisenmanagement leiten würde. Bei der Besetzung hatte ausnahmsweise Professionalität über Proporz gesiegt. Dem Professor für Virologie würde nach seinen besonnenen Auftritten in der Hochzeit der Krise jede Bürgerin und mancher Bürger widerspruchlos in den nächsten *Lockdown* folgen. Aus seinem Mund klang sogar der Begriff *Polymerasekettenreaktion* wie eine Verheißung.

Frau Dr. Roswitha Wanninger würde sich also eher um die Wohlfühl-Themen kümmern. Sie verfügte mit einem Promotionsthema aus dem Bereich Gesundheit und Prävention im Gegensatz zu anderen Mitgliedern des neuen Jamaika-Kabinetts über die verbriefte Fachkompetenz für das ihr anvertraute Ressort. Zum anderen kam sie aus dem Land der Laptops und Lederhosen und würde künftig in Berlin dafür streiten, dass die Interessen des Freistaats nicht der Inkompetenz von Ossis, Preußen oder Nordlichtern zum Opfer fielen. Ein Begriff wie »morbiditätsorientierter Risikostrukturausgleich« kam ihr ebenso leicht über die Lippen wie warme Worte über Wertegemeinschaft und Familie. Sie konnte überzeugend über Künstliche Intelligenz referieren, gleichzeitig wirkte sie völlig authentisch, wenn sie im Stuhlkreis mit alten Leuten Weihnachtslieder sang oder mit Kleinkindern im Bällebad herumtollte. Und authentisch kam in der Politik immer gut.

Außerdem waren Frau Dr. Roswitha Wanninger und ihre Brüder die ersten in ihrer Familie, die studiert und promoviert hatten. Solche Aufstiegs-Stories kannte man sonst eher aus meiner Partei, wo die Wortführer sich stolz darauf beriefen, Kinder von verwitweten Putzfrauen oder erwerbsgeminderten Metallarbeitern zu sein, wenn man ihren biografischen Angaben Glauben schenkte. Jetzt hatte die Konkurrenz selbst eine Spitzenpolitikerin vorzuweisen, deren Eltern aus ärmlichen, kleinbäuerlichen Verhältnissen stammten, sich aus eigenem Antrieb hochgearbeitet und ihren fünf Kindern den sozialen Aufstieg ermöglicht hatten. Die vier Brüder von Frau Dr. Roswitha Wanninger standen ihrer Schwester in nichts nach. Der älteste war ein bekannter Münchener Promi-Anwalt, der sich auf Verleumdungsklagen spezialisiert hatte. Ein anderer war Terrorismus-Experte und tingelte in diesen unruhigen Zeiten von einer Brennpunkt-Sendung zur nächsten. Ein weiterer Bruder hatte sich als Orthopäde einen Namen gemacht. Seine Ratgeber mit Titeln wie »Nach der Bandscheiben-OP in 60 Tagen zum Boston-Marathon« oder »Mit künstlicher Hüfte auf den K2« landeten regelmäßig auf der Spiegel-Bestsellerliste in der Sparte Sachbücher. Und schließlich gab es noch den jüngsten Spross. Er hatte von seinem Vater die Führung des inzwischen hochmodernen Agrarbetriebs übernommen und war vor kurzem zum Vorsitzenden des Bayerischen Bauernverbandes gewählt worden. Für den Gesamtdeutschen Bauernverband war er mit Mitte vierzig noch einige Jahrzehnte zu jung, aber auf Landesebene konnte man sich, das hatte seine Schwester gerade bewiesen, bestens für Höheres empfehlen.

Die erfolgreiche Politikerin befand sich im Kreis ihrer Brüder also in bester Gesellschaft. Frau Dr. Roswitha Wanninger war zudem praktizierende Katholikin, aber alles andere als eine langweilige Betschwester. Sie war auch mit Mitte Fünfzig eine attraktive und flotte Erscheinung, spielte hervorragend Golf und hatte den ein oder anderen Pokal nach Hause geholt. Außerdem genoss sie das volle Vertrauen ihres Parteivorsitzenden. Künftig würde er dank Frau Dr. Roswitha Wanninger von München aus in der Hauptstadt mitregieren und den künftigen Koalitionspartnern das Leben schwer machen. Uns standen also in jeder Hinsicht spannende Zeiten bevor.

Personaltableau, Oktober

Bis alle Personalentscheidungen gefällt waren, saßen wir, die aus der letzten Legislaturperiode übrig Gebliebenen, wochenlang auf verwaisten Fluren. Wir bummelten Überstunden ab, verhalfen dem Kantinenpächter zu zusätzlichen Einkünften und verdaddelten die Zeit bis zum Feierabend im Internet. Eine solche Hängepartie ging merklich zu Lasten meines Kreditkartenkontos. Aus purer Langeweile hatte ich ausgiebiger als sonst kleine Haushaltshelfer und Deko-Artikel erstanden und Bademode geordert. Das war für mich das eigentliche Plus am Online-Handel: Man musste nicht in einer zu engen und grell beleuchteten Umkleidekabine halbnackt vor dem Spiegel stehen und den Bauch einziehen. Außerdem bekam niemand mit, wenn man das Teil wieder in den Karton stopfte und den Retour-Schein ausdruckte. Keine lächelnde Zwanzigjährige in Kleidergröße 34, die zuckersüß fragte: »Na, soll ich Ihnen den Artikel eine oder besser gleich zwei Nummern größer bringen?«

Dank meiner über die letzten Monate angehäuften Überstunden machte ich früher als sonst Schluss und konnte mich mehr um Papa kümmern. Nach der Arbeit packte ich ihn in den Rolli und schob ihn durch den Park oder machte mit ihm eine Bootsfahrt auf dem Wannsee. Diese Ausflüge hatten wir während der Pandemie schmerzlich vermisst, denn sie machten uns beiden Spaß und verschafften mir ein gutes Gewissen. Sonst war Papa den ganzen Tag alleine, nachdem ich ihn morgens versorgt hatte, denn vor achtzehn Uhr war ich selten zuhause. Und Natalia kostete uns schon genug, wenn sie während meiner Dienstreisen einsprang oder wenn ich mir ab und zu ein Wochenende für mich gönnte.

Vor sechs Jahren hatte ein Fahrradunfall meinen Vater von einem Tag auf den anderen von einem agilen Sechzigjährigen in einen schwerbehinderten Frührentner verwandelt. Was wir in Berlin immer wieder in der Zeitung lasen und was ganz weit weg von uns schien, war uns plötzlich selbst passiert. Beim Überfahren einer Behelfsampel an einer Baustelle war mein Vater von einem SUV-Fahrer erwischt worden. Der 22-Jährige hatte die rote Ampel missachtet und war mit Tempo 70 durch die verkehrsberuhigte Zone gekachelt. Für ihn hatte das ein vierstelliges Bußgeld und einen mehrmonatigen Führerscheinentzug zur Folge. Für meinen Vater einen

wochenlangen Krankenhausaufenthalt mit anschließender Reha, die Bescheinigung der Dienstunfähigkeit und das Ende seines zuvor aktiven Alltags. Papa hatte den Schuldienst quittiert und sich von seinem alten Leben verabschiedet. Er hatte geweint, als wir nach ein paar Monaten auf *nebenan.de* die Skiausrüstung, die Tennisschläger und das Mountainbike einstellten und an bislang unbekannte Nachbarn verschenkten. Die Abnehmer waren alle sehr dankbar und nett, trotzdem war es bitter, dass der Fünfundsiebzigjährige aus dem Haus gegenüber demnächst auf Papas quasi neuen *Rossignols* den Tuxer Gletscher hinunter rauschen würde.
Zum Glück war Papa nach Reha und Psychotherapie irgendwann wenigstens mental wieder einigermaßen der Alte: neugierig, kulturell interessiert und mit einem feinen Sinn für Humor. Seine Freunde holten ihn gelegentlich ab und besuchten Ausstellungen oder Konzerte mit ihm, aber das waren Lichtblicke innerhalb vieler Wochen, die aus langen Stunden einsamer Lektüre oder nicht enden wollenden Schachpartien gegen ein Computerprogramm bestanden. Wenn ich Zeit für ihn hatte, blühte er auf und erinnerte mich an früher, bevor er Opfer eines Rasers wurde und meine Mutter sich aus dem Staub gemacht hatte, um sich, wie sie sagte, in ihrer zweiten Lebenshälfte endlich selbst zu finden. Sie fand sich ziemlich schnell in einer Frauenkommune in der Provence, wo sie Unmengen von Obstschalen töpferte und die Gartenarbeit für sich entdeckte. Meine Mutter mit verstrubbelten Haaren, in Latzhose und mit ton- oder erdverschmierten Händen. Das war ein schlechter Witz. In ihrem alten Leben als Schulsekretärin hatte sie nur top gestylt das Haus verlassen und im Vorzimmer des Direktors ein strenges Regiment geführt. Ich hatte sie vor der Krise ein paarmal in Südfrankreich besucht, aber diese kurzen Ausflüge in ihr neues Leben endeten meist in einem heftigen Zerwürfnis und monatelanger Funkstille. Die Narben würden nie verheilen, schließlich hatte sie Papa und mich sitzen lassen. In Papas Fall im wahrsten Sinne des Wortes: im Rolli.

Hätten wir im Ministerium WLAN gehabt, wäre Quizduell eine Alternative gewesen, um die bleierne Zeit nach der Wahl herumzubringen. Aber so weit waren wir noch nicht. Wir arbeiteten schließlich in Berlin und nicht in Burkina Faso.

Leider fand auch gerade keine Fußballweltmeisterschaft statt. Dieses Großereignis fiel ja meist in die parlamentarische Sommerpause, so dass wir uns in unseren ergonomischen Schreibtischstühlen zurücklehnen und in Echtzeit das Fußballfest verfolgen konnten. Nicht nur jedes einzelne Gruppenspiel, sondern die gesamte Vor- und Nachberichterstattung, die Expertenrunden und die Interviews mit den Spielern, die sich allerdings erschreckend ähnelten, egal, wie die Sache ausgegangen war. Irgendwie erinnerten mich diese Interviews mit Fußballern oder Trainern an die Talkshowbeiträge, die ich nach vielen Jahren als Redenschreiberin inzwischen synchron mitsprechen konnte: »Nach dem Spiel ist vor dem Spiel« war ja auch keine erhellendere Erkenntnis als »Nach der Wahl ist vor der Wahl.«
Während eines Fußballfestes kamen jedenfalls ziemlich viele Stunden zusammen. Auch Überstunden, die man im nächsten Sommer abfeiern konnte. Ich war deshalb auch entschiedene Gegnerin von Austragungsorten in Klimazonen, die ein Verschieben der Fußball-WM in den deutschen Winter zwingend notwendig machten, wollte man plötzliche Herzstillstände im Wüstensand vermeiden. Das Timing war völlig undurchdacht und rücksichtslos gegenüber allen Mitarbeitern von Ministerien, die die gähnend langweilige Sommerpause gern damit verbracht hätten, Tippspiele zu veranstalten und die deutsche Nationalmannschaft anzufeuern. So konnte es nichts werden mit dem fünften Stern auf dem Trikot.
Während die Koalitionäre an ihrem Personaltableau bastelten, war die Tristesse kaum zu überbieten. Nicht, dass sich irgendjemand eine Abwechslung in Form eines neuen Virus, einer Kernschmelze oder eines Terroranschlags gewünscht hätte. Davon hatten wir in letzter Zeit genug gehabt. Aber ein Sport-Großereignis oder wenigstens eine Prinzenhochzeit wäre schön gewesen, um ein wenig gute Laune zu verbreiten. Die derzeitige Muße war im Prinzip auch mal gemütlich, setzte aber eine bedenkliche Entschleunigung in Gang. Ich konnte das sehr gut an mir selbst beobachten.
Normalerweise klingelte permanent das Telefon und schaffte es immer wieder, eine brillante Idee für den Einstieg einer Rede im Keim zu ersticken. Man musste nachdenken, schreiben, sich abstimmen und gegen die Bedenken der Fachleute durchsetzen, alles gleichzeitig und im Akkord. Und nun bekam ich eine Panikattacke, wenn der Apparat auf meinem Schreibtisch mich aus meinen Tagträumen riss. Wer konnte das sein, wer wollte etwas

von mir? Ich fragte mich ernsthaft, wie ich jemals wieder unter Zeit- und Leistungsdruck würde arbeiten können – sofern man mich arbeiten ließe. Meinen alten Referatsleiter hatte man umgehend als kommissarischen Leiter der neuen Projektgruppe »Schnittstelle Mensch-Maschine« weggelobt. Die Unterabteilungsleiterin packte ihre Kisten, um künftig als Sozialreferentin aus Addis Abeba über den Zustand des örtlichen Gesundheitswesens und den demografischen Wandel im östlichen Afrika zu berichten. Den Abteilungsleiter hatte man kurzerhand zum Leiter der »Task Force Kampf der Volksdroge Alkohol« ernannt. Dort konnte er wenig Schaden anrichten. Außerdem brachte er für den neuen Job auch ganz persönlich die besten Voraussetzungen mit. Abgesehen vielleicht von der Parteizugehörigkeit. Er hatte das Poster mit dem Gitarre spielenden Willy Brandt gar nicht so schnell gegen ein Kruzifix austauschen können, wie er das Umsetzungsschreiben der Personalabteilung in den Händen hielt.

Den anderen Referatsleiterinnen und -leitern im Leitungsstab erging es ähnlich. Eine Kollegin wurde für die nächsten zwei Jahre zum Chinesisch-Intensivkurs nach Bejing abgeordnet, um im Anschluss voraussichtlich an eine internationale Organisation in Rom, Brüssel oder Genf versetzt zu werden. Es gab einen Kollegen, der jetzt bei einer politischen Stiftung erbarmungslos die Politik auseinandernahm, für die er in den vergangenen vier Jahren die Kampagnen entworfen hatte. Ein anderer referierte als Gastdozent an der *Hertie School of Governance* darüber, »Wie Demokratie eine Antwort auf Populismus findet.« Wieder andere hatten ihre Netzwerke angezapft und verteilten nagelneue Visitenkarten, denen man entnehmen konnte, für welchen Verband sie fortan als Lobbyisten die Kohlen aus dem Feuer holen würden. Es gab also ein Leben nach dem Ministerium. Und ein lukratives obendrein.

Ich musste mich arg zusammenreißen, dass mich der Neid nicht zerfraß. Und der Frust darüber, dass ich zu lange an den Wahlsieg auf den letzten Metern geglaubt hatte und mit den wenigen Restposten unserer ehemals stolzen Truppe in sich leerenden Fluren saß und einem ungewissen Schicksal entgegensah. Kein Wunder, dass die Stimmung in unserem Kreis auf dem absoluten Nullpunkt angelangt war. Hier saßen wir nun, zwar mit sicheren Einkommen und Pensionsansprüchen, aber ohne Perspektive. Und dennoch: Die Hoffnung stirbt zuletzt. Das ist auch gut so, denn hätten wir in der lethargischen Phase nach der Wahl geahnt, welche Zeiten mit Frau Dr. Roswitha Wanninger an der Spitze des BuEGeLN anbrechen würden, hätte sich mancher von uns vor die S-Bahn geworfen. Falls sie fuhr, also besser nicht bei Minusgraden oder Temperaturen, die wegen des Klimawandels inzwischen regelmäßig die 38-Grad-Grenze rissen und die Gleise schmelzen ließen.

Auch privat lief es nicht gut. Ich hatte Ebbi kennengelernt, als ich vor zehn Jahren im Anschluss an den Master meinen ersten Job ergattert und in seinem Abgeordnetenbüro angefangen hatte. Dass er zwanzig Jahre älter war, störte mich damals nicht. Im Gegenteil. Mit Mitte vierzig hatte er genau das richtige Alter, um mich, frisch von der Uni und ohne praktische Berufserfahrung, mit seiner lässigen Weltläufigkeit zu beeindrucken. Meine Kommilitonen waren für mich nur als Kumpels in Frage gekommen, aber bestimmt nicht als ernsthafte Partner mit Aussicht auf einen längeren gemeinsamen Lebensabschnitt. Die einen kifften zu viel und dösten weg, wenn man versuchte, ein ernsthaftes Gespräch zu führen. Die einzigen Freizeitunternehmungen, für die sie ihre Finger für ein mattes Victory-Zeichen hoben, waren Retro-Hippie-Festivals irgendwo auf der grünen Wiese in der Uckermark. Dort soff man entweder im Dauerregen ab, holte sich mangels Baumbestand einen Sonnenstich oder bekam, wie in meinem Fall, schon beim Anblick von Dixie-Klos und Gemeinschaftsduschen eine Panikattacke. Die andere Hälfte meiner Kommilitonen war das totale Gegenprogramm. Sie hetzten von Auslandsaufenthalt zu Praktikum und verkündeten ab dem ersten Semester, dass sie demnächst »in der Oberliga mitspielen« würden. Ernst & Young oder Boston Consulting, New York oder Singapur, alles war möglich. Die Kiffer nervten mich mit ihrem ständigen »Jetzt chill mal, Mia!«. Mit dem Tempo der Streber kam ich nicht mit.
Dann begegnete ich einem echten Mann. Dachte ich zumindest. Schon beim Vorstellungsgespräch im Büro von Professor Eberhard Eckmann, seines Zeichens MdB, also Mitglied des Deutschen Bundestags, und Vorsitzender des Kulturausschusses, war ich mächtig beeindruckt von seiner gelassenen und doch bestimmten Art. Der Mann wusste, was er wollte. Soviel war auf den ersten Blick klar: Der Abgeordnete Eberhard »Ebbi« Eckmann setzte seine Ziele ohne das weit verbreitete laute Gepolter und

Brunftgehabe durch. Unaufgeregt, ernsthaft und engagiert. Nach Jahren an der Uni, zwischen Jungs, die Erwachsene spielten, war die erste Begegnung mit Ebbi für mich eine Erleuchtung: Es gab eine Welt außerhalb der Oberseminare. Es gab Menschen, die für ihre Überzeugungen stritten, statt große Reden zu schwingen, um am Ende lieber feiern zu gehen oder sich von der Aussicht auf eine glänzende Karriere kaufen zu lassen.

Ich hatte mich vor dem Vorstellungsgespräch auf seiner Homepage schlau gemacht und wusste, dass Eberhard Eckmann schon als Teenager politisch aktiv gewesen war, zuerst bei den radikalen und fast anarchistischen Linken, dann bei den immer noch ziemlich kompromisslosen Aktivisten gegen das so genannte Establishment. Nach dem Abi hatte er in einem jüdischen Seniorenheim in Brooklyn Zivildienst geleistet. Darüber hatte er in einer Artikelserie für die ZEIT berichtet und war dem Chefredakteur durch seine gute Schreibe aufgefallen. Das Wochenmagazin hatte ihn als freien Mitarbeiter engagiert, sodass Eberhard Eckmann das Studium der Kulturwissenschaft finanzierte, indem er seiner Leidenschaft frönte und für das Feuilleton schrieb. Aus eigener Erfahrung wusste ich, dass man es schlechter treffen konnte. Mein Minijob an der Kasse von Edeka während der unbeliebten Spätschicht freitags bis Mitternacht war eine Erfahrung, auf die ich gerne verzichtet hätte. Während meine Freundinnen, die entweder mit wohlhabenden Eltern oder einem Stipendium gesegnet waren, sich trafen um vorzuglühen und in den Club weiterzuziehen, zog ich im Polyester-Kittel Fleischwurst und Heringssalat für einen späten Snack über den Scanner. Dabei musste ich mir originelle Sprüche anhören wie: »Na, Kleine, schon was vor heute Abend?« oder »Zu zweit wär's leckerer!«

Nachdem ich den Job bei Professor Eberhard Eckmann ergattert hatte, stürzte ich mich mit voller Kraft in die Arbeit. Ich wollte ihm beweisen, dass ich an sein Credo glaubte, Kultur sei die friedensstiftende Brücke zwischen den unterschiedlichsten Ethnien und Religionen in unserem Land und überhaupt weltweit. Mit Mitte zwanzig hatte ich die nötige Begeisterungsfähigkeit und Power. Ich machte meine Sache gut.

Dafür wollte mir mein Chef nach zwei Jahren vertrauensvoller Zusammenarbeit gerne persönlich danken und lud mich zum Essen ein. Ich fühlte mich geehrt und sagte sofort zu. Erst als ich beim Bahnenziehen meine Gedanken sortierte, dämmerte mir, dass die Möglichkeit nicht auszuschließen war, dass Eberhard »Ebbi« Eckmann sich von dem Abend mehr versprach als einen Teller Pasta und ein Glas Chianti. Als ich nach weiteren tausend Metern aus dem Becken stieg, wusste ich, dass auch mein Appetit größer war. Das gute alte Kachelzählen hatte mir einmal mehr die plötzliche Erkenntnis gebracht.

Das war jetzt acht Jahre her. Ebbi hatte inzwischen mehrmals seinen fünfzigsten gefeiert, ich war Mitte Dreißig und hatte vor ein paar Jahren aus dem Abgeordnetenbüro ins Ministerium gewechselt. Ebbi hatte das ganze Drama mit Papas Unfall und dem Verschwinden meiner Mutter in die Provence mit mir durchgestanden.

Seit sechs Jahren lebte ich mit Papa wieder in dem Haus, in dem ich aufgewachsen war. Doppelhaushälfte mit Garten statt Altbau mit Balkon. Eichkamp statt Friedrichshain. Bei *Element of Crime* klang das so: »Der Wald vor Eurer Tür ist nur ein kleiner Friedrichshain.« Das tröstete mich irgendwie in meiner Charlottenburger Einöde.

Auf dem angrenzenden Grundstück lebten Hundebesitzer statt Hausbesetzer. In den Vorgärten grinsten Gartenzwerge und auf den Familienkutschen war zu lesen: »Noah und Leah an Bord.« Kein Kevin weit und breit, und auch kein Mustafa.

Die alten und neuen Nachbarn erinnerten sich immer wieder gerne daran, wie niedlich ich mit der Schultüte ausgesehen oder wie ich meine Eltern schockiert hatte, als ich mir mit sechzehn Jahren in einem Akt der Revolte die Haare gefärbt hatte: »Rot, Mia! Mit Henna! Das wäscht sich nicht raus, das muss raus wachsen!« Andere, namentlich Christiane F., hatten sich viel jünger nicht nur die Haare rot gefärbt, sondern sich Heroin in die Venen gejagt. Trotzdem fand ich mich mit meinen roten Haaren total cool, bis ich am nächsten Morgen in die Schule ging. Unglücklicherweise schien mir die Morgensonne auf den roten Schopf, als der von allen Schülerinnen der 10a angehimmelte Französischlehrer den Klassenraum betrat. Das tat er nicht selten mit den Worten: »Ihr seid alle total angespannt. Ich spüre eure *bad vibrations.* Jetzt legen wir uns alle mal auf den Boden und atmen ganz bewusst.« Dann setzte sich Herr König, der im Gegensatz zum restlichen Kollegium nicht nur jung, sondern zudem äußerst attraktiv war, im Schneidersitz auf das Pult, erhob die Hände wie zum Segen *Urbi et Orbi* und murmelte hypnotisierend: »Es atmet mich, es durchflutet mich. Ich bin ganz ruhig.« Was »es« war, hinterfragte niemand, »es« musste einfach großartig sein. Am Morgen nach meinem Haarexperiment betrat er den Raum, erblickte mein leuchtendes Haupt und fing unkontrolliert an zu lachen. »Es« lacht mich, sozusagen.

Das war so viele Jahre her. Ich war jetzt ganz natürlich brünett, Beamtin auf Lebenszeit, lebte mit meinem schwerbehinderten Vater und Kater Theo im Haus meiner Kindheit und war seit beinahe einem Jahrzehnt die heimliche Geliebte eines verheirateten MdBs. Diese Konstellation war eigentlich zum Lachen, aber danach war mir überhaupt nicht. Mehr und mehr Freundinnen posteten Babyfotos oder Bilder von opulenten Hochzeitsfeiern auf irgendwelchen Weingütern oder Landsitzen. Von Ebbi und mir gab es keine Fotos, die für die Augen anderer bestimmt waren. Und im Moment sah es wieder danach aus, dass es solche Bilder niemals geben würde. Er war wieder in der Phase, in der sich sein schlechtes Gewissen regte, weil seine Frau von der manischen zurück in die depressive Phase gewechselt war. Sie kämpfte zwar schon mit pathologischen Stimmungsschwankungen, als Ebbi und ich nach dem Abend beim Italiener das erste Mal im Bett gelandet waren, aber offenbar war sein Gewissen ein wankelmütiges kleines Kerlchen. Mal regte es sich, mal hielt es still. Seit ein paar Wochen rebellierte es wieder. Gegen mich. Von Ebbi kein Lebenszeichen.

Wenn ich abends nach Hause kam und in den Flur rief: »Papa, ich bin da!«, war die fröhlichste Antwort darauf das Miauen unseres Katers Theo. Und selbst darauf konnte ich mich nicht verlassen.

Wechsel an der Spitze, November

Dass es für meine Partei für eine Regierungsbeteiligung nicht reichen würde, war am Wahlabend klar gewesen. Darüber hatte auch der testosterongesteuerte Ausbruch des Kanzlerkandidaten selbst die getreuesten Anhänger nicht hinwegtäuschen können. Einem bekannten Diktum zufolge war Opposition Mist. Ob dies der Wahrheit entsprach, würde der nun folgende mindestens vierjährige Praxistest zeigen.

Ich konnte die Trost- und Mutmach-Parolen der Parteiführung, die im Stundentakt in meinem privaten Maileingang landeten, inzwischen auswendig: »Eine echte Chance auf eine ehrliche Aufarbeitung. Eine echte Chance auf eine grundlegende Erneuerung, um in vier Jahren gestärkt mit dem Ziel der Kanzlerschaft anzutreten und das Ruder herumzureißen.«

Es hatte sich ja bereits seit Wochen angekündigt, aber nun stand es auf dem Papier: in einem mehrere hundert Seiten umfassenden Koalitionsvertrag mit dem originellen Titel »Ehrliche Politik für eine neue Zeit«. Nur dass die anderen diesen Vertrag unterschrieben.

Aus den Planspielen waren Fakten geworden, die in einer feierlichen Vereidigung des neuen Personals mündeten: Die Grünen eroberten das Kanzleramt, einige der einflussreicheren Ressorts wie Finanzen und Inneres gingen an die Konservativen, die Liberalen bekamen das Gedöns und den Schleuderposten Verteidigung zugeschustert und ins BuEGeLN zog Frau Dr. Roswitha Wanninger ein, während meine Partei völlig abgewirtschaftet hatte.

Die Konservativen kannten wir ja aus langen Jahren der Zweckehe, in der die Liebe längst verblasst ist und man sich im Streit um die Zahnpastatube aufreibt. Die Grünen knüpften an ihre Werte vor der Pandemie an und erlebten einen neuen Hype. Ihr Versprechen, der Neustart könne ein nachhaltiger und ökologischer sein, hatte mehr gezogen als das Versprechen von Abwrackprämien und Staatsbeteiligungen. Davon hatte vor allem die Jugend, die die Zeche würde zahlen müssen, die Nase gestrichen voll. Die Grünen waren also der Shooting-Star in Zeiten des Neubeginns. Und sie strahlten genau das aus, wonach die Menschen sich nun sehnten: dass sie unverbraucht und fröhlich zupacken wollten. Dieser Elan würde spätestens enden, wenn auch sie die Mühen der Ebenen würden durchqueren müssen.

An die Liberalen schließlich hatte man sich so gewöhnt wie an einen immer etwas müffelnden WG-Genossen, der immerhin regelmäßig den Müll runter brachte und den Kühlschrank auffüllte. Sie würden nerven, aber keinen großen Schaden anrichten.
Im Bund wehte also künftig ein frischer Wind. Aber vielleicht würden auch die Jamaikaner irgendwann in die bekannte Routine fallen, so wie die politisch Verantwortlichen meiner Partei und der Konservativen in diesen letzten Jahren der nicht enden wollenden Koalition: Jeder hatte sein Ding gemacht. Aber damit die Republik nicht in einem bleiernen Schlaf versank, hatten die Pressestellen in regelmäßigen Abständen einen wohl temperierten Schlagabtausch in den Medien angezettelt. Diese Schaukämpfe waren nur während der Pandemie kurz ausgesetzt worden, als man gezwungen war an einem Strang zu ziehen. Mit diesen Inszenierungen sollte dem in der Bevölkerung weit verbreiteten Eindruck entgegengewirkt werden, dass die Unterschiede zwischen den beiden Volksparteien zunehmend verwischten. Das Spielchen wurde ernst, wenn die Menschen an die Urnen gingen. Und es wurde immer ernster, seit die Populisten Lunte gerochen hatten und Stimmung machten mit vermeintlich simplen Lösungen für komplexe Probleme, so in dem Stil: Wenn man die Geflüchteten alle nach Hause zurückschickt, haben die Bürgerämter endlich wieder mehr Kapazitäten für die Ausstellung von Wohnungsberechtigungsscheinen oder Fahrzeugpapieren. Dagegen musste man erst einmal ankommen im Wahlkampf.
Die desaströs verlorene Wahl und der Gang in die Opposition kam für meine Partei einer totalen Niederlage gleich: Wie nach einer schmutzigen Scheidung waren alle Erinnerungen an das gemeinsam Erreichte ausgewischt. Die Fotos wurden zerrissen, die Tischdecken zerschnitten, die Ehebetten zersägt. Die politischen Vorhaben, die man gemeinsam gemacht und gewissermaßen groß gezogen hatte, waren aus dem Haus, man musste fortan keine falsche Rücksicht mehr aufeinander nehmen. Alles, was man in den Jahren des Waffenstillstands an Frust und Groll hinuntergeschluckt hatte, kotzte man dem anderen vor die Füße.
Leider war meine Partei bei der Scheidung leer ausgegangen. Wir mussten die Koffer packen. Wenn es für uns gut ausging, konnten wir im Dienstbotenzimmer eine ungeheizte und feuchte Bleibe finden, befristet auf vier Jahre, Verlängerung des Mietvertrages ungewiss. Wir konnten also im Prin-

zip froh sein, wenn uns nicht irgendwelche ausgedienten Haushaltsgeräte hinterher geschmissen wurden.

Die BILD beschrieb als erste Zeitung detailverliebt, wie Frau Dr. Roswitha Wanninger künftig im BuEGeLN darüber wachen würde, dass alle Menschen fünfmal am Tag eine Portion Rohkost zu sich nähmen, dass endlich wieder mehr Windräder die Landschaft zierten oder dass die Mitglieder der privaten Krankenversicherungen davor bewahrt würden, in Mehrbettzimmern die Besucherhorden libanesischer Großfamilien ertragen zu müssen. Alles wichtige Themen im Bereich Ernährung, Gesundheit, Lebensqualität und Nachhaltigkeit. Und alles Themen, die zeigten, welche Deals man beim Aushandeln des Koalitionsvertrags gemacht hatte: Privilegien von Privatversicherten gegen den Ausbau der Windenergie. Ich als Redenschreiberin formulierte natürlich sofort im Geiste, wie man den Menschen da draußen diesen Handel plausibel erklären konnte: Was sind schon ein paar Zugeständnisse an Privatversicherte, wenn doch von der besseren Luft durch Windenergie statt Kohlekraft alle profitieren? Also auch die gesetzlich Versicherten, die ja oft in prekären Verhältnissen lebten, Kette rauchten und einen besonderen *Benefit* von der sauberen Luft haben würden. So einfach ging das.

Der Spiegel hatte nach der Wahl mit seinen launigen Mutmaßungen total daneben gelegen und bis zum Schluss auf das falsche Pferd gesetzt. Das Hamburger Magazin hatte Frau Dr. Roswitha Wanninger als Bundesministerin für Ernährung, Gesundheit, Lebensqualität und Nachhaltigkeit lange nicht auf dem Schirm gehabt. In der Vergangenheit hatte der Spiegel sich in dem ihm eigenen süffisanten Duktus regelmäßig über die Politikerin aus Bayern lustig gemacht, zum Beispiel wenn sie bei einem Golfturnier den Pokal abräumte. Dann hieß es in einer hämischen Randnotiz: »Bayerische Ministerin Dr. Roswitha Wanninger – wenigstens das Handicap stimmt.« Ihre politische Arbeit in München und ihr Aufstieg in der bayerischen Schwesterpartei hingegen waren dem Blatt keine Zeile wert gewesen. Dabei hatte sie sich hartnäckig an die Spitze dieses Bundes alter Männer gekämpft und zuletzt erfolgreich das bayerische Gesundheitsministerium geleitet. Und das in Zeiten der Pandemie in einem Bundesland, das besonders gebeutelt gewesen war.

Um von seinem Irrtum abzulenken, stürzte sich der Spiegel auf den neuen

Kanzler, dem überschwänglich und in epischer Breite in Wort und Bild gehuldigt wurde.
Ein Thema aller Leitmedien war die spannende Konstellation, dass Frau Dr. Roswitha Wanninger den Freistaat Bayern künftig am Kabinettstisch vertrat. Ob sich der neue Kanzler in den nächsten Jahren der Schienbeintritte aus Bayern würde erwehren können, war das neue Lieblingssujet der Kommentatoren. Ich persönlich fand es gut, dass endlich wieder inhaltlich über den neuen Kanzler und seine Handlungsoptionen diskutiert wurde. Im Vorfeld der Wahl war es ja meist um rein optische Fragen gegangen. Die mühsam verwuschelte *straight-out-of-bed*-Frisur, der Dreitagebart, die saloppe Kleidung oder das jungenhafte Lächeln des Mannes, der immerhin auch schon die zweite Lebenshälfte erreicht, einen Doktor in Philosophie gemacht und ein paar Kinder in die Welt gesetzt hatte. Nicht, dass ich ihm nicht gern dabei zuschaute, wie er erfrischend und charmant mit seinen beherzten Reden den Saal zum Brodeln brachte und etwas ausstrahlte, was meine Partei seit Jahren vermissen ließ: die Lust zu gestalten. Das war sexier als Selbstmitleid und Selbstzerfleischung. Aber nun musste regiert werden, und da kam die Optik gelegentlich an zweiter Stelle.

Der Kanzler hatte bei der Bildung des Kabinetts ein sicheres Händchen bei der Auswahl seines Bodenpersonals bewiesen. So dachte zumindest die Bevölkerung, nicht ahnend, dass die Parteien ein wichtiges Wörtchen mitzureden hatten, wenn es um die Personalien ging. Die Medien hatten es jedenfalls als wahren Coup gefeiert, dass der Kanzler mit Frau Dr. Roswitha Wanninger eine attraktive und eloquente Mittfünfzigerin mit strahlendem Lachen und souveräner Ausstrahlung zum sympathischen Gesicht eines Kabinetts machte, in dem in der Vergangenheit oft bräsige Fachleute und alternde Parteibonzen ihre Plattitüden in die Mikros abgesondert hatten. Nun war das Kabinett jünger, weiblicher und ansehnlicher. Hinzu kam eine gewisse Intellektualität, nicht nur in Person eines promovierten Denkers als Kanzler. Frau Dr. Roswitha Wanninger sprach fließend Englisch und Französisch und hatte ihren Doktor *summa cum laude* gemacht.
Was den Doktortitel der Ministerin anbelangte, so beherrschte sie die Psychologie allerdings eher in der Theorie als im Umgang mit lebenden Objekten. Das ahnte keiner, dem sie ihr herzliches, aufmunterndes Lächeln

schenkte und ihm dabei verschwörerisch die Hand auf die Schulter legte. Sie war durch ihre Biografie und ihre inneren Überzeugungen prädestiniert für die Aufgabe als Kämpferin für die Gesundheit und Lebensqualität aller Altersklassen. Denn die neu berufene Ministerin wurde nicht müde zu erwähnen, dass sie neben ausgemusterten Ponys und verwahrlosten Straßenhunden aus Mittel- und Osteuropa auch die alternden Eltern auf dem Hof in Oberbayern wohnen ließ, statt sie ins Heim abzuschieben. Der Familiensitz war der Inbegriff eines Mehrgenerationenhauses, eines Konzeptes, das Frau Dr. Roswitha Wanninger als Modell für ganz Deutschland auf der Agenda hatte. Als Ministerin für den Bereich Nachhaltigkeit konnte sie es endlich voranbringen. Überhaupt ließ der weit gefasste Zuschnitt des Ressorts Spielraum für Fantasie, Kreativität und die daraus erwachsenden neuen Planstellen für altgediente Parteifreundinnen. Die umfangreiche Zuständigkeit hatte Frau Dr. Wanninger dem neuen Kanzler mit Unterstützung ihres Parteichefs aus den Rippen geleiert. Die Presse feierte den Erfolg bereits, bevor der erste Vermerk zum Thema Nachhaltigkeit geschrieben war. Frauen, Familie und Kinder, Umwelt, gesundes Schulessen und Gemeindeschwestern von der Ostsee bis Oberstdorf, vom Saarland bis nach Sachsen, erneuerbare Energien, fairer Handel entlang der gesamten Lieferketten und unbeschwerter Lebensabend, irgendwie musste alles nachhaltig und zukunftsfest sein. Das würden auch die Kabinettskolleginnen und -kollegen nicht verneinen können, wenn Frau Dr. Wanninger erst einmal in ihren Ressorts fischte und ihre Themen medial wirksam als die eigenen vermarktete.

So würde es auch mit den besagten Mehrgenerationenhäusern laufen, für die eigentlich das Familienministerium mit Hochglanzbroschüren und seniorengerechter Themenseite warb. Aber sei es drum, von nun an würde Frau Dr. Wanninger die schönen Bilder präsentieren: Die Alten saßen strickend oder Kartoffeln schälend auf einer gemütlichen Bank vor einem energetisch restaurierten Fachwerkhaus. Je nach Jahreszeit konnte man sie statt unter der Linde auch am warmen Kachelofen platzieren, in eine karierte Wolldecke gewickelt und mit einem Hütehund zu ihren Füßen. Sie lächelten zufrieden und altersweise vor sich hin und beobachteten voller Genugtuung und später Lebensfreude die Kinder der jüngeren, freilich ganztags berufstätigen Generation. Die Alten waren dankbar für die wichtigen Familienaufgaben, die ihrem Leben auch jenseits der Siebzig einen Sinn gaben. Die lieben Kleinen tummelten sich auf einer Honigbienen-freundlichen Wildblumenwiese mit Hundewelpen, Lämmchen und kleinen Kätzchen. So waren alle glücklich, erfolgreich und zufrieden, die Großeltern, die jungen Leute und die Mädchen und Jungen, die behütet und mit wertvollen Vorbildern in der reanimierten Großfamilie aufwachsen durften. Die Tiere nicht zu vergessen. Nur um den Wolf müsste man sich noch ernsthaft kümmern.

Frau Dr. Roswitha Wanninger hatte schon als bayerische Landesministerin in zahlreichen *Homestories* einer breiten Leserschaft demonstriert, dass dieses Modell im wirklichen Leben ausgezeichnet funktionierte. Allein der Wille zählte, dann fand sich für jede Familie eine Möglichkeit, in Frieden und gegenseitiger Achtung unter einem Dach zu leben. Seit sie in ihr erstes Ministerinnenamt berufen worden war, stritt sie beim Finanzminister darum, Fördertöpfe zu schaffen, um auch Langzeitarbeitslose in die Lage zu versetzen, ihre Plattenbauwohnung in ein Mehrgenerationen-Projekt zu verwandeln. Natürlich mit Reptilien statt Kätzchen und mit Balkon statt Weide. Aber nicht Äußerlichkeiten sollten im Fokus stehen, sondern das Bekenntnis zu Werten wie Zusammenhalt und Gemeinschaft der Generationen.

Auf dem Hof der Wanningers kümmerten sich neben mehreren polnischen Pflegekräften eine Haushälterin und zwei Tierpfleger um das Familienidyll. Nicht so sehr, weil die Arbeit nicht innerhalb des Familienverbundes zu bewältigen gewesen wäre. Nein, die Ministerin betonte stets, dass der Gedanke entscheidend gewesen wäre, möglichst vielen Menschen eine Arbeit zu geben, die sonst der Gemeinschaft der Steuerzahler auf der Tasche gelegen hätten. So fehlte einem Tierpfleger seit der Begegnung mit einem übermütigen Eisbären ein Bein, während die Haushälterin vor ihrer Einstellung nicht des Lesens und Schreibens kundig war. Eine skandalöse Tatsache, die sie nicht nur mit viel zu vielen Menschen in diesem unserem reichen Lande teilte, sondern durch die sie den Stempel »schwer vermittelbar« auf der Stirn trug, bevor sie bei Familie Wanninger eine Chance bekam. Auch für den Kampf gegen den Analphabetismus würde Frau Dr. Wanninger im neuen Nachhaltigkeitsressort eine Task Force einrichten.

Der Hof im Freistaat Bayern, den Familie Wanninger ihr Eigen und ihr

Heim nannte, war mehr als das gelebte Modell des Mehrgenerationenhauses. Es war der perfekte Mikrokosmos, in dem ein jeder sein Glück und sein Auskommen fand, ob jung oder alt, ob aus Posen oder Perlach, Idlib oder Ingolstadt, ob mit oder ohne Behinderung, ob sozial benachteiligt oder etabliert.

Da ich mit Papa selbst ein Miniatur-Mehrgenerationenhaus bewohnte, hatte ich gewisse Vorbehalte, was die Praxistauglichkeit anbelangte. Papa und ich verstanden uns gut, es war für mich nie eine Option gewesen, dass er in eine Einrichtung mit Rundum-Betreuung zog. Er hatte nach seiner Reha vorgeschlagen, in ein Heim zu ziehen. Aber er war ja nicht krank. Er hatte eine Behinderung, und man konnte, wenn man wie wir über die nötigen Mittel verfügte, manche Hindernisse aus dem Weg räumen. Also hatten wir eine Rampe bauen und einen Treppenlift installieren lassen und Badezimmer und Küche barrierefrei umgebaut. Er brauchte Hilfe beim Duschen und Anziehen, deshalb konnte man ihn schlecht über längere Zeit alleine lassen. Wenn nötig, engagierten wir deshalb Natalia.

Papa bewegte sich sicher im Internet, ein Segen für Menschen wie ihn. Er bestellte unsere Einkäufe nicht erst seit dem *Lockdown* bei Bringprofi und Schluckexpress und kümmerte sich online um Handwerker und Fensterputzer. Als ehemaliger Geschichts- und Deutschlehrer hatte er immer eine lange Lektüreliste und jammerte selten über Langeweile und Einsamkeit. Trotzdem, irgendwie saß ich mit in seinem Rollstuhl. Und jedes Mal, wenn mir dieser Gedanke kam, schämte ich mich dafür zutiefst. Ich liebte Papa über alles, mehr noch, seit meine Mutter ihre Koffer gepackt und uns verlassen hatte, um nochmal durchzustarten.

Ich konnte nicht durchstarten, selbst Wochenendausflüge mussten genau geplant und organisiert werden. Ein paar Mal war es vorgekommen, dass ich ein lang ersehntes gemeinsames Wochenende mit Ebbi abbrechen und nach Berlin zurückdüsen musste, weil irgendetwas nicht nach Plan gelaufen war.

Im Sommer hatten Ebbi und ich uns in ein teures Wellnesshotel an der Müritz eingemietet. Ob es die fünf goldenen Sterne, die neben seinem Namen prangten, wirklich verdiente, konnte ich nicht beurteilen. Dafür war mein Aufenthalt zu kurz. Ich hatte gerade meine Zahnbürste ins Kristallglas

gesteckt, als Natalia anrief und in gebrochenem Deutsch irgendetwas von »Sturz« und »viel Blut am Kopf« ins Telefon schrie. Ebbi brachte mich schweigend zum Bahnhof der nächsten Kleinstadt.
»Es ist totale Geldverschwendung, wenn wir beide mit dem Auto nach Berlin zurückfahren«, jammerte er und sah mich dabei mit dem Dackelblick an, den ich aus ähnlichen Situationen kannte.
»Außerdem, wie soll ich meiner Frau erklären, warum ich früher zurück komme?«, fragte er mich und zog mich in seine Arme.
»Ich habe Birgit doch gesagt, dass ich unbedingt die Ruhe eines abgeschiedenen Hotels brauche, um an dem Vortrag zu arbeiten. Wenn ich jetzt sofort wieder auf der Matte stehe, mache ich mich total verdächtig. Außerdem müsste ich dann zwei Tage lang so tun, als würde ich mich auf eine Konferenz vorbereiten, die es gar nicht gibt.«
Er nahm mein Gesicht in beide Hände und rief dramatisch aus: »Mia, Du weißt, ich bin nichts lieber als mit Dir zusammen, aber wir müssen jetzt beide stark und vernünftig sein!«
Da stand ich also mit meiner Reisetasche irgendwo in der Pampa von Mecklenburg-Vorpommern und wartete in der sengenden Augusthitze auf den Regionalzug, der an Wochenenden im Dreistunden-Takt verkehrte. Nach Berlin zurück hätten wir in Ebbis Porsche unter zwei Stunden gebraucht.
Ich vertrieb mir die Zeit bis zur Ankunft der Bimmelbahn mit Telefonaten mit der Notaufnahme, in der die Platzwunde versorgt wurde, die mein Vater sich bei seinem Sturz zugezogen hatte. Bei meiner Abreise hatte ich nicht darauf geachtet, die Wasserflaschen in seiner Reichweite zu platzieren. Bei dem Versuch, sich eine Flasche zu angeln, hatte Papa sich zu weit aus dem Rollstuhl gestreckt und war mit der Stirn auf die Kante der Arbeitsfläche geknallt. Zum Glück war Natalia kurze Zeit später eingetroffen und hatte den Notarzt gerufen. Das war nur ein Beispiel für die angebliche Glückseligkeit unter einem Dach mit mehreren Generationen, wenn man sich keinen Hofstaat leisten konnte, der den Laden am Laufen hielt.
Aber in der Theorie hörte sich alles super an. Und wer Frau Dr. Roswitha Wanninger kannte, wusste, dass sie mit ihrer Vision von Mehrgenerationenhäusern nicht an der eigenen Gartenpforte Halt machen, sondern sie nach Deutschland und von dort aus in die Welt tragen würde.

Da man mit all den lästigen Gesundheitsthemen schon lange keinen Blumentopf mehr gewinnen konnte, sich im Gegenteil Feinde in den Lagern der Pharmaindustrie, der Krankenhauskonzerne, der Privatversicherungen und der Ärzteschaft machte, sollte in Zukunft eine Zuständigkeit des Ministeriums in den Fokus rücken: Die Nachhaltigkeit. Wenn man hier die Hausaufgaben machte, könnte man nicht nur einen Blumentopf gewinnen, sondern eine ganze Baumschule.

Die ersten hundert Tage, Dezember

Ich hatte mir nie ein Poster des Klampfe spielenden ehemaligen Parteivorsitzenden und Bundeskanzlers ins Büro gehängt, aber nach Jahren als Redenschreiberin für meine Partei war das nicht nötig. Ich trug auch so das Mal auf der Stirn. Als Beamtin war ich selbstredend nur der Bürgerin und dem Bürger verpflichtet. Meine unbedingte Loyalität galt den Dienstherren und -herrinnen jedweder Couleur. Aber das Misstrauen der neuen Leitung gegenüber meinen Mitstreitenden und mir war schon bei der ersten Begegnung mit den Händen greifbar. Oder war ich durch die langjährige Tätigkeit in der Leitung einer obersten Bundesbehörde so paranoid, dass ich den Blick der nach ihrer Vereidigung das Spalier ihrer Untergebenen abschreitenden Ministerin als spöttisch und argwöhnisch interpretierte, obgleich er nett gemeint war?

Fest stand, dass die Reihen, die sich nach der Wahl deutlich gelichtet hatten, möglichst schnell aufgefüllt werden mussten. Das BuEGeLN durfte keine Zeit verlieren. Unser Haus musste unverzüglich arbeitsfähig und schlagkräftig sein, damit nicht andere Ministerien vorpreschten und die Titelseiten besetzten. Um wieder in den Arbeitsmodus zu schalten, bediente sich die neue Leitung der viel beschworenen »eigenen Leute«. Ich kannte das schon und fand es an den neuralgischen Punkten verständlich, meine Partei hatte es damals nicht anders gemacht. Nun strömten treue Gefolgsleute aus kuscheligen Zeiten als bayerische Landesministerin in die verwaisten Büros der Pressestelle, des Referates für Öffentlichkeitsarbeit und des in der letzten Legislaturperiode neu geschaffenen Think Tanks mit dem aufregenden Namen »Future Factory«.

Was sich dahinter verbarg, hatte ich nie begriffen. Meist hockten die drei oder vier Referenten mit geheimnisumwitterter Miene und bei geschlossener Tür im Zimmer des Chefs. Die ausnahmslos männlichen Referenten dieser Ideenschmiede zeichneten sich dadurch aus, dass sie jünger und bärtiger waren als ihre Kollegen in anderen Arbeitseinheiten. Statt Filterkaffee aus Tassen mit lustigen Sprüchen und Vereinslogos nippten sie an ihrem laktosefreien Latte Macchiato aus hohen Gläsern oder tranken Club Mate direkt aus der Flasche. An ihren Wänden hingen keine Poster oder Kinderzeichnungen, sondern Kunstdrucke und Schwarzweißbilder. Diese

Fotos schossen sie in ihrer knappen Freizeit eigenhändig mit einer alten Hasselblad und entwickelten sie nach Mitternacht in einem zur Dunkelkammer umfunktionierten Kabuff ihrer Altbauwohnung im gentrifizierten Teil Neuköllns.

Auch diese jungen Kollegen hatten frühzeitig das Weite gesucht. Da sie dank ihrer Studienaufhalte und Praktika im inner- und außereuropäischen Ausland allesamt beeindruckend polyglott waren, hatte man rasch eine Verwendung bei der OECD oder bei einer der vielen weithin im Dunkeln operierenden nachgeordneten EU-Institutionen für sie gefunden. Dort gaben sie sich nun weiterhin kompetent und engagiert ihrem Spezialgebiet hin: Dem Entwurf von Langfrist-Konzepten und dem Verfassen strategischer *Papers*. Nicht, dass daraus Bestseller wurden. Aber es sprach ja nicht für die Qualität eines Werkes, wenn alle Welt es las und verstand. Entscheidend war, dass die wenigen wichtigen *Insider, Stakeholder, Akteure* und *Multiplikatoren* die Arbeit der Experten zu schätzen wussten.

Nun wurden ihre ehemaligen Büroräume frisch gestrichen, die Teppiche schamponiert und die alten Namensschilder abgeschraubt. Lediglich mein Name, der meines Kollegen Friedbert und unserer Sekretärin Uschi hingen noch an der Wand des langen Flures im ersten Stock des Ministeriums.

Uschi war wie ein Relikt aus einer anderen Zeit. Die Sphinx im Vorzimmer, fleißig, bedingungslos treu und ergeben. Sie hatte schon ihre Ausbildung im Ministerium absolviert, das damals, vor vierzig Jahren, allerdings die armselige Bezeichnung »Bundesministerium für Gesundheit« getragen hatte. Uschi hatte mit Gleichmut alle Wechsel an der Spitze des Hauses über sich hinwegziehen lassen. Getreu dem Motto, dass es ihr egal war, wer »unter« ihr Minister war. Inzwischen war sie Anfang Sechzig und sah bang dem nahenden Ruhestand entgegen. Sie hatte in verschiedenen Abteilungen des Ministeriums gearbeitet und kannte Hinz und Kunz, wusste vorab über jede Versetzung, Beförderung und grottenschlechte Beurteilung Bescheid und lächelte wissend in sich hinein, wenn wir in unseren Referatsbesprechungen über Personalien spekulierten. Zwar war Uschi bestens vernetzt, aber sie konnte auch schweigen wie ein Grab. Das glaubte ich ihr unbedingt, seit sie mich vor zwei Jahren heulend an meinem Schreibtisch vorgefunden, den Arm und mich gelegt und ich ihr den ganzen Ebbi-Frust erzählt hatte.

»Kindchen, ich kenn das, glaub mir«, hatte mich Uschi getröstet und mir von den Chefs berichtet, mit denen sie in jüngeren Jahren das gehabt hatte, was man im letzten Jahrhundert »Verhältnis« nannte.
Uschi erinnerte mich an meine Mutter. Besser: an die Frau, die meine Mutter war, als sie noch morgens als Schulsekretärin arbeitete und nachmittags für mich und meinen Vater sorgte. Eine gepflegte Erscheinung, humorvoll, mitfühlend und eine gute Zuhörerin. Warum sich meine Mutter nach dem Unfall meines Vaters innerhalb weniger Monate in eine Fremde verwandelt hatte, wusste ich bis heute nicht. Vielleicht waren es die Wechseljahre? Bei manchen Frauen wechselte dabei so einiges, was Uschi basierend auf ihren eigenen Erfahrungen und denen ihrer Freundinnen und Bekannten bestätigte. Meine Mutter hatte jedenfalls gekündigt, sich nach der Scheidung den Zugewinn ausgleichen lassen und das Land sowie ihre sexuelle Orientierung gewechselt.
»Nicht ungewöhnlich«, urteilte Uschi, als ich ihr einen Einblick in meine Familiengeschichte gewährte.
»Eine Freundin von mir lebt inzwischen mit einem Yogalehrer aus Pirna auf einem stillgelegten Bahnhof in der Prignitz zusammen«, berichtete Uschi. »Als ich die beiden einmal besucht habe, hat es so komisch gerochen. Stell Dir vor, Mia, die beiden rauchen Marihuana! In dem Alter!«, fuhr sie aufgebracht fort.
»Sie saßen im Lotussitz auf dem blanken Boden und haben mir statt Kaffee einen indischen Gewürztee angeboten, der nach Weihnachtsgebäck schmeckte. Im Sommer, bei über dreißig Grad!«, fügte Uschi kopfschüttelnd hinzu.
Zu essen hätte es in den vier Stunden auf dem Yoga-Bahnhof gar nichts gegeben, ihre Freundin sei sowieso nur noch ein Haufen klappernder Knochen, in einen Sari gehüllt und mit wallendem weißem Haar.
Ich merkte, dass Uschi nichts erschüttern konnte, weder meine töpfernde Mutter in ihrer Frauen-WG noch meine Affäre mit Ebbi. Deshalb brachen alle Dämme und ich schüttete Uschi mein Herz aus.
Danach hatte ich mich über meine weinerliche Schwatzhaftigkeit geärgert und Angst, Uschi würde dafür sorgen, dass mein Elend im ganzen Ministerium die Runde machte. Aber an jenem Tag war ich froh, in ihr eine verschwiegene und mütterliche Freundin zu haben, die mir den Arm um

die Schultern legte und mir versicherte: »Mia, Kindchen, es wird immer wieder hell am Morgen!« Ich war froh, dass Uschi noch da war.

Auch Alfons hatte man nicht entfernt. Der altgediente Protokollchef Alfons Bähr saß weiterhin ein Stockwerk über uns im Ministerflur inmitten von Mitbringseln aus aller Welt. Er redete sich ein, dass er mit der neuen Ministerin klar kommen würde, wenn er demnächst ihre Auslandsreisen organisierte und ihr die Handtasche in den Regierungsflieger hinterher trug. Oder in den ICE, denn als Wächterin über Lebensqualität und Nachhaltigkeit würde die Ministerin darauf achten, dass der ökologische Fußabdruck nicht zu groß geriet, und sicherlich gelegentlich auf die Deutsche Bahn umsteigen. Zumindest, wenn Journalisten die Reise begleiteten.

Als Protokollchef hatte Alfons schon so viel Menschliches gesehen, dass er auch die Jahre mit einer Frau Dr. Roswitha Wanninger überleben würde. Dachte er. Und ich war die Letzte, die diesem netten Kollegen seine Hoffnung nehmen wollte.

Unsere paar Namen und noch wenige andere waren also geblieben. Sie prangten neben unseren Bürotüren wie Inschriften auf einem Grabstein, der die Lebenden gemahnen sollte, dass all unser Dasein endlich ist und unser Streben auf Erden im Grunde sinnlos.

Alfons, Friedbert und ich werteten es als gutes Zeichen, dass man uns zum Kennenlern-Treffen mit der Ministerin einlud. Uschi hatte keine Einladung bekommen, genau wie die anderen Bürosachbearbeiterinnen und Vorzimmerkräfte. Das Fußvolk hatte keinen Zutritt zur *Bel Étage.*

Wir drei betraten den Flur mit der schalldämpfenden blauen Auslegware durch die Schleuse aus Panzerglas. Hier oben im zweiten Stock befand sich auch der große Besprechungsraum, in dem sich die muntere Schar der Getreuen mit gebotenenem Abstand versammelt hatte. Alfons, Friedbert und ich hielten uns im Hintergrund und beobachteten mit einer Faszination des Grauens, wie sich die ausnahmslos konservativ korrekt gekleideten Damen und Herren begrüßten wie alte Bekannte, die der Strom der Zeit auseinander getrieben und endlich wieder zusammengeführt hatte.

»Jetzt kannst Du mal Deinen Schlips aus dem Schrank kramen«, raunte ich Friedbert zu, der nervös von einem Fuß auf den anderen trat und die Arme vor der Brust verschränkt hielt, als könne er dadurch den Makel der fehlenden Krawatte verbergen. Einige der sehr jungen neuen Kollegen bevor-

zugten sogar Fliegen. Dieser dandyhafte Stil schien ganz im Trend zu liegen. Genauso wie die Kombinationen der Frauen, die mich mit widerwilligem Interesse von oben bis unten musterten, wie man ein Insekt in einem Schaukasten des Naturkundemuseums betrachtet. Oder schlug mir hier wieder meine Paranoia ein Schnippchen? Ich nahm mir vor, tolerant und offen auf die Neuen zuzugehen, in der Hoffnung, dass auch sie mir mit freundlicher Nachsicht entgegentreten würden. Vielleicht hätte ich es leichter gehabt, wenn mir der Dress Code vorher verraten worden wäre. Ich hätte allerdings auch selbst darauf kommen können, denn im Prinzip sahen die neuen Kolleginnen alle so aus wie unsere neue Ministerin: dunkelblaue Stoffhose, manchmal auch knielanger Rock, dazu eine perfekt gebügelte Bluse in hellrosa oder hellblau, eine schlichte, schmale Armbanduhr, selten eine Kette oder gar Ohrgehänge. Die Haare mittellang und luftig, die Schuhe flach und zeitlos. Nun ja, da müsste ich nachbessern.
Als Redenschreiber hatten Friedbert und ich bislang in allerlei Hinsicht eine gewisse Narrenfreiheit genossen. Die Kleidung war salopp und bequem, schon wegen der gelegentlichen Nachtschichten. Zum Beispiel, wenn kurz vor Feierabend bekannt wurde, dass der Minister am kommenden Vormittag in der Aktuellen Stunde dem Bundestag zum Thema Vogelgrippe Rede und Antwort stehen musste, weil auf Rügen ein toter Schwan an den Strand gespült worden war. Dann konnte es ein langer Arbeitstag werden und es war gut, wenn kein Kragen zwickte und die Schuhe nicht drückten. Jeans, eine lässige Bluse oder ein schlichtes T-Shirt, dazu ein Blazer und ein Tuch, das war in jenen Zeiten, denen ich schon jetzt hinterher zu trauern begann, völlig angemessen. Friedbert strich gedankenverloren über seinen Dreitagebart. Den müsste er sich in Zukunft für lange Wochenenden oder den Jahresurlaub mit seinem Liebsten aufheben. Und diesen Lebensgefährten sollte er auch lieber für sich behalten. Offiziell war es bei den Konservativen inzwischen ja auch nicht mehr behandlungsbedürftig, wenn jemand das eigene Geschlecht bevorzugte, aber Friedbert wollte gewiss nicht der erste sein, der austestete, wie die Ministerin in dieser Hinsicht ganz persönlich tickte.
Im Gegensatz zu den unrasierten *Loosern* da draußen, die in Clubs oder im Volkspark Friedrichshain abhingen, hatten die Jünglinge im Raum derart glatte Wangen, dass in mir der Verdacht aufkam, sie hätten sich einer

Gesichts-Epilation unterzogen. Gab es so etwas bei Männern? Bestimmt, denn laut Friedbert war bei den männlichen Vertretern der jüngeren Generation jedwede Form der Körperbehaarung, einst Schutz vor Kälte und Dornengestrüpp, total verpönt. Er musste es wissen, da er in der Mittagspause oder beim Grübeln über einen schwierigen Redeeinstieg regelmäßig den noblen Fitnesstempel am Gendarmenmarkt aufsuchte. Dort wurde er im Gegensatz zu den smarten Jungmanagern jedes Mal aufgefordert, seinen mit einem Lichtbild versehenen Mitgliedsausweis vorzulegen. An den war er gekommen, weil ein Kumpel des Schwagers seiner Cousine, dem die Immobilie gehörte, ihm einen Rabatt und eine Empfehlung organisiert hatte.

Auch das war ein Privileg des Jobs als Redenschreiber. In Phasen des Sinnierens erlaubte uns eine Art Gewohnheitsrecht, außerhalb der regulären Mittagspause das Haus zu verlassen. Denn manchmal kam einem der entscheidende Einfall nicht am Schreibtisch, sondern bei einem Chai Latte im Starbucks an der Friedrichstraße. Oder, wie in Friedberts Fall, auf dem Crosstrainer beim Abchecken gestählter junger Körper. Ich selbst hatte die Geistesblitze am ehesten, wenn ich an sonnigen Tagen im Tiergarten auf einer Bank ein kleines Nickerchen einschob. Es hatte bisher niemand etwas dagegen gehabt, wenn ich für ein, zwei Stunden grübelnd und mit entrückter Miene das Haus verließ. Denn wenn ich nach der kreativen Pause flotten Schrittes den Gang entlang spurtete, konnte ein jeder sehen, dass mir die zündende Idee für eine bahnbrechende Grundsatzansprache gekommen war.

Wenn ich mich umsah, fiel es mir schwer zu glauben, dass wir diese Freiheiten auch unter der neuen Leitung genießen würden. Es sah alles recht uniformiert aus. Und wie in einem *Bootcamp* sollte es dann auch zugehen.

Führungsqualitäten, Januar

Bereits am ersten Arbeitstag unter Frau Ministerin Dr. Wanninger mussten wir uns warm anziehen. Das lag zunächst weniger an ihr als vielmehr an dem Terrorregime, das sie im Leitungs- und Planungsstab umgehend installierte. An der Spitze stand Frau Dr. Almut Brunner, eine enge Wegbegleiterin der Ministerin, die schon lange dafür Sorge trug, dass sich ihre Chefin nicht selbst die Hände schmutzig machte, wenn man für unliebsame Mitarbeiterinnen und Mitarbeiter eine neue Verwendung finden musste. In dieser Disziplin hatte es Frau Dr. Brunner zu wahrer Meisterschaft gebracht. Hunderte Frühpensionierte, *Burnout*-Patientinnen, Alkoholiker und Suizidgefährdete pflasterten ihren Weg, seit sie für Frau Dr. Wanninger an entscheidender Stelle operierte. Hier passte das Bild einmal, denn es flossen nicht nur Tränen, es floss auch Blut. Ein Kollege aus dem bayerischen Landesministerium, der früheren Wirkungsstätte der beiden Damen, hatte Friedbert und mir erzählt, dass sich ein Mobbingopfer nach Feierabend vor der Bürotür von Frau Dr. Brunner die Pulsadern aufgeschnitten hatte, nachdem sie ihn monatelang schikaniert hatte. Auch die nach seinem Abtransport am nächsten Morgen eilig herbeigerufene Putzkolonne bekam den Fleck nicht weg. Die Auslegware war ruiniert. Wo der Kollege elendig verblutet war, zierte fortan eine handgeknüpfte Brücke den Flur. Man hatte sie aus dem Fundus mit den Gastgeschenken geholt, die Besucher aus aller Welt den heimischen Politikern überreichten.

Der Selbstmord hatte ein Statement sein sollen. Doch so bitter es war, der Kollege hatte sich umsonst geopfert. Frau Dr. Brunner ließ sich durch so eine kleingeistige Tat nicht weiter beeindrucken, geschweige denn änderte sie dadurch ihr Verhalten. Im Gegenteil. Sie achtete bei der Auswahl der Mitarbeiter fortan noch strenger darauf, dass keine Schwächlinge dabei waren. Gefühlsduseleien waren fehl am Platz, wenn man dieses Land vernünftig regieren wollte. Und das wollte Frau Dr. Brunner. Im Schatten der Ministerin, aber immer ganz nah hinter ihr.

Frau Dr. Brunner würde in der Funktion einer Abteilungsleiterin fortan den Leitungsstab des BuEGeLN führen. Über ihren Schreibtisch würden auch alle Reden, Grußworte und Namensartikel gehen, die Friedbert und ich verfassten. Damit war aber nicht geklärt, wer unser direkter Vorgesetzter als Leiter des Referates »Reden und Textarbeit« sein würde. Wir hofften, dass es jemand war, der nicht nur fachlich kompetent, sondern auch bereit war, sich im Zweifel vor die Seinen zu stellen.

Ich persönlich strebte keineswegs nach Höherem und war zufrieden damit, still vor mich hin zu schreiben und einen Blitzableiter in der Funktion des Referatsleiters über mir zu wissen. Wenn Aktenordner flogen oder es eine Standpauke gab, stand ich lieber in der zweiten Reihe. Außerdem hatte ich mit Papa eine weitere Aufgabe in meinem Leben, die Zeit und Energie kostete. Wenn ich Reden über die Doppelbelastung von Frauen in der *Rush hour des Lebens* schrieb, tat ich dies aus tiefster innerer Überzeugung. Nur wenn es dann an die politischen Lösungsansätze ging, verließ mich der Mut. Wenn es schon bei der Ganztagsbetreuung, dem Hort in der Schule und in letzter Zeit bei der Notbetreuung für Eltern in systemrelevanten Berufen überall im Land haperte, konnte man lange warten, bis die Politik den pflegenden Angehörigen ein Angebot machte, das wirklich half. Aber die Zeit war auf unserer Seite. Immer mehr Alte, immer höhere Kosten und damit immer mehr Druck auf die handelnden Personen, sich des Themas Pflege nicht nur in Sonntagsreden anzunehmen.

Drei Tage nach dem lockeren Kennenlernen, bei dem wir eine Stunde verkrampft herumgestanden und schweigend an unserem Orangensaft genippt hatten, flatterte uns eine Hausmitteilung ins Büro, der wir weitere Neubesetzungen entnehmen konnten. Friedbert und ich waren nicht schlecht erstaunt, dass wir auf so formellem Weg erfuhren, wer in Zukunft über unsere Urlaubsanträge, Beurteilungen und Beförderungen entscheiden würde: Mit Tristan von Herrlinghaus bekamen wir einen Chef vor die Nase gesetzt, der außer guter Herkunft auch langjährige Erfahrungen als Chef vom Dienst bei der Zeitschrift »Jagd und Hund« aufweisen konnte. Frau Ministerin hatte ihn auserkoren, weil er in der Vergangenheit für mehrere schmeichelhafte Porträts in diesem meinungsbildenden Blatt verantwortlich gezeichnet hatte. So hatte sie ihm kurz nach ihrer Ernennung zur bayerischen Gesundheitsministerin die Pforten des Gutshofs geöffnet und ihn mit einem Fotografen in die Küche gebeten. Dort wurden die beiden Vollblutjournalisten Zeugen des vorweihnachtlichen Backens mit dem Gatten und den beiden Töchtern. Die Bilder, die vor Jahren bei diesem Termin geschossen wurden, zeigten Frau Dr. Roswitha Wanninger in einer flotten Schürze inmitten des bunten Treibens. Die Teenager mit den blonden Pferdeschwänzen rollten mit vor Eifer geröteten Wangen den Teig aus und stachen Sterne und Herzchen aus, während ihre Mutter die gefährliche Aufgabe übernahm, die heißen Backbleche aus dem Ofen zu holen. Dabei diktierte sie Tristan von Herrlinghaus lächelnd in den Block: »Die meisten Unfälle passieren im Haushalt. Das wollen wir doch vermeiden!« Der Gatte hielt sich vornehm im Hintergrund, wechselte ab und zu die CD mit den adventlichen Gesängen berühmter Knabenchöre oder bot den Gästen, ganz guter Gastgeber, wahlweise Wasser oder ein Glas hausgemachten Eierlikörs an. Nicht nur die Fotos waren äußerst gelungen. Auch über den Begleittext aus der Feder Tristan von Herrlinghaus' war die Ministerin seinerzeit hoch erfreut gewesen. Realistisch und respektvoll gewährte er einen diskreten Einblick in den Alltag dieser vorbildlichen Familie, in der das Wohl der Kinder im Mittelpunkt allen Strebens stand. Bei den Wanningers wurden christliche Traditionen gemeinsam gelebt und gepflegt. Hier herrschten Harmonie und Zufriedenheit. Die Überschrift lautete treffend: »Regiment der Liebe!«

Dieses lang erprobte und bewährte Motto wollte Frau Dr. Roswitha Wanninger nach eigenem Bekunden auch in der Politik zu ihrem persönlichen Leitmotiv erheben. Und wer hätte das besser in Worte fassen können als der Autor des bewegenden Artikels. Tristan von Herrlinghaus hatte sich mit der Homestory aus Oberbayern für den Posten des Referatsleiters »Reden und Textarbeit« empfohlen wie kein anderer.

Wie eine gute Mutter, hatte Frau Ministerin auf der Personalversammlung anlässlich ihrer Berufung ins Amt beteuert, wolle sie sich auch um die Mitarbeiterinnen und Mitarbeiter des BuEGeLN kümmern. Dass sie ein archaisches Matriarchat errichten würde, hatte sie allerdings für sich behalten.

Nachdem wir die Hausmitteilung studiert und ausgiebig alle Namen gegoogelt hatten, die künftig die Schilder der Nachbarbüros zieren würden, brachen Friedbert und ich zum Mittagessen auf. Uschi hatte Urlaub, ansonsten hätte sie bestimmt die eine oder andere Info beisteuern können.

Auf dem Weg zur Kantine kamen wir nicht weit. Im Büro zu meiner Rechten kniete eine pummelige Person mit platinblondem Bubikopf auf dem Boden und maß mit Hilfe eines Geodreiecks die Breite des leerstehenden Raumes aus.

»Bine?«, fragte ich mit einer dunklen Vorahnung. Wie von der Tarantel gestochen sprang die Person auf die stämmigen Beine und lachte mich unbefangen an. Nichts schien daran befremdlich zu sein, über den Flur zu kriechen und die Breite der Büros zu vermessen.
»Hallo, Mia«, strahlte sie mich an und machte Anstalten, mich zu umarmen. Dem kam ich zuvor, indem ich ihr förmlich den Ellenbogen entgegenhielt. Es kam also noch schlimmer als ich befürchtet hatte.
Sabine »Bine« Schlöz hatte vor Jahren als Redenschreiberin für den Vorvorgänger von Frau Dr. Roswitha Wanninger gearbeitet und war nach dem Regierungswechsel zu irgendeiner internationalen Organisation nach Genf weggelobt worden. Dort wurde sie nun wahrscheinlich ebenso wenig vermisst wie in den Jahren ihres Exils von ihren ehemaligen Kollegen im Berliner Ministerium. Das lag keineswegs daran, dass Bine eine unfreundliche Zeitgenossin war. Im Gegenteil, sie lächelte nahezu ununterbrochen und hatte die Angewohnheit, ihrem Gegenüber wahlweise aufmunternd, tröstend oder verschwörerisch den Unterarm zu tätscheln. Ihre aufdringlich fröhliche Art behielt sie konsequent in jeder Lebenslage bei. Auch wenn sie am Stuhlbein ihres Chefs sägte oder Gerüchte über die angebliche Inkompetenz ihrer Kollegen verbreitete. Außer dem unschuldigen und milden Lächeln gehörte zu ihrem mimischen Repertoire ein überaus besorgter Gesichtsausdruck, den sie fast ausnahmslos dann zur Schau stellte, wenn es um die Uneinsichtigkeit ihrer Vorgesetzten in ihre außergewöhnlichen Fähigkeiten auf jedem nur denkbaren Gebiet ging. Ihre Stirn legte sich in Falten, die Mundwinkel hingen herab und ihre sonst so fröhliche Stimme bekam etwas Weinerliches.
Mir wurde klar, dass Bine fortan in dem Büro sitzen würde, das noch vor kurzem unseren netten Kollegen Matthes beheimatet hatte. Er hatte im Gegensatz zu Friedbert und mir die Weitsicht gehabt, sich beizeiten in die Grundsatzabteilung umsetzen zu lassen. Dort verschwendete er sein großartiges literarisches Talent nun an langatmige Leitungsvorlagen über die Bedeutung von *Big Playern* im politischen Raum, blieb aber ansonsten unbehelligt und konnte pünktlich zum Dienstschluss zu Frau und Kindern eilen.
»Sag mal, Mia«, setzte Bine nun mit einem unschuldigen Lächeln an, »kann es sein, dass Dein Büro größer ist als das hier?«

»Keine Ahnung«, gab ich wahrheitsgemäß zurück. »Du kannst ja mal ausmessen.«
Was als Scherz gemeint war, wurde sogleich in die Tat umgesetzt. Bine ging wieder in die Hocke und fuhr fort, mit dem Geodreieck die Breite meines Büros zu überprüfen. Friedbert und ich standen fassungslos daneben und warfen uns verzweifelte Blicke zu.
Als Bine ihre mathematische Übung beendet hatte und sich aufrichtete, war aus ihrem Gesicht das Lächeln gewichen und hatte dem anderen Ausdruck voller Bedenken und Weltschmerz Platz gemacht.
»Zehn Zentimeter«, verkündete sie und klopfte sich mit dem Geodreieck auf den Oberschenkel.
Dann sagte sie: »Ich helfe Dir natürlich beim Umzug.«
Was Friedbert und mich seit Jahren verband, war eine angenehme Entspanntheit, wenn es um Statussymbole und Karrierefragen ging. Wer wie viele Fensterflügel hatte, wessen Büro auf den ruhigen Innenhof oder die lärmende Straße hinausging, wer zur *Morgenlage* mit den Staatssekretären gehen durfte oder gar an einer Rücksprache auf höchster Ebene teilnahm, diese Machtinsignien des Ministerialbeamten interessierten uns weniger als die Tatsache, gut dafür bezahlt zu werden, unserer Leidenschaft nachzugehen, dem Schreiben. Damit gehörten wir zu einer verschwindend kleinen Minderheit. Das konnten Friedbert und ich in jahrelangen Feldstudien zweifelsfrei belegen. Es hätte also an ein Wunder gegrenzt, eine Verstärkung zu bekommen, die ähnlich entspannt dem Kerngeschäft nachging, statt ihre Energie auf das Netzwerken und berufliche Fortkommen zu konzentrieren. Ich hatte eigentlich Besseres zu tun, als um ein Büro zu kämpfen, das sich vom Nachbarbüro lediglich durch zehn zusätzliche Zentimeter unterschied und das Bines Meinung nach ihr zustand, weil sie eine Besoldungsgruppe höher war als ich. Aber ich konnte einer Bine Schlöz mein liebgewonnenes Domizil einfach nicht kampflos überlassen. Und dann hatte ich einen plötzlichen Geistesblitz: »Aber Bine, das Büro mag ein wenig breiter sein«, sagte ich mit unschuldigem Lächeln, »aber Du möchtest doch bestimmt direkt neben dem Chef sitzen? Als stellvertretende Referatsleiterin und so.«
Diese Funktion hatte es bei uns noch nie gegeben. Unser alter Chef hatte uns immer nur gebeten uns abzusprechen, wenn er im Urlaub oder krank war. Es müsse einer von uns in die Runden gehen und den Posteingang im

Blick haben, wer das übernehme, sei ihm gleich, Hauptsache, der Laden liefe. Bine allerdings, darauf hätte ich jede Wette abgegeben, würde darauf bestehen, offiziell als Stellvertreterin im Geschäftsverteilungsplan aufgeführt zu sein, da sie Friedbert und mir eine Gehaltsstufe voraus war. Und das war nur die Formalie. Sie übertraf uns selbstverständlich auch durch ihre Brillanz, Lebens- und Auslandserfahrung.
Bine strich sich über das Kinn, überlegte kurz und entspannte dann ihre Gesichtszüge.
»Ja, da hast Du sogar recht«, sagte sie und lachte dann ihr schrilles Lachen. »Das bringt es wohl mit sich, wenn man stellvertretende Referatsleiterin ist. Da muss man auch mal auf ein ausreichend großes Büro verzichten, wenn es denn den kurzen Wegen dient.«
Damit war die Sache entschieden, ich konnte die Poster mit meinen Lieblingsserienheldinnen hängen und die beiden Grünpflanzen stehen lassen.
Schon am nächsten Tag wurden zahlreiche Bücherkisten in die beiden Nachbarbüros gewuchtet. Herr von Herrlinghaus räumte den gesamten Lagerbestand der Springer-Presse in seine Regale, während Bine vor allem Zitatenschätze, etymologische Werke und die komplette Ratgeberliteratur für Redenschreiber und angehende weibliche Führungskräfte auspackte und nach Farbe und Größe sortiert auf Fensterbank und Schreibtisch drapierte. Die Jahre in Genf schienen spurlos an ihr und ihrem Besitzstand vorbeigezogen zu sein, wahrscheinlich, dachte ich, war das nur der Wartestand gewesen, eine Art Exil, das man überlebte, weil man fern am Horizont die Heimat leuchten sah – das Redenschreiberreferat.
Während sie sich häuslich einrichtete, summte sie ununterbrochen vor sich hin und steckte ab und an ihren Kopf durch die Tür, um einen Scherz zu machen oder Lebensweisheiten mit mir zu teilen. Ihr ungebremster Mitteilungsdrang ging mir schon nach zwei Stunden auf die Nerven und ich nutzte den Moment, als Bine mit den Worten »Bin mal kurz für kleine Königstiger« Richtung Toilette verschwand. Ich eilte zu Friedbert und flüchtete mit ihm in die Cafeteria, wo wir uns hinter einer Säule zu verstecken versuchten. Für den Fall, Bine käme auf die Idee, uns zu suchen. Sie kam sehr schnell auf die Idee und gesellte sich ungebeten zu uns, nippte an ihrem grünen Tee und hob zu einem ihrer Monologe an.
»Als ich meinen Hut in den Ring geworfen habe«, sagte Bine, »war ich ja

von allen potenziellen Redenschreibern in der schwierigsten Position.«
»Warum denn das?«, fragte Friedbert mehr aus Höflichkeit als aus Interesse.
»Naja, Ihr wisst doch, wie schwierig es ist, wenn man als absoluter Favorit ins Rennen geht.«
Ich wusste es mangels eigener Erfahrung nicht und war auch nicht schlauer, als Bine zwanzig Minuten später mit einer Tirade über ihre gute Schreibe, ihren Wortwitz und ihren untrüglichen politischen Instinkt geendet hatte. Ihre Teetasse war immer noch randvoll und meine Nerven lagen blank. Bevor sie weiterreden konnte, erhob sich Friedbert und entschuldigte sich mit den Worten, er müsse mit der Ablage der Reden aus der letzten Legislaturperiode weitermachen. Mein Lieblingskollege ließ mich einfach sitzen, letztendlich war sich doch jeder selbst der nächste.
»Wie stellst Du Dir denn unsere Zusammenarbeit so vor?«, fragte mich Bine leutselig.
»Das hängt ja wohl maßgeblich vom Chef ab«, gab ich spitz zurück. »Bisher waren wir jedenfalls ein gutes Team.«
»Hmm«, machte Bine und hob ihre Tasse zum Mund. Doch dann hatte sie es sich anders überlegt und setzte sie wieder ab.
»Du musst Dir keine Sorgen machen, Mia«, sagte sie und lächelte mich aufmunternd an. »Ich werde mich immer vor Euch stellen, wenn es Stress geben sollte. Das sehe ich als wichtige Führungskompetenz.«
Bine nickte zufrieden und trank endlich aus ihrer Teetasse, die ich schon in diesem frühen Stadium am liebsten gegen den Schierlingsbecher ausgetauscht hätte.
Unser neuer Chef verhielt sich im Gegensatz zu Bine zunächst unauffällig. Statt sich im Halbstundentakt aufzudrängen, hielt er die Tür fest hinter sich verschlossen und hatte uns mit einer Mail bedacht, in der er kundtat, sich zunächst einrichten und uns dann begrüßen zu wollen. Wir fanden das ein wenig seltsam, waren aber nach der Überrumpelungstaktik von Bine eigentlich froh, von dieser Seite in Ruhe gelassen zu werden.

Narrativ, immer noch Januar

Zu tun hatten wir immer noch nichts und so recherchierten wir eifrig im Internet über die Neuzugänge im BuEGeLN und andere schillernde Persönlichkeiten. Friedbert und ich hatten es im Metier »peinliche Zeitgenossen« zu wahrer Meisterschaft gebracht. Wenn es keine Reden oder Grußworte zu schreiben gab, suchten wir uns eine prominente Persönlichkeit, die durch einen Skandal oder eine Blamage Schlagzeilen gemacht hatte, und versorgten uns gegenseitig mit Artikeln oder Fotos über die peinliche Gestalt. Das konnten Sportprofis sein, die ihr Geld wie der legendäre Fußballprofi George Best durchgebracht hatten, von dem die späte Einsicht überliefert ist: »Ich habe viel von meinem Geld für Alkohol, Weiber und schnelle Autos ausgegeben. Den Rest habe ich verprasst.«

Gern genommen wurden auch vegane Sterneköche, nuschelnde Schauspieler und abgehalfterte Musiker, deren Drang nach Aufmerksamkeit sie in der Krise an die Seite von Verschwörungstheoretikern getrieben hatte. Hauptsache auffallen, und sei es mit dem Aluhut auf dem Kopf Seite an Seite mit Reichsbürgern auf einer der so genannten Hygiene-Demos. Dagegen war ein US-Präsident, der seinen Bürgern riet, zu therapeutischen Zwecken Desinfektionsmittel zu injizieren und vermeintliche Wunderpillen zu schlucken, fast schon unoriginell.

Aber auch Kulturschaffende und Politiker waren geeignete Figuren in unserem harmlosen kleinen Spiel. Und so hatte Friedbert einmal Ebbi vorgeschlagen.

»Mia, ich hab' wen. Diesen Kulturheini, Professor Eberhard Eckmann, ein ganz peinlicher eitler Fatzke. Der redet wie ein Pastor, und immer mit ganz großer Geste. Grauenhaft. Kennst Du sicher. Hält sein Gesicht in jeder zweiten Talkshow in die Kamera.«

Ich zuckte zusammen, konnte die Recherche aber gerade noch verhindern, indem ich Friedbert über meinen langjährigen Job bei Ebbi aufklärte. Nur über meinen Job: »Sieh mal, ich bin da echt befangen, ich kenn den ja auch von seiner netten Seite.«

Friedbert zog eine Braue hoch, hakte aber nicht weiter nach und machte einen anderen Vorschlag. Trotzdem hatte sich seine gemeine Bemerkung wie ein Stachel in mein Hirn gebohrt. Immer öfter, wenn ich danach mit

Ebbi zusammen war, fielen mir Kleinigkeiten auf, die Friedberts Urteil nicht wirklich entkräfteten.
Bei Ebbi war alles großes Kino. Seine Monologe über die Bedeutung zeitgenössischer Kunst für Weltfrieden und Völkerverständigung. Seine unaufgeforderten Film- und Buchkritiken in epischer Breite. Oder sein Kleidungsstil. Er lief mitten in Berlin herum als bewohne er ein englisches Landhaus, züchte in seiner Freizeit Rosen, ließe sich um nichts in der Welt um seinen *afternoon tea* bringen und durchquere jeden Morgen auf einem edlen Rappen seine weitläufigen Ländereien. Nicht, dass Ebbi keinen erlesenen Geschmack gehabt hätte. Als ich das erste Mal bei ihm zuhause war, während seine Frau weit genug weg zum Heilfasten am Bodensee weilte, hatte er mich stolz durch alle Räume geführt. Vor dem letzten, den ich noch nicht gesehen hatte, blieb Ebbi stehen und forderte mich feierlich auf: »Schließ die Augen, Mia.«
Dann führte er mich über die Schwelle, ließ mich stehen und machte sich in einer Ecke zu schaffen. Den Geräuschen zufolge schaltete er irgendwelche Geräte ein. Oh Gott, bitte nicht, fuhr es mir durch den Kopf. Bitte kein Perverser mit Folterkammer und Sado-Maso-Ausrüstung. Ich riss die Augen auf und blinzelte in das grelle Licht.
»Mia, Du solltest doch warten«, sagte Ebbi mit beleidigtem Unterton.
»Na, egal, ist schon alles soweit. Was sagst Du jetzt?«, rief er aus und drehte sich mit ausgestreckten Armen in der Mitte des riesigen Altbauzimmers einmal um die eigene Achse. Seine Augen glänzten wie die eines kleinen Jungen, der vor gut besetzten Rängen den Fußallpokal hochhalten darf.
Ich gebe zu, ich war schwer beeindruckt von dem Schauspiel, das sich mir bot. An der Längsseite des Raums, gegenüber der Tür, stand eine moderne Ottomane mit schwarzem Lederbezug. Außer zwei schlichten, aber sicherlich teuren Stühlen gab es keine weiteren Möbelstücke. Dafür hing an der Wand gegenüber den Sitzgelegenheiten ein riesiger Bildschirm. Darauf wechselten Bilder von zeitgenössischen Gemälden, die im Entstehen begriffen waren. Jedenfalls kam ab und zu eine mit Farbklecksen übersäte Hand ins Bild, welche die Farbe auf den Leinwänden verteilte. Die fertigen Objekte, sechs an der Zahl, zierten die anderen Wände des Raums, in dem wir uns befanden.
»Na, da bist Du sprachlos«, stellte Ebbi treffend fest.

Mit Stolz in der Stimme verkündete er: »Ich war bei der Aktion, auf der die Werke vor laufender Kamera geschaffen wurden. Die Künstlerin zeichnet sich dadurch aus, dass sie den Begriff Aktionskunst wirklich wörtlich nimmt. Und dass sie diesem Terminus technicus aus der Kulturszene Leben einhaucht, wie Du siehst«, klärte mich Ebbi auf und deutete auf den Film, der in Endlosschleife lief.

»Mich hat das auf der letzten Documenta total begeistert«, rief er aus und fuhr sich zum Zeichen seiner Ekstase mit den Händen durchs Haar.

Und genau das war der nächste Punkt, der mich inzwischen zunehmend irritierte: Seine Haare, oder besser, sein Umgang damit. Ebbi hatte mit Mitte Fünfzig volles, wenn auch ergrautes Haar. Er trug es etwas länger, was ich lange ausgesprochen attraktiv gefunden hatte. Seit Friedbert ihn einen »eitlen Fatzke« genannt hatte, nervte es mich, wie oft und ausgiebig er sich mit beiden Händen durch den silbergrauen Schopf fuhr. Ich wartete inzwischen schon darauf, dass er es wieder tat. So wie man nachts auf den nächsten Schnarcher des Bettgenossen wartete und nicht mehr in den Schlaf fand. Entspanntes Beisammensein sah anders aus, das hatte Friedbert mit seinem spitzen Kommentar zunichte gemacht.

Dennoch machte ich gerne weiter bei unserem Recherche-Spiel mit. Wir wussten alles über die Schlauchboot-Lippen gewisser südamerikanischer Präsidentengattinnen. Wir waren Experten für die fragwürdigen Moskau-Connections ewiger Berufsjugendlicher, die gefühlt seit Jahrzehnten Vorsitzende der Nachwuchsorganisation ihrer Partei waren. Und wir waren wandelnde Lexika, wenn es um die Machenschaften einer ehemaligen Polit-Hoffnung ging. Die Gute hatte sich ihre Karriere damit versaut, dass sie zu Höchstpreisen Modellflugzeuge verscherbelte. Nicht die Flugkörper erregten den Unmut des Volkes. Es war die Tatsache, dass diese von den Psychiatrie-Patienten ihres Gatten für lächerliche Stundenlöhne zusammengeklebt wurden. Immerhin hatte ihr Absturz den Aufstieg unserer Ministerin beschleunigt. »Des einen Leid ist des anderen Freud«, das war in der Politik nicht anders als im wirklichen Leben.

Die Welt war ein Jammertal. Es ging immer noch schlimmer, skrupelloser, gieriger und peinlicher. Wie tröstlich war es, sich mit ganz banalen Sorgen herumschlagen zu dürfen. Etwa der Frage, wie der neue Chef ticken würde. Nach einer Woche steckte Uschi den Kopf zu uns herein und lud uns für

zehn Uhr zu einer ersten Referatsbesprechung in das Büro von Herrn von Herrlinghaus ein. Diese Einladung kam dann noch einmal per Mail mit der Aufforderung, zuzusagen. Es war 9:43 Uhr, als ich auf den grünen Pfeil drückte und den Termin bestätigte.
Unser alter Chef hatte immer angeklopft und persönlich gefragt, ob wir uns kurz zusammensetzen könnten. Ich schluckte mein Befremden über das neue, formelle Procedere hinunter und nahm mir vor, Herrn von Herrlinghaus unvoreingenommen gegenüber zu treten.
Friedbert und ich hatten natürlich schon tief in seiner Vergangenheit gegraben. Aber das Internet gab nicht viel her. Dass er bis zum Ruf ins Ministerium einige Jahre Chefredakteur der Zeitschrift »Jagd und Hund« war, wussten wir ja bereits. Die Tatsache, dass er an der Springer-Schule sein journalistisches Handwerk gelernt hatte, überraschte auch nicht weiter. Und wie er aussah, spielte keine große Rolle. Die wenigen Fotos, die wir im Internet ausfindig gemacht hatten, zeigten einen ziemlich langweiligen Zeitgenossen: Mitte vierzig, streng gescheiteltes Haar, hager und mit hängenden Schultern, als laste eine schwere Bürde darauf. Überkorrekt gekleidet und frisiert hätte er eher in den Auswärtigen Dienst oder ins Finanzministerium gepasst als ins BuEGeLN. Er wirkte auf den Fotos insgesamt unscheinbar, bis auf die runden Brillengläser, die die Stärke von Flaschenböden hatten.
Pünktlich um zehn Uhr klopften Friedbert und ich an seiner Tür und betraten nach einem kaum vernehmbaren »Herein« das Büro unseres neuen Referatsleiters. Bine hatten wir mitnehmen wollen, aber sie war nicht in ihrem Büro. Konnte sie auch nicht, sie saß bereits am Besprechungstisch und lächelte uns aufmunternd zu.
»Wir haben eine kleine Vorbesprechung gehalten, aber nehmt doch ruhig Platz«, schallte es uns fröhlich entgegen.
Auch Herr von Herrlinghaus näherte sich langsamen Schrittes dem Tisch, an dem genau fünf Leute Platz hatten: Er selbst, Bine, Friedbert und ich, und natürlich Uschi, die über alles auf dem Laufenden sein musste.
»Soll ich Uschi, äh Frau Kampmann, Bescheid sagen?«, fragte ich deshalb und war bereits auf dem Weg zum Vorzimmer, als mich Herr von Herrlinghaus stoppte: »Nein, wir halten das auf Referentenebene«, sagte er mit schleppender, seltsam tonloser Stimme. Hätte ich ihn nicht direkt vor mir gehabt, hätte ich einen Greis dahinter vermutet.

Dieser Eindruck verfestigte sich während der halbstündigen Runde, die er als »unsere kleine Kennenlernrunde« bezeichnete. Ob er Uschi schon näher kennengelernt hatte, erschloss sich mir nicht. Immerhin war sie seine Sekretärin, wenn das auch in politisch korrekten Zeiten längst nicht mehr so hieß. Ob BSB als Abkürzung für Bürosachbearbeiterin formschöner und respektvoller war, wagte ich zu bezweifeln.
Friedbert und mich lernte Herr von Herrlinghaus dann recht knapp kennen. Wir brauchten jeder ungefähr eine Minute, um unseren bisherigen Werdegang auf den Punkt zu bringen. Bine blieben dann die restlichen 28 Minuten, und sie hätte gerne noch länger von ihren Talenten, Kompetenzen, Erfahrungen und Fertigkeiten berichtet, hätte Herr von Herrlingshaus sie nicht mit einem abrupten »Danke, Frau Schlöz« zum Schweigen gebracht.
Danach blieben wir sitzen und warteten gespannt darauf, dass Tristan von Herrlinghaus sich seinerseits ein wenig mehr als nur namentlich vorstellte, nachdem er uns höflicherweise den Vortritt gelassen hatte.
Er beließ es jedoch bei einem geflüsterten »Wer ich bin, wissen Sie ja.« Dann bedankte er sich bei uns mit einem kaum merklichen Nicken und entließ uns in unser Tagwerk. Das große Problem war, dass er uns im Unklaren gelassen hatte, worin dieses Tagwerk bestand und wie wir es seiner Meinung nach angehen sollten. Nur Bine blickte optimistisch in die Zukunft, verschwand summend in ihrem Büro und ließ Friedbert und mich ratlos zurück. Vielleicht hatte die Vorbesprechung, die sie erwähnt hatte, dazu gedient, sie mit Arbeitsaufträgen zu versorgen. Aber wo blieben wir?

Die ersten Wochen verrannen wie auf dem Rollfeld, wenn die Maschine nicht abhebt und man im Unklaren gelassen wird, wann die Panne behoben sein könnte und es endlich losgeht. Oder im Sommer im ICE, auf freier Strecke zwischen Bielefeld und Berlin, wenn er dort wegen eines »Personenschadens« liegen bleibt, die Klimaanlage streikt und die Mitreisenden das als unentrinnbares Karma hinnehmen, während man selbst spürt, wie das Kribbeln die Beine hochkriecht und man kurz vor dem Wahnsinn von den Worten des Zugführers erlöst wird: »Meine Damen und Herren, wir bedanken uns für Ihr Verständnis. Ich freue mich Ihnen mitteilen zu können, dass sich ein Ersatzzug aus Augsburg auf den Weg machen wird, sobald dort ein Lokführer eingetroffen ist.«

Aus Bines Zimmer war neben ihrem Summen die rhythmische Melodie des Tippens auf der Computertastatur zu hören, während wir geräuschlos über Wikipedia- und Spiegel Online-Seiten scrollten. Entweder schrieb Bine ihre Memoiren, was ihr durchaus zuzutrauen war, oder Herr von Herrlinghaus bedachte sie heimlich und auf dem kurzen Dienstweg mit wichtigen Aufgaben.

Es war schrecklich. Jeden Morgen haderte ich mit mir und sann darüber nach, welche Symptome nicht nachweisbar waren, aber eine monatelange Krankschreibung zur Folge haben würden. Als Schülerinnen drückten wir uns vor dem Schwimmunterricht, indem wir im Abstand von wenigen Tagen unsere Periode vorschoben. Vor den verhassten Bundesjugendspielen bandagierten wir uns gegenseitig die Fußknöchel oder die Handgelenke. So stümperhaft, dass wir am Ende sowohl bandagiert durch das Stadion hecheln mussten als auch zum Direktor zitiert wurden. Das waren in meiner jetzigen Situation keine Optionen. Überdies schaffte es mein Gewissen jeden Morgen, mich aus dem Bett, dem Haus und ins Büro zu treiben.

Auch Friedbert litt sichtbar an der Monotonie unseres Alltags. Er hatte seinen Schokoladenkonsum derart gesteigert, dass sein schmales Gesicht fülliger wurde und sich als Folge seines übermäßigen Zuckerkonsums auf seiner Stirn unschöne Pickel ausbreiteten. Das wiederum steigerte seinen Frust. Ein Teufelskreis. Auch Friedbert schlich wie ein Häuflein Elend über die Flure.

Das einzig Gute war, dass Bine uns weitgehend in Frieden ließ. Ich traf sie morgens in der Teeküche, wenn sie sich mit einem Ritual, das einer japanischen Teezeremonie in nichts nachstand, Ingwer in ein Glas kochendes Wasser rieb und einen Löffel Bio-Honig dazu gab. Dann wechselten wir ein paar Belanglosigkeiten, sie ließ ihr glockenhelles Lachen erschallen und wünschte mir »Viel Erfolg.« Wobei, behielt sie für sich.

Nach den ersten drei Wochen waren Friedbert und ich am Ende. Doch kurz vor dem nahen Suizid flatterte uns erneut eine E-Mail ins Postfach:

»Geschätzte Kolleginnen und Kollegen,

ich freue mich, Ihnen nach intensiver Vorarbeit die Strategie und Kompetenzverteilung vorstellen zu dürfen, die Frau Schlöz und ich entwickelt haben und die unserer künftigen wichtigen Tätigkeit Struktur und System verleihen wird. Zudem werden wir ein erstes Brainstorming abhalten, auf

dessen Grundlage wir ein *Narrativ* zum Thema Nachhaltigkeit entwickeln werden.
Ich lade Sie ein, am Freitag um zehn Uhr in meinem Büro zusammenzukommen. Bitte planen sie drei Stunden Ihrer wertvollen Zeit für die Besprechung ein.
Mit freundlichen Grüßen,
tvh.«
Das tvh stand nicht nur für den altehrwürdigen Namen unseres neuen Referatsleiters, sondern gleichsam für eine Modeerscheinung, die ich im Ministerium seit einiger Zeit beobachtete. Wer etwas auf sich hielt, unterschrieb seine E-Mails nur noch mit seinen Initialen. Und damit das vermeintliche *Understatement* komplett war, mussten diese kleingeschrieben sein. Je kürzer und kleiner das Kürzel, desto größer die Bedeutung. Das sollte wohl die zweifelhafte Botschaft sein, die dahintersteckte. Ich hatte das zunächst für die liebenswert schrullige Marotte einer inzwischen pensionierten Abteilungsleiterin gehalten, aber immer mehr Kolleginnen und Kollegen der höheren Besoldungsgruppen machten von diesem Stilmittel Gebrauch. Ich fand das albern und war trotzig entschlossen, meinen eigenen Namen, Mia Unruh, bis zum Sankt-Nimmerleins-Tag auszuschreiben, wenn es sein musste, in Großbuchstaben, fett und kursiv.
Schließlich klickte ich auf den grünen Pfeil und guckte über den Flur zu Friedbert. Er lehnte sich in seinem Stuhl zurück und zeigte mir seine beiden erhobenen Daumen. Es wirkte nicht besonders überzeugend.

So wenig es mich morgens ins Büro zog, so wenig zog es mich nach Hause. Papa und Theo empfingen mich zwar freudig, aber der eine war mein Vater, der andere mein Kater.
Ebbi hatte ich nun schon seit drei Wochen nicht mehr zu Gesicht bekommen. Ab und zu schickte er eine knappe Nachricht über WhatsApp, gelegentlich auch ein Foto. Auf dem letzten Bild hatte ich ihn kaum erkannt. Sein imposanter Haarschopf steckte in einem matt-schwarzen Skihelm, dazu trug er eine, wie Friedbert befunden hätte, peinliche, weil überdimensionierte und verspiegelte Sonnenbrille. *Miami Vice* war nun schon so lange her, dass solche Brillen vielleicht bald wieder der letzte Schrei sein würden, und dann hätte Ebbi von sich behaupten können, die Nase wie immer im

Wind gehabt zu haben. Er trug neuerdings einen Dreitagebart. Die silbrigen Stoppeln stachen deutlich hervor, weil er so braun gebrannt war, als hätte er nicht eine Woche Sankt Anton, sondern drei Wochen Malediven hinter sich. Immerhin hatte er nur einen Dreitagebart und keine vollständige Gesichtsbehaarung, wie sie seit ein paar Jahren wieder angesagt war. Als ich Kind war, trugen die Freunde meiner Eltern Vollbärte, manche sogar Schnauzer. Ich verband Bärte aller Art deshalb immer noch mit der älteren Generation und einer gewissen Spießigkeit. Und mir tat die Rasierklingen-Industrie leid, die unter dem Trend litt. Aber da Berliner Jungs inzwischen zwar Bärte aller Art trugen, ansonsten aber jegliche Körperbehaarung mit der Wurzel ausgemerzt wurde, machte das die finanziellen Ausfälle wahrscheinlich wett. Obenrum sahen die Hipster aus wie Steinzeitmänner, untenrum wie Sänger des Tölzer Knabenchors. Friedbert klärte mich stets über die neuesten Trends auf. Er behauptete, dass die Heteros immer mit einiger zeitlicher Verzögerung nachzogen, und berichtete haarklein von seinen Beobachtungen in den Sauna-Clubs in Schöneberg. Ich musste ihn irgendwann stoppen, weil ich grundsätzlich interessiert, aber nicht besonders scharf auf die Details war.
Ebbi erlaubte sich nur im Urlaub den Verzicht auf die morgendliche Nassrasur. Ich sah ihm gerne zu, wenn wir, selten genug, eine Nacht miteinander verbrachten und er morgens im Bad stand. Es gefiel mir, wie er mit einem Handtuch um die schlanke Taille, den Kopf vor dem Spiegel zur Seite geneigt, hoch konzentriert mit Pinsel und Klinge hantierte und immer wieder innehielt, um sein Werk zu begutachten. Danach kamen die Haare an die Reihe, aber das fand ich inzwischen ja nicht mehr so sexy. Und bald wäre sicher auch der Moment gekommen, in dem ich das Rasier-Ritual unter der Rubrik Eitelkeiten abheften würde.
Sein Foto aus dem Skiurlaub bewies, dass er entspannt war und eine gute Zeit hatte – mit seiner Frau, nahm ich an. Birgit mit den berühmten Stimmungsschwankungen. Damit konnte es im Moment nicht allzu weit her sein, wenn sie mit Ebbi am Arlberg die künstlich beschneiten Hänge hinabglitt. Die beiden waren begeisterte Skifahrer und gönnten sich im Januar und um Ostern herum jeweils eine Woche in den Bergen. Das musste einfach sein. Der Verzicht auf den Skiurlaub während der Krise war für Ebbi so schlimm gewesen wie für den Junkie die Verhaftung des Dealers seines

Vertrauens. Für das Geld, das sie auf der Piste, im Wellnesshotel und beim Après Ski ließen, hätte man sich locker ein Stück Aktionskunst gönnen können.
Die Bilder, die er mir schickte, mochten nett gemeint sein, aber sie gaben mir den Rest. Warum konnten wir nicht eine ganze Woche verreisen? Warum hatte er überhaupt noch Lust, mit seiner Frau in den Urlaub zu fahren? Mit einer Frau, die Ebbi zufolge total anstrengend war. Mal himmelhoch jauchzend, dann wieder zu Tode betrübt. Eine Frau, die ihn mit ihren manisch-depressiven Episoden an sich kettete und ihm Vorhaltungen machte, wenn er mal ein Wochenende zu einer Konferenz fuhr. Ebbi war fest davon überzeugt, dass sie nichts von unserer Beziehung ahnte. Er meinte, sie könne nicht allein sein und sei total abhängig von ihm. Ich fragte mich allerdings, wie man so blind sein konnte, wenn der eigene Mann seit acht Jahren eine Geliebte hatte.
Natürlich war ich froh, wenn es stimmen sollte, dass seine Frau keine Ahnung von uns hatte. Aber wenn ich auch mal einen Depri hatte, fragte ich mich, was es über Ebbis Gefühle mir gegenüber aussagte, wenn er nach einem unserer Schäferstündchen zuhause die Tür aufschloss, als käme er aus dem Deutschen Bundestag.
Immerhin war Ebbi so taktvoll, mir keine Fotos zu schicken, auf denen er gemeinsam mit seiner Frau zu sehen war. Ich konnte auch in der verspiegelten Sonnenbrille nur schemenhaft das Handy erkennen, mit dem er das Selfie geschossen hatte. Die Botschaft: »Melde mich, wenn zurück, E.« Die hatte er inzwischen bestimmt gelöscht, um keine Spuren zu hinterlassen.
Immer öfter dachte ich, dass ich schwanger werden sollte. Aber ich traute mich nicht. Dabei hatte ich auch nicht mehr alle Zeit der Welt. Klar, Frauen wurden immer später Mütter. Aber ob es für die Kinder so toll war, wenn sie am Ende der Klassenfahrt von der blutjungen Klassenlehrerin gefragt wurden, warum Oma und Opa sie vom Bus abholten? »Wo sind denn Mutti und Vati? Auf Arbeit?« Das war sicher unangenehm. Genau wie auf dem Elternabend zwischen lauter Frauen und Männern zu hocken, deren Mutter man sein konnte. Junge Männer und Frauen mit überdimensionierten Thermobechern auf dem Pult, unter dem die lieben Kleinen morgens heimlich mit dem neuesten iPhone daddelten, statt die Tafelbilder zu memorieren. Das wollte ich mir auf keinen Fall antun.

Ich wollte ein Kind, bevor ich achtunddreißig war. Vierzig als absolute Deadline. Dann wäre ich beim Abiball Ende Fünfzig, das ging gerade noch. Ich hatte das Thema ein paar Mal angeschnitten, aber Ebbi hatte sich mit betroffener Miene das Haar zerwühlt, mich dann väterlich in den Arm genommen und mir ins Ohr geflüstert: »Mia, wir haben alle Zeit der Welt, lass uns nichts überstürzen. Ich kann kein Kind in die Welt setzen, solange ich zuhause nicht für klare Verhältnisse gesorgt habe. Das wäre unverantwortlich, findest Du nicht?«

Die klaren Verhältnisse ließen nun seit acht Jahren auf sich warten, das Kind, von dem ich immer öfter träumte, auch. Ich kaufte weiterhin niedliche Babysachen, um sie meinen Freundinnen zur Geburt ihrer Kinder zu schicken. Ich nahm brav die Pille. Und ich setzte mir immer wieder ein Limit: Wenn er bis dann und dann nicht mitmacht, überrumple ich ihn oder suche mir einen anderen Erzeuger.

»Du bist nicht alternativlos, Ebbi!«, würde ich ihm entgegenschleudern, wenn er auf den Knien vor mir herumkröche und schluchzte: »Aber warum, Mia, warum nur? Kein anderer als ich sollte der Vater Deines Kindes sein!«

Ich sah gut aus, war klug und finanziell unabhängig. Ich brauchte keinen alternden, eitlen Fatzke, um meinen Kinderwunsch zu erfüllen. Ich bekam locker etwas Besseres. Damit tröstete ich mich Monat für Monat und überschlug die Zeit, die mir noch blieb.

Textarbeit, Februar

Endlich war es so weit. Endlich würden wir eine klare Ansage bekommen. Das wurde auch Zeit, schließlich standen die ersten großen öffentlichen Auftritte der Ministerin kurz bevor. Von virtuellen Parteitagen und Kongressen hatten alle die Nase voll. Ich konnte das gut verstehen, schließlich brauchten Politiker die Interaktion mit dem Publikum genauso wie Showmaster. Wir hatten es während der Krise alle miterlebt: Der Funke sprang einfach nicht über, wenn sie allein vor der Kamera performen mussten und ihnen nur der Beleuchter und der Typ mit den Kabelrollen Beifall zollten.
In den Fachabteilungen liefen sogar schon Vorarbeiten zu den ersten Gesetzentwürfen, aber die Kollegen hatten im Gegensatz zu uns auch etwas Handfestes, an dem sie sich abarbeiten konnten: den Koalitionsvertrag. Da stand drin, wen die neue Regierung alles beglücken und beschenken würde. Das musste verfassungsfest in Juristensprache übersetzt werden und – fertig war der Gesetzentwurf. Dieser ging dann in die Ressortabstimmung, damit auch die anderen beteiligten Häuser etwas zu tun hatten. Man schrieb um, vertauschte Absätze und ersetzte Begriffe durch Synonyme, sodass am Ende alle das Gefühl hatten, den ursprünglichen Entwurf tiefgreifend zum Wohl des Landes verändert und dadurch entschieden verbessert zu haben. Die einzige unumstößliche Regel bei diesem Vorgehen lautete, den Gesetzentwurf inhaltlich so wenig wie möglich anzutasten. Eigentlich stand also, nachdem zahlreiche hochqualifizierte Menschen daran mitgewirkt hatten, dasselbe darin wie zu Beginn, es klang nur ein wenig verschwurbelter. Unsere Aufgabe im Gesetzgebungsverfahren war, dem Werk einen möglichst griffigen Namen zu verpassen: Das »Super-Saatgut-Gesetz« war ein Produkt unserer Kreativität aus der letzten Legislaturperiode. Genauso wie das »Trendige-Tourismus-Gesetz«. Das verstanden die Menschen da draußen wenigstens.
Auch die Kollegen aus der Pressestelle waren nie ohne Beschäftigung. Es gab immer etwas zu dementieren oder stolz zu verkünden. Und falls nicht, strickte man aus irgendeiner Nichtigkeit eine Pressemitteilung. Beliebt waren dabei Themen, denen die Bürger in diesem unserem Land in der überwiegenden Mehrheit zustimmen konnten: Die Palette reichte von dem wünschenswerten flächendeckenden Angebot von veganem, koscherem

oder halal Schulessen über die angestrebte Verbreitung des Radfahrens mit Helm bis hin zum Werben für das ganzjährige Vogelfüttern in Kleingartenkolonien. Das waren existenzielle Themen für Ernährung, Gesundheit, Lebensqualität und Nachhaltigkeit. Diese standen, wie es jedes Mal hieß, auf der politischen Agenda jetzt wieder ganz weit oben.
Bei der Öffentlichkeitsarbeit liefen die Vorarbeiten für die ersten Kampagnen auf Hochtouren. Ausschreibungen mussten verfasst und der Werbe-Etat so verplant werden, dass der Bundesrechnungshof keinen Grund zum Meckern fand. Das war ein echter Balanceakt. Schon wenn die Farbe einer regierenden Partei sich auf einem Plakat wiederfand, konnte es Ärger geben. Oder wenn die Texte einer Aufklärungskampagne über ein neues Gesetz und seine Folgen sich lasen wie ein Abschnitt aus dem Wahlprogramm. Dann rollten Köpfe.
Unser Part bei den Kampagnen war es, die Texte der Agenturen umzuschreiben. Sie waren meist so schlecht, dass sie inzwischen schon automatisch ans Redenschreiberreferat weitergeleitet wurden. Kein Wunder, denn sie stammten ja keineswegs aus der Feder des in der Rechnung ausgewiesenen Senior Advisors von Bolz and Pals, Grüner Kakadu und wie die angesagten Agenturen mit Sitz Prenzlauer Berg alle hießen. Ich vermutete, dass man in der Regel eine Praktikantin daran setzte, deren erste größere Schreiberfahrung sich auf die Hausarbeit im Propädeutikum beschränkte. Die junge Studierende bekam für ihre Mühen eine Praktikumsbescheinigung in die Hand gedrückt, während beim Kunden eine saftige Rechnung aufschlug.
Auch die Broschüren mussten nach jedem Regierungswechsel auf den neuesten Stand gebracht werden. Die Texte umzuformulieren ohne am Inhalt herumzupfuschen war ebenfalls unsere Aufgabe. Es ging darum, aus dem forschen Ton des Vorgängers den salbungsvollen, mütterlichen Duktus von Frau Ministerin Dr. Wanninger zu machen. Eine der leichteren Übungen, wie ich fand. Hieß es zuvor »Ich werde für nachhaltige Investitionen in die Köpfe unserer Kinder sorgen. Sie sind unser wichtigster Rohstoff«, würde ich daraus machen: »Unsere Kinder sind unser höchstes Gut. Sie sind unsere Zukunft und die Hoffnung unseres Landes, Europas und der Welt. Ich werde mich beherzt darum kümmern, dass sie unter den besten Bedingungen, mit Herzblut und großer Freude lernen und ihren Weg in eine blühende Zukunft gehen können.« Dann mussten noch Foto und Unterschrift der

neuen Ministerin her und die aktualisierte Broschüre konnte unter das Volk gebracht werden.

Im Gegensatz zu all den Kollegen in den Fachreferaten, die eine sinnstiftende Aufgabe hatten oder sich diese selbst suchen konnten, waren wir Schreiberlinge auf Gedeih und Verderb darauf angewiesen, dass uns eine Anforderung aus dem Ministerbüro ereilte. Wir konnten schlecht in voraus eilendem Gehorsam Reden für Veranstaltungen verfassen, von denen wir nichts wussten. Deshalb sahen Friedbert und ich dem Termin bei Herrn von Herrlinghaus trotz aller bösen Vorahnungen mit einem letzten Quäntchen Hoffnung entgegen.

Zuversichtlicher als in den drei Wochen zuvor klopften wir pünktlich zur Besprechung an die Tür unseres Chefs. Zu zweit, versteht sich, denn natürlich saß unsere Kollegin Bine bereits mit Block und gezücktem Stift am Besprechungstisch.

Dass Uschi nicht dabei sein würde, war inzwischen klar. Sie hatte beim Kantinenpächter lediglich ein paar Getränke geordert und auf Geheiß von Herrn von Herrlinghaus den Raum gelüftet, bevor es losging. Nun schloss sie lauter als nötig die Tür und überließ Friedbert und mich unserem Schicksal.

Nach einer lahmen Begrüßung durch unseren Referatsleiter übernahm Bine die Leitung der Sitzung. Herr von Herrlinghaus saß unbeteiligt dabei, vermied es, uns in die Augen zu sehen, und sagte für die nächsten zwei Stunden kein einziges Wort.

Zugegebenermaßen war es schwierig, Bines Redefluss zu unterbrechen. Ihre Wangen waren vor Eifer gerötet, die Haare vom ständigen Raufen ganz wirr und die Tasse mit dem Ingwersud wie üblich unberührt und auf Zimmertemperatur abgekühlt. Friedbert und ich hörten uns geduldig an, wie wir künftig zu arbeiten hätten.

Man kann die Strategie, die uns wie eine päpstliche Bulle präsentiert wurde und die wir stillschweigend hinnehmen mussten, knapp zusammenfassen: Erstens sah Herr von Herrlinghaus seine vornehme Aufgabe darin, die Arbeitsaufträge zu sichten und zu delegieren, wobei seine Stellvertreterin die wichtigen Termine vorbereiten, also Grundsatz- und Plenumsreden verfassen würde. Friedbert und ich durften uns um den Rest kümmern. Bine betonte ausdrücklich, dass dieser nicht minder wichtig sei. Also blieben für

Friedbert und mich neben den Vorworten für die Broschüren noch Grußworte für Hospize, Senioreneinrichtungen, Kindertagesstätten und Golfturniere.

Zweitens würde Herr von Herrlinghaus diejenigen Texte, die Bine »nur zur Sicherheit und damit wir mit einer Stimme sprechen« quergelesen hatte, freigeben und Frau Dr. Brunner zuleiten. Die Vertraute Frau Dr. Roswitha Wanningers konnte schließlich am besten beurteilen, ob ein Text den hohen Ansprüchen der Ministerin gerecht wurde und ihr zugemutet werden konnte.

Wenn alles glatt ginge, wäre das der Ablauf, wenn nicht, würden all die Runden folgen, in denen vom Leiter der Grundsatzabteilung bis zum Parlamentarischen Staatssekretär ein jeder seinen Senf dazu gab. So kannten wir das aus der Vergangenheit, wenn es um wichtige Reden ging. Sprich, wenn die Presse anwesend war. Und so wurde jeder gute Text zerfleddert und zerhackt, Hauptsache, jeder hatte seine Duftmarke hinterlassen.

Um uns die schöne neue Welt in unserem Referat zu erklären, brauchte Herr von Herrlinghaus, beziehungsweise Bine, geschlagene zwei Stunden. Der Vortrag war gespickt mit dem Latein ihrer Ratgeberbände und dem Sprech, den wir aus den wenigen gemeinsamen Runden mit den Agenturvertretern kannten. Nach der *Kickoff*-Phase für unser Referat kam nun der *Roll-Out*, quasi ein Testlauf bei den ersten Terminvorbereitungen, auf dessen Grundlage dann Möglichkeiten der Effizienzsteigerung eruiert, Zielvereinbarungen geschlossen und umgesetzt würden. Das alles bei einem kontinuierlichen *Monitoring* zwecks Evaluierung der Ergebnisse. Wir würden uns dem Duktus der Ministerin annähern müssen und dafür verantwortlich zeichnen, dass sie eine *Marke* würde. Spätestens an diesem Punkt musste ich innerlich abschalten, um nicht aus der Besprechung zu stürzen.

Die »Kümmerin«, dieses Feld sollte Frau Dr. Roswitha Wanninger besetzen. Sie sollte das Christliche im Namen ihrer Partei neu definieren und repräsentieren. Selten vermisste ich die bräsige Altmännerriege meiner Partei so wie in den zwei Stunden, in denen Bine unsere künftige Aufgabe skizzierte. Immer wieder warf ich einen Blick auf unseren Chef. Ich konnte nicht fassen, dass er Bine widerstandslos das Feld überließ. Nicht nur das, er schien geradezu dankbar zu sein, dass sie für ihn das Reden übernahm und er als der unerkannte Spiritus Rector schweigend dabei saß.

Er war ein Autist mit einer Inselbegabung, fiel es mir plötzlich wie Schuppen von den Augen. Und das war für jemanden wie Bine das Beste, was ihr vor die Nase gesetzt werden konnte. Aber wie um Himmels Willen hatte er seinen früheren Job gemacht, wenn er seinem Gegenüber nicht in die Augen blicken konnte? Der Mann hatte seine Brötchen als Journalist verdient, er hatte lebendige Menschen beobachtet, interviewt, durchleuchtet, begleitet. Die Ministerin hatte ihn von der »Jagd und Hund« abgeworben, weil ihr seine Schreibe gefallen hatte.
Das passte alles nicht zusammen, wenn meine Theorie stimmte. Zum Glück waren Menschen mit Autismus beziehungsweise Asperger-Syndrom momentan sehr angesagt, vor allem in den skandinavischen Thrillern, die ich im Urlaub verschlang. Dank der Schwedenkrimis kannte man sich mit dem Autismus-Spektrum inzwischen ja auch als Laie ganz gut aus. Ohne all die betroffenen Protagonisten in den Romanen wäre ich niemals darauf gekommen und hätte mir weiter das Hirn über unseren neuen Chef und seine sehr speziellen Verhaltensweisen zermartert. Nun hatte ich endlich eine Erklärung.
Als Bine zum Ende kam und uns ermunterte, die letzte verbleibende Stunde unseres Meetings für Nachfragen zu nutzen, machte Herr von Herrlinghaus doch noch den Mund auf: »Danke« sagte er in ihre Richtung, beugte sich vor und sah uns tatsächlich der Reihe nach an. Dann nickte er kurz und entließ uns mit den Worten: »Das Narrativ besprechen wir bei nächster Gelegenheit. Dann auf gute Zusammenarbeit.«
Wow, dachte ich, schnappte mir den Stift und den unbeschriebenen Block und verließ fluchtartig dieses Gruselkabinett, in dem wir vor ach so langer Zeit in froher Runde zusammengesessen hatten. Morgenbesprechungen, in denen auch Privates zur Sprache kam, heimelige Geburtstagsrunden mit Kaffee und Kuchen, weihnachtliches Plätzchenbacken beim Chef zuhause und immer ein netter Schwatz zwischendurch, wenn gerade nichts anbrannte. Erinnerung, dachte ich, nichts als Erinnerung.
Zumindest wussten Friedbert und ich nun, dass wir etwas zu tun bekommen würden. Egal, welche stumpfsinnigen Aufgaben für uns abfallen würden, alles war besser, als zum Nichtstun verurteilt zu sein und allmählich in den Wahnsinn abzudriften. Wir beschlossen, uns in ein paar öffentliche Termine der Ministerin hineinzuschmuggeln, um ein Gespür für ihre Art

zu reden zu entwickeln. »... ein Gespür dafür zu bekommen, wie sie tickt«, hätte Bine aus einem ihrer schlauen Ratgeber-Bücher zitiert.

Im Gegensatz zu ihrem Vorgänger, der ein eher forscher, aber herzlicher und kontaktfreudiger Mensch war und am authentischsten rüber kam, wenn er spontan auf die Menschen zuging, wurde bei Frau Dr. Roswitha Wanninger jeder noch so kleine Termin generalstabsmäßig vorbereitet. Das fing damit an, dass jeden Morgen die Friseurin ihres Vertrauens anrückte, um ihr das Haar zu legen und ein dezentes Makeup aufzutragen, während die Ministerin ihren Terminkalender durchging. Es hörte damit auf, dass sie jeden Text Wort für Wort vor dem Spiegel, gerne auch vor Publikum, einübte. Dabei markierte sie akribisch Pausen, in denen sie an einem Glas Wasser nippen und die Huldigungen des Volkes entgegennehmen würde. Das Publikum wurde durch Praktikanten und Vorzimmerkräfte simuliert, denen sie zunickte, wenn diese klatschen mussten.

»Nur, damit ich an entscheidender Stelle eine Atempause einlegen kann«, kommentierte sie die Inszenierung. Wenn sie auf der echten Veranstaltung sprach, wirkte es, als spreche sie frei. In Wirklichkeit kannte sie die Reden nahezu vollständig auswendig. Sie war in jeder Hinsicht eine Perfektionistin. Und selbstredend konnte niemand ihr das Wasser reichen. Das waren schlechte Bedingungen für Redenschreiber. Wir sollten bald merken, dass wir sie nie zufrieden stellen würden.

Damit standen wir nicht allein auf weiter Flur, sondern teilten dieses Schicksal mit allen Angehörigen des Ministeriums, von der Küchenkraft bis zum Abteilungsleiter, vom Fahrer bis zur Vorzimmerkraft. Niemand machte es Frau Dr. Roswitha Wanninger recht. Entsprechend stieg der Frustpegel im BuEGeLN von Tag zu Tag. Nur die Mitglieder des Personalrats waren guter Dinge, wussten sie doch, dass eine Menge Arbeit auf sie zukam.

Vor-Ort-Termin, immer noch Februar

Der erste Termin, an dem Friedbert und ich teilnahmen, war die Übergabe eines Qualitätszertifikats an ein Wohnprojekt in Berlin-Neukölln. Wir hatten uns darauf eingestellt, als Zaungäste dort aufzuschlagen, bekamen dann aber drei Tage vor dem Ausflug der Ministerin in die Randlagen der deutschen Gesellschaft den Auftrag, ein kurzes Grußwort zu schreiben.

»Wer das übernimmt, ist uns egal«, sagte Bine, als sie Friedbert die Vorgangsmappe in die Hand drückte. Ich fragte mich, ob sie für unseren Chef und sich selbst sprach oder bereits zum Pluralis Majestatis übergegangen war. »Wir, Bine Schlöz, von Gottes Gnaden« oder so.

»Wir dachten, es wäre ein gutes *warm-up* für Euch. Der Termin hat zwar keine *high priority*, aber die Presse ist vor Ort«, fuhr unsere Kollegin fort und legte die Stirn in Falten.

»Nicht zu vergessen die Social Media«, ergänzte Bine mit bedeutungsvoller Miene. Das war auch eine Neuerung, für die sich Frau Dr. Almut Brunner von Beginn an ins Zeug gelegt hatte, weil sie für drei Monate im Silicon Valley die Wirkungsmacht der sozialen Medien aus nächster Nähe studiert hatte. Man könne deren Einfluss gar nicht überbewerten, Deutschland sei allerdings absolutes Entwicklungsland in Sachen Social Media, hatte sie uns in einem Powerpoint-Vortrag über ihre Erfahrungen bei Twitter, Instagram und Co. beschwörend mit auf den Weg gegeben. Und auch der Vorgänger der Ministerin habe die Präsenz des BuEGeLN in den Social Media völlig vernachlässigt. Wozu das geführt habe, müsse sie uns ja wohl nicht groß erklären. Ihr ehrgeiziger Plan war, Pionierarbeit zu leisten und das BuEGeLN zum Vordenker und Vorreiter in Sachen Social Media in Deutschland zu machen. Das ambitionierte Ziel: Social Media als Mittel gegen Politikverdrossenheit und für die *Compliance* besonders der Jugend. Kurzum wurden zwei zusätzliche Referentenstellen geschaffen, um Youtube, Twitter und Instagram kontinuierlich mit aktuellen Beiträgen aus dem BuEGeLN zu füttern. »Demokratie in Echtzeit«, nannte Frau Dr. Almut Brunner das.

Die neuen Kollegen zeichneten sich dadurch aus, dass sie in atemberaubender Geschwindigkeit zwei Smartphones gleichzeitig bedienen konnten, ohne sich eine Sehnenscheidenentzündung zuzuziehen. Das waren wohl die ersten evolutionären Anpassungen in der Generation der *digital natives.* Das dachte ich, wenn ich die beiden in Sitzungen beobachtete, in denen sie nur von ihren Smartphones abließen, wenn sie selbst einen Redebeitrag hatten. Der bestand dann üblicherweise in der Frage: »Haben wir was für die Social Media?«

Neben ihren Smartphones beherrschten die beiden jungen Kollegen die Bedienung einer Digitalkamera. Kein Beitrag für Facebook oder Instagram ohne einen gelungenen Schnappschuss unserer Ministerin. Friedbert und ich hatten stundenlang darüber diskutiert, worin der Mehrwert dieser Art der Öffentlichkeitsarbeit bestehen könnte. Denn nahezu alle Kommentare, die die Beiträge auf Facebook ernteten, bewegten sich in einem schmalen Spektrum zwischen beleidigend und hasserfüllt. »Demoraktie in Echtzeit« hatte ich persönlich mir anders vorgestellt. Aber was wusste ich schon? Jedenfalls bestand die Aufgabe unserer Social Media-Experten darin, auf die *Nettikette* hinzuweisen und darum zu bitten, »sich gerne offen, aber sachlich mit der Politik von Frau Dr. Wanninger auseinanderzusetzen. *Hate speach* hat keinen Platz in einer Gesellschaft der Toleranz und Buntheit.« Diese Hinweise freilich waren vergebliche Liebesmüh, denn kaum jemand außer den Frustrierten und Gebeutelten dieser Republik schien sich auf den Facebook-Seiten der führenden Politiker zu tummeln. Sie hatten sonst kein Forum, ihre Unzufriedenheit mit der politischen Klasse und ihre Wut anonym an den Mann und an die Frau zu bringen. Die wenigen *Likes,* die sich unter den Beiträgen unserer Ministerin fanden, stammten fast ausschließlich von Kollegen, Praktikanten und den Mitarbeitern aus dem Abgeordneten- und dem Wahlkreisbüro von Frau Dr. Roswitha Wanninger.

Friedbert und ich stammten offensichtlich schon mit über Dreißig aus einer anderen Zeit, waren als Schreiberlinge eine aussterbende Spezies in der sich immer schneller drehenden Welt der *Tweets* und *Posts.* Wir waren Relikte einer Vergangenheit, in der noch Tinte und Feder benutzt und gewisse orthografische Grundregeln geachtet wurden.

Keine *high priority* also, aber Social Media-Relevanz bei dem Vor-Ort-Termin in Neukölln.

»Es muss trotzdem sitzen«, schloss Bine Schlöz ihr *Briefing* zum Grußwort und wandte sich zur Tür. Dann zögerte sie, drehte sich noch einmal um

und verkündete: »Das wisst Ihr ja mit all Eurer Erfahrung, das muss ich Euch ja nicht sagen.«
»Dann halt doch einfach die Klappe«, zischte Friedbert, als Bine über den Flur Richtung Teeküche davon eilte, um sich ihre tägliche Dosis Ingwer-Honig-Tee zuzubereiten. Auf dem Rückweg steckte sie eine viertel Stunde später erneut den Kopf in Friedberts Büro. Ich hörte, wie sie ihn anwies, das Grußwort in Schriftgröße 30 auf Karteikarten zu verfassen. Dann müsse die Ministerin nicht zur lästigen Lesebrille greifen.
»Du weißt schon, Friedbert«, erklärte Bine, »Hauptsache gute Bilder.«

Die ersten Monate unter der neuen Leitung hatten Friedbert und mich dermaßen in unserem Selbstwertgefühl erschüttert, dass wir dankbar waren für den Auftrag, das Neuköllner Grußwort zu verfassen. Wir hatten uns mangels anderer spannender Aufträge sofort darauf geeinigt, die Sache gemeinsam anzugehen. Mit Übereifer stürzten wir uns in die Arbeit.
Zunächst suchten wir Alfons inmitten seiner Flaggen, Landkarten, Samurai-Schwerter, Samowars und anderer Zeugnisse zahlloser Auslandsreisen mit den Ministern der letzten Legislaturperioden auf. Sein Zimmer ähnelte eher einem ethnologischen Schaukasten als einem Büro. Schon der Perserteppich, auf dem sein Schreibtisch stand, ließ einen schnell vergessen, dass man sich inmitten der nüchternen Hallen einer obersten Bundesbehörde befand. Neuerdings zierte eine Vitrine mit Mund-Nase-Masken aus aller Welt eine Wand seines Büros.
Als wir klopften, nahm er die Füße vom Schreibtisch, schlüpfte in schwarze Slipper und sprang auf, um uns freudig zu begrüßen.
»Was kann ich Euch anbieten«, fragte er und bedeutete uns, auf den bunt bestickten Sitzkissen Platz zu nehmen, die er von einer Reise an den Hindukusch mitgebracht hatte. Nebst einer Burka, die allerdings nur kurze Zeit an einem Kleiderbügel in seinem Büro gehangen hatte. Eine Kollegin mit afghanischem Migrationshintergrund hatte von dieser rassistischen und sexistischen Entgleisung Wind bekommen und umgehend die Gleichstellungsbeauftragte des Ministeriums eingeschaltet. Ihre eigene Mutter, so die Kollegin, sei dem grausamen Patriarchat in ihrem Heimatland nur knapp entronnen. Und damit einem Leben hinter Häkelgittern und in Ganzkörper-Verhüllung. Und sie selbst, nicht auszudenken, welches Dasein sie

fristen würde, hätte ihre Mutter nicht den Mut und die Kraft gehabt, diesem frauenverachtenden Regime zu entfliehen. Vielleicht müsste sie heute selbst Burka tragen, statt völlig selbstbestimmt flotte Outfits bei Zalando ordern zu können. Ob dies Herrn Alfons Bähr jemals in den Sinn gekommen wäre? Nein, wahrscheinlich war sein Männerhirn zu beschränkt für solche Denkübungen. Nicht schön, das Ganze. Es endete damit, dass eine Dienstvereinbarung »Sensibilität im Umgang mit Menschen mit Migrationshintergrund« auf den Weg gebracht und fortan alle Gegenstände mit gewisser ethnischer oder religiöser Symbolkraft aus den Büros verbannt wurden. Neben Burkas auch Kruzifixe, Gebetsteppiche, Yogamatten, afrikanische und aztekische Masken und andere exotische Artefakte. Nicht, dass diese im Überfluss im Ministerium vorhanden waren, aber: Sicher ist sicher. Wie es Alfons gelungen war, Samurai-Schwert, Samowar, Sitzkissen und Perserteppich in die neue, politisch korrektere Zeit hinüberzuretten, wollte ich ihn bei Gelegenheit unbedingt fragen.

Nun gab es Dringenderes zu besprechen, denn schon in wenigen Tagen würde Frau Dr. Roswitha Wanninger in Neukölln das Qualitätssiegel überreichen und dazu ein paar salbungsvolle Worte aus unserer Feder verkünden. Dazu benötigten wir von Alfons, der nicht nur für die Organisation von Auslandsreisen verantwortlich war, sondern seine Expertise auch in die Vorbereitung pressewirksamer Termine einbrachte, ein paar Insider-Infos.

»Ich habe mir den Laden letzte Woche mal angeschaut«, sagte er in einem Bayerisch, das auch nach über zwei Jahrzehnten jenseits des Weißwurstäquators nichts von seiner erdigen Heimatverbundenheit verloren hatte.

Alfons nahm auf dem dritten Sitzkissen Platz und hielt die angezogenen Beine mit den Armen umschlungen. Ich versuchte mich im Schneidersitz, stellte allerdings meine Bemühungen um eine betont lässige Haltung ein, als ich merkte, dass meine Hose bedenklich spannte. Eine Burka wäre jetzt praktisch, schoss es mir durch den Kopf, als ich die Beine wieder entknotete. Friedbert hatte sich den besten Platz in der Ecke des Büros gesichert, lehnte sich an und streckte behaglich die Beine aus.

»Also, die Ministerin hat eine Mehrgenerationenhaus-Offensive geplant. Und das soll jetzt der erste öffentliche Auftritt in dem Kontext sein«, erklärte Alfons.

»Ihr ist wichtig, dass die Leute merken – hey, alle Generationen unter einem

Dach, das funktioniert nicht nur in Oberbayern, das funktioniert auch in Neukölln«, sagte er und grinste uns diabolisch an.
»Und«, fragte ich, »funktioniert es?«
»Kommt drauf an, wie man es sieht«, antwortete Alfons kryptisch.
»Also erst mal erfüllt das Wohnprojekt alle formellen Anforderungen für ein Mehrgenerationenhaus«, fuhr er fort. »Ich habe ein paar Alte gesehen, die um einen Tisch herum saßen und ihre Suppe löffelten. Und dann schob eine Mutter einen Kinderwagen über den Gang. Ein paar Teenies hingen da auch rum. Also rein alterstechnisch«, schloss Alfons, »waren alle vertreten.«
»Na ja«, wandte Friedbert ein, »das ist in der Platte in Marzahn-Hellersdorf auch der Fall. Aber es geht doch um das Miteinander der Generationen. Wie war das denn so?«
Alfons sah Friedbert verständnislos an: »Du meinst, die Alten hüten die Kinder, die Teenies pürieren den Gebrechlichen und Beladenen das Essen und die Mutter spielt Bingo mit ihnen, wenn das Kleinkind aufgehört hat zu plärren?«
»Genau, darum geht es doch bei dem Mehrgenerationenhaus«, sagte Friedbert mit dem ihm eigenen Idealismus, »gelebte Solidarität über die Generationen hinweg!«
»Fehlanzeige, mein Junge. Aber vielleicht war ich zur falschen Zeit dort?«, gab Alfons nachdenklich zurück.
»Ich meine«, mischte ich mich ein, »die bekommen doch dieses Zertifikat. Also muss es ja funktionieren. Wobei ich mich frage, warum es ausgerechnet Neukölln sein muss?«
Hier hatte ich einen empfindlichen Nerv getroffen, denn Friedbert richtete sich in seiner Ecke zu voller Sitzgröße auf und hob zu seinem Standardvortrag über sich verschiebende soziale Strukturen in Berliner Bezirken an. Warum hatte ich nicht daran gedacht, dass er erst seit kurzem stolzer Eigentümer einer Altbauwohnung in der Nähe der Neuköllner Oper war? Er erzählte ständig davon, wo wieder ein hippes Café, eine coole Schwulenbar oder ein krasser Club eröffnet hatte. Neukölln war der letzte Schrei, und wie vor vielen Jahren rund um den Kollwitzplatz würden die Mieten mit steigender Anzahl junger Akademiker, zugezogener Schwaben und sonstiger Gutverdiener auch dort unweigerlich in die Höhe schießen. Irgendwann wären vielleicht Marzahn-Hellersdorf oder Gropius-Stadt total ange-

sagt, dachte ich und nahm mir vor, bei Immoscout nach den dortigen Quadratmeterpreisen zu schauen. Vielleicht war es an der Zeit, über eine Zukunftsinvestition nachzudenken, schließlich sah es mit der Altersversorgung für meine Generation auch nicht mehr so prickelnd aus. Friedbert gab immerhin zu, dass es noch *das* Neukölln gab, das seit Rütli-Schule und Heinz Buschkowsky für Vieles stand, aber bestimmt nicht für das harmonische Miteinander der Generationen unter dem Dach eines Hauses. Aber Neukölln stünde in weiten Teilen für Vielfalt und Weltoffenheit.

Als er mit seiner Lobpreisung fertig war, sagte Alfons: »Also, ich weiß nur: Die Ministerin will keinen Standard, sie will die Herausforderung. Deshalb Neukölln und nicht Wilmersdorf.«

Nach dem Gespräch mit Alfons waren wir nicht viel schlauer als zuvor und beschlossen, einen Kaffee trinken zu gehen, bevor wir uns ans Werk machten. In der Vorbereitungsmappe hatten wir immerhin einen kurzen Vermerk zu Mehrgenerationenhäusern im Allgemeinen und in Neukölln im Besonderen gefunden. Aus diesen Infos würden wir irgendwie zehn Minuten zusammen schustern. Bei Schriftgröße 30 kämen wir damit auf einen ansehnlichen Packen Karteikarten, von denen die Ministerin dann vor Ort mühelos ohne Brille rezitieren konnte.

Da der Termin in Berlin und innerhalb der Kernarbeitszeit stattfand, entschieden Friedbert und ich, gemeinsam zur Überreichung des Zertifikats nach Neukölln zu fahren. Wir wollten uns die Ministerin live und in Farbe ansehen. Wir wappneten uns mit warmen Jacken und Mützen, schwangen uns auf unsere Fahrräder und machten uns auf den Weg nach Neukölln. Es war jedes Mal spannend, was aus einer Rede wurde, denn selbst, wenn der Text nach zahlreichen Hin- und Rückrunden autorisiert war, hieß das nicht, dass man ihn wiedererkannte, wenn die Ministerin sprach.

Besonders Frau Dr. Roswitha Wanninger neigte dazu, am Ende in einer nächtlichen Sitzung selbst Hand anzulegen. Schließlich konnte ihr niemand etwas vormachen, wenn es um punktgenaue Formulierungen ging und um die Kunst, den Menschen auf den Zahn zu fühlen, ihre Sorgen und Nöte zu erfassen und ihnen Hoffnung und Lebensmut zurückzugeben. Diese Klaviatur beherrschte sie selbst am besten.

Friedbert und ich erreichten dank Führung durch Googlemaps auf direktem Weg unser Ziel: Das Wohnprojekt »Himmelreich« im tiefsten Neuköllner Kiez.

Ich persönlich fand den Namen ein wenig, sagen wir, einseitig. Denn ein beachtlicher Teil der Bewohner waren dem Himmelreich nicht mehr allzu fern. Das berührte mich peinlich und wurde noch schlimmer, als ein Müllauto vor dem grauen Gebäude anhielt, welches die Aufschrift trug: »Wir entsorgen alles – Ihre BSR.«

Zwei Mitarbeiterinnen aus der Pressestelle schienen überraschenderweise ähnlich zu denken. Sie waren bemüht, die Alltagshelden der Berliner Stadtreinigung in ihren orangefarbenen Outfits zu verscheuchen, bevor ein Reporter auf die Idee kam, ein Foto zu schießen und es mit einem gehässigen Kommentar zu versehen. »Ministerin befürwortet Entsorgung von Senioren«, etwas in diesem Stil. Man kannte seine Pappenheimer von der BILD und ähnlichen Postillen.

Je hektischer die beiden Pressefrauen auf die drei Männer einredeten, desto mehr Zeit schienen diese für das Hin- und Herschieben der Abfalltonnen zu haben. Schließlich schmissen sie ihre Kippen in den Rinnstein, stiegen mürrisch auf ihre Trittbretter und das Müllauto machte den Weg frei für den Tross der Ministerin.

Friedbert hatte nichts von meinem Unbehagen mitbekommen. Er war zu sehr damit beschäftigt, an seinem Oberhemd herumzunesteln, damit die Flecken unter den Achseln möglichst vor Eintreffen der Ministerin verschwänden. Trotz der Februarkälte war er unter seiner Daunenjacke mächtig ins Schwitzen gekommen. Was hatte er auch so in die Pedale treten müssen? Er saß schließlich nicht auf dem Ergometer im Fitness-Tempel inmitten all der durchtrainierten Jungmanager, sondern radelte mit seiner Lieblingskollegin durch die Straßen der Großstadt.

»Wir hätten einen E-Roller nehmen sollen«, maulte er vorwurfsvoll.

»Ich hasse die Dinger, das weißt Du doch«, gab ich trotzig zurück.

Ich hatte sofort die Bilder im Kopf, die ich jeden Morgen auf dem Weg zur Arbeit ertragen musste: ineinander verknäulte E-Roller, die den Rand des Tiergartens an der Straße des 17. Juni säumten. Tagsüber Touris, die zu zweit oder mit Rollkoffer auf dem Tritt nebeneinander her auf den Radwegen herumschaukelten. Und am Abend, wenn ich nach Hause fuhr, dieselbetriebene Lieferwagen, die die Teile einsammelten, damit sie irgendwo am

Berliner Stadtrand für den nächsten Einsatz aufgeladen würden. Total nachhaltig das Ganze. Ich trauerte beim Anblick der E-Roller und der Touris zugegebenermaßen dem *Lockdown* hinterher. Immerhin hatten die wenigen Einwohner Berlins, die wie ich nicht vollständig ins Homeoffice geflüchtet waren, die Prachtstraßen, Radwege und Plätze der Stadt ganz für sich allein gehabt.
Ich wurde aus meinen Gedanken gerissen, als ein junger Typ im Ganzkörper-Adidas-Outfit an uns vorbeilief und in sein Smartphone brüllte. Er schien mit seinem unsichtbaren Gesprächspartner die Auswirkungen der letzten Nacht zu diskutieren: »Ey, isch habe so einen Kater, Digger! Isch fick die Mutter von diesem Kater!«

Nachdem wir ein paar Minuten Zeit gehabt hatten uns ein wenig zurecht zu machen, rollte der schwarze Mercedes der Ministerin an uns vorbei und hielt direkt vor dem Hauseingang zwischen den soeben geleerten Mülltonnen. Der Fahrer stieg aus und eilte um den Wagen herum, um der Ministerin die rechte Hintertür zu öffnen. Hinten am Kofferraum kämpfte ihr persönlicher Referent noch mit Handtasche, Mantel und der Mappe, in der sich unser Grußwort und das Zertifikat befanden. Die Ministerin war schon auf der Treppe, als er endlich hinter ihr her stolperte.
»Nun kommen Sie doch, Herr Mützweiler-Gräbing! Wo bleiben Sie denn?«, flötete sie ihm zu. Das hieß nichts anderes als: »Wo bleiben Sie denn, Sie unfähiger Versager?«
Mit der Einschätzung der Kompetenzen ihres persönlichen Referenten hatte sie zwar nicht ganz unrecht, aber ich fand, es gehörte sich nicht, ihn permanent vor versammelter Mannschaft bloßzustellen. Bruno Mützweiler-Gräbing feilte schon an seiner Karriere, seit er als Mitglied der Nachwuchsorganisation seiner Partei an Samstagvormittagen vor zahlreichen Penny-Märkten und Karstadt-Filialen in München und Umgebung alten Damen und Herren, die den Stand der Partei nicht schnell genug umgehen konnten, Kugelschreiber und Wahlkampfbroschüren in die Hand gedrückt hatte. Die Kugelschreiber wurden gerne genommen, auch Gummibärchen und Luftballons für die Enkelkinder erfreuten sich großer Beliebtheit. Die Broschüren nahmen allerdings nur diejenigen an, die im Winter ihren Kamin anwarfen oder für ein Sozialprojekt ihrer Kirchengemeinde eifrig

Altpapier sammelten. Bruno Mützweiler-Gräbing hatte bei Wind und Wetter seine freie Zeit geopfert, um später die Früchte in Form einer raschen Verbeamtung auf Lebenszeit und eines sicheren Jobs in der Bundesverwaltung zu ernten. Seine Rechnung war aufgegangen. Noch als Jura-Student hatte er im Wahlkreisbüro von Frau Dr. Roswitha Wanninger angeheuert und war ihr bald dadurch aufgefallen, dass er keine Widerworte gab und allem begeistert zustimmte, was sie ihm an Ideen und Konzepten in die Tastatur diktierte. So hatte sie Bruno Mützweiler-Gräbing als persönlichen Referenten an Bord geholt, als sie vor einigen Jahren Landesministerin in Bayern geworden war. Seine Loyalität ihr gegenüber sowie seine Durchsetzungskraft gegenüber dem zuarbeitenden Fußvolk waren seine Eintrittskarte ins Ministerbüro, als Frau Dr. Roswitha Wanninger im BuEGeLN das Zepter übernahm.
In Besprechungen ließ Bruno Mützweiler-Gräbing gerne fallen, dass »er und die Ministerin« kurz vor einer wichtigen Entscheidung stünden. Außerdem kam er konsequent zu spät und mit dem Smartphone am Ohr in unsere Runden und verließ diese kurz vor dem offiziellen Ende. Jeder wurde Zeuge, dass ein Bruno Mützweiler-Gräbing Wichtigeres zu tun hatte, als sich das Geschwätz seiner Kolleginnen und Kollegen anzuhören. Während diese durch das Tagesgeschäft mäanderten, tippte und scrollte er auf seinem iPad herum, was das Zeug hielt. Er legte es ausschließlich kurz zur Seite, wenn er selbst etwas zur Diskussion beizusteuern hatte. In einem Kommunikationsseminar hatte ich einmal die offizielle Bestätigung erhalten, dass so ein Verhalten durchaus als unhöflich und arrogant bezeichnet werden durfte. Aber wenn ich anfing, mich über solche Kleinigkeiten aufzuregen, hätte ich mir schon längst ein *Burnout* gönnen müssen. Mich tröstete allein der Gedanke, dass man sich bekanntlich im Leben mindestens zweimal begegnete und ein Wichtigtuer und Schaumschläger wie Bruno Mützweiler-Gräbing irgendwann nicht mehr Mitglied der Leitung, sondern eventuell Referent in einer Fachabteilung sein würde. Ich war mir sicher, dass dort bereits die Messer gewetzt wurden. Denn auch ein Persönlicher Referent konnte nicht völlig ausschließen, irgendwann wieder in die niederen Gefilde des Ministeriums hinabsteigen zu müssen – spätestens wenn es vor dem nächsten Regierungswechsel nicht mit einem Chefposten geklappt hatte. Doch so pessimistisch dachte der Persönliche Referent Bruno Mützweiler-Gräbing nicht.

Friedbert und ich eilten über den Bürgersteig, die Treppe hinauf und in das Gebäude aus grauem Waschbeton, auf dessen Vorderseite in großen hellblauen Leuchtbuchstaben der Name »Himmelreich« prangte. Auf den Buchstaben hatte jemand Metallspitzen angebracht, wie man sie auf denkmalgeschützten Gebäuden und auf Fenstersimsen sah. Tauben, dachte ich, waren hier das geringste Problem, immerhin hätten sie mit ihrem Gurren und Flattern ein wenig Leben in die geballte Trostlosigkeit gebracht, die uns empfing.

Die Hausgemeinschaft war von unseren Presseleuten in einer Halle zusammengetrieben worden, die als Gemeinschaftsraum fungierte. Dafür sprachen die zusammengewürfelten Sitzmöbel, eine ramponierte Tischtennisplatte und ein Teewagen, auf dem ein Sammelsurium von Tassen zwischen einer aufgerissenen Schachtel Würfelzucker und einer großen Thermoskanne stand. Auf zwei Tellern lagen Butterkekse und Schokolade, die jemand in einer ergotherapeutischen Sitzung fein säuberlich in einzelne Stückchen zerteilt hatte.

Frau Ministerin war Profi genug, sich ihr Entsetzen über diesen Ort nicht anmerken zu lassen. Sie streifte Einmalhandschuhe über und eilte lächelnd auf die Menschen zu, die im Mehrgenerationenhaus »Himmelreich« ihr Dasein fristeten. Mich erinnerte das Ganze an den Tiergnadenhof, den ich an manchen Sonntagen mit Papa aufsuchte. Nur dass dort neben den aus Altersgründen, wegen Inkontinenz, Osteoporose oder schlicht aus Desinteresse aussortierten Katzen, Hunden, Hamstern und Papageien wenigstens ab und zu abgehalfterte Schlagerstars für ein wenig Stimmung sorgten. Diese hätten an der Hoffnungslosigkeit in »Himmelreich« allerdings auch nicht viel zu ändern vermocht.

In zwei Rollstühlen kauerten zwei alte Damen unter karierten Wolldecken. Am frischesten an ihnen waren die in Dauerwellen gelegten und leicht lila schimmernden Haare. Zwei alte Männer stützten sich auf ihre Rollatoren und schauten der Ministerin missmutig, ja beinahe feindselig entgegen. Gut, dass sie bestimmt über keinen Facebook-Account verfügten, schoss es mir durch den Kopf. Nicht besser bestellt war es um den Gesichtsausdruck der jüngeren Generation, die man aufgrund der Einheitlichkeit ihrer Jogginganzüge leicht für eine Betriebssportgruppe hätte halten können. Männer und Frauen unterschieden sich lediglich durch Schmuck und Frisuren.

Die Männer trugen dickgliedrige Ketten auf der behaarten Brust. Das war der einzige Rest von Haar, denn ihre Köpfe waren korrekt auf zwei Millimeter rasiert. Großflächige Tattoos grüßten nicht nur von den Oberarmen. Die jungen Frauen erreichten eine beachtliche Körpergröße aufgrund ihrer hoch aufgetürmten Frisuren, wobei der beliebteste Farbton der Saison eine Art Saharablond zu sein schien. Diejenigen, die nicht an den Fingernägeln kauten, hielten ihre Kaumuskulatur mit offensichtlich monströsen Kaugummis fit. Ein paar Vertreterinnen der jungen Generation versuchten, Kinder zu bändigen, die es nicht länger an den Händen ihrer Mütter aushielten. Wahrscheinlich waren sie engen Körperkontakt nicht gewohnt. Die Männer konnte man nur schwer als Erzeuger der Kleinen identifizieren, denn sie scherten sich nicht darum, wie diese an den Armen ihrer Mütter zerrten, ihnen vor das Schienbein traten und dabei kreischten wie am Spieß.

Die mittlere Generation stand ein wenig hilflos dazwischen. Endvierziger blickten betreten zu Boden und kratzten sich am Kopf. Ob sie alle für diesen Tag freigenommen oder ihren Termin im Jobcenter verlegt hatten, konnte man nur mutmaßen.

Ohne die geringsten Berührungsängste ging Frau Ministerin auf die Anwesenden zu, die sich ihr zögerlich bis widerwillig bis auf zwei Meter Sicherheitsabstand näherten. Oft bedurfte es eines Knuffs in die Rippen durch den Nebenmann, bis jemand seine Hände aus der Tasche der Jogginghose zog, den Rücken durchstreckte und der Ministerin bis zur gelb-schwarzen Abstands-Markierung auf dem Boden entgegenschlurfte. Die Kinder waren viel offener. Das lag vor allem an dem genialen Schachzug unseres Pressesprechers Uli Boeck, der eine Tüte Gummibärchen aus der Tasche zog und den Kindern hinhielt. Sie grapschten nach der Tüte, sodass es für die flinke Ministerin ein leichtes war, sich hinter die lieben Kleinen zu stellen und gütig auf sie hinunterzublicken, die Arme schützend über den Nachwuchs der Landes erhoben. In diesem Moment klickten die Fotoapparate der Pressevertreter und unserer beiden Social Media-Experten. Ziel erreicht, strahlte das Gesicht unseres Pressesprechers. Dass er sich später im Auto eine Standpauke würde anhören müssen, weil er zahnschädigende Süßigkeiten verteilt hatte statt Rohkost, ahnte er im Moment des Triumphs nicht. Denn er hatte, was die Ministerin wollte: gute Bilder. Ihm schwante

zu diesem Zeitpunkt auch nicht, dass die Berliner Zeitung aus der Situation eine nicht so glückliche Schlagzeile generieren würde: »Gesundheitsministerin verteilt Zuckerzeug an bildungsferne Schicht.« Bis zu diesem Aufmacher war es noch ein paar Stunden hin.
Frau Dr. Roswitha Wanninger stellte sich schließlich mit dem Rücken zu den Bewohnern von »Himmelreich« in Richtung der Journalistenschar und streckte die Schultern durch. Dann spulte sie tatsächlich unser Grußwort herunter. Die Rede war von dem »Einstehen Jüngerer für Ältere«, der »gegenseitigen Achtung und Verantwortung«, von »Solidarität und gelebter Nächstenliebe.« Friedbert und ich behielten Recht: Das passte immer. Dann drückte sie ihrem persönlichen Referenten den Stapel Karteikarten in die Hand, übernahm dafür das Zertifikat, welches das Mehrgenerationenhaus nun ganz offiziell als zukunftsweisendes Leuchtturmprojekt auswies, und übergab es der anwesenden Hausleitung. Die nahm es stolz entgegen, wohl wissend, dass die Mieten kräftig angehoben werden könnten, sobald das Zertifikat erst einmal die Homepage von »Himmelreich – gemeinsam in Würde leben GmbH« zierte.
Frau Ministerin nahm sich noch die Zeit für eine Tasse Tee, den sie, da es keinen Latte Macchiato gab, dem abgestandenen Filterkaffee vorzog. Die angebotenen Kekse und Schoko-Stückchen lehnte sie dankend ab und verabschiedete sich nach der vereinbarten halben Stunde von Hausleitung und Bewohnern. Schon im Hinausgehen ließ sie sich von Bruno Mützweiler-Gräbing die Handtasche reichen, in der stets ein paar antivirale Desinfektionstücher steckten, um noch die letzte Spur zwischenmenschlicher Begegnungen möglichst effektiv auszumerzen.
Auch die Presse hatte sich bereits zurückgezogen, was daran liegen konnte, dass in »Himmelreich« keine Platten mit belegten Brötchen auf sie warteten. Friedbert und ich suchten ebenso das Weite. Ich drehte mich an der Tür noch einmal um: Die Kinder rissen sich um die verwaisten Kekse, ihre Eltern eilten zum Rauchen auf den Innenhof und die beiden Alten im Rollstuhl warteten darauf, dass irgendein Vertreter der vielen Generationen, die hier eine solidarische Gemeinschaft bildeten, sie in ihre Einzimmerwohnung mit Nasszelle zurückschob.
Herr im Himmel, dachte ich, bevor ich wieder aufs Fahrrad stieg.

Auf dem Nachhauseweg wurde ich die Bilder aus »Himmelreich« nicht los. Die alten Menschen, die niemanden hatten, der sich um sie kümmerte, wenn sie nicht mehr alleine klarkamen. Oder die nicht in der privilegierten Lage waren, sich in einer schicken Senioren-Residenz mit Bewegungs- und Kulturprogramm einzumieten. Osteoporose-Gymnastik und Dia-Vorträge über die Flora und Fauna der Galapagos-Inseln, zwischendurch Bingo und Tanztee. Wer das nötige Kleingeld hatte, konnte sich im Alter eine angenehme Bleibe suchen. Am besten waren die dran, deren Kinder sich um sie sorgten. Dann überließ man der jungen Generation gerne das Eigenheim, das einem zu groß geworden war. In unserer Nachbarschaft konnte ich einen regen Wechsel beobachten. Die alten Eltern, allein oder zu zweit, wechselten in eine der besseren Senioren-Residenzen oder in eine altersgerechte Wohnung, ebenerdig und mit Notfallstrippe neben Bett und Klo. Dafür zog die junge Generation nach Jahren in der Altbauwohnung in einem der coolen Bezirke zeitig genug wieder im beschaulich-bürgerlichen Kiez ihrer Kindheit ein, um auch die eigenen Kinder dort einzuschulen, wo Migrationshintergrund ein rein theoretischer Begriff war. In unserer Nachbarschaft strebte der Anteil der Kinder mit arabischen Namen oder anderer Hautfarbe gegen Null. Kreuzberg und Neukölln oder der Wedding waren, solange die Kinder klein waren, in Ordnung. Multikulti war gut, solange der Nachwuchs noch nicht Lesen und Schreiben lernen musste. War der Zeitpunkt gekommen, zog es die Jungakademiker mit den gut bezahlten Jobs zurück in die ruhigen Gefilde ihrer Kindheit.
Wenn keiner da oder bereit war, sich zu kümmern, wenn kein Geld für eine bessere Alternative da war, landeten die Alten in einem der Pflegeheime, in denen »Team Wallraff« und andere Enthüllungsspezialisten *under cover* Missstände aufdeckten, die zum Himmel schrien. Pflegenotstand mit der Folge, dass alte Menschen sediert und nicht regelmäßig umgelagert wurden. Unwürdige Bedingungen, wohin man nur sah. Und das betraf auch diejenigen, die sich um die alten Menschen kümmerten und dabei im steten Wettlauf gegen die Uhr waren, nachts allein auf einer Station, überarbeitet und unterbezahlt. Glaubte man den Berichten, war das keine Ausnahme, sondern Alltag in Einrichtungen für alte und pflegebedürftige Menschen mitten in Deutschland.
Mich berührte das sehr, schließlich war auch mein Vater, wenn nicht auf

permanente Pflege, so doch auf Unterstützung im Alltag angewiesen. Papa musste meine Mutter nach der Trennung auszahlen, weil sie das Haus von ihren Eltern geerbt hatte. Mein Großvater hatte es kurz nach dem Krieg gebaut, nichts ahnend, dass aus den kleinen Reihenhäusern mit den schmalen Gärten in dem damals neu entstehenden Wohngebiet einmal überaus begehrte Objekte werden würden. Inzwischen überboten sich in unserer Gegend Schauspieler und Start-Up-Unternehmer beim seltenen Verkauf einer Immobilie mit horrenden Summen.
Seit Papa meiner Mutter die Hälfte des Marktwertes unseres Hauses auszahlen musste, hatten wir trotz seiner Pension und meines Gehalts nichts mehr auf der hohen Kante. Deshalb würde sich Papa im hohen Alter eher in einem Billigheim als im Augustinum wiederfinden, wenn ich das zuließe. Aber da diese Option für mich um nichts in der Welt in Frage kam, war mein Weg für die kommenden Jahrzehnte vorgezeichnet: Mit Papa im elterlichen Haus im Charlottenburger Westend. Nach der Arbeit Haushalt und Wäsche, samstags Einkäufe und Gartenarbeit, ab und zu ein Wochenend-Trip, der wegen der angeheuerten polnischen Pflegekraft so teuer war, dass es eher auf Camping als auf Wellness hinauslief. Wenn ich Wellness wollte, müsste ich mit Ebbi zusammenbleiben und mich weiter von ihm einladen lassen. Aushalten, würden böse Zungen sagen.
So wie es derzeit um uns stand, waren die Aussichten auf Wellness allerdings mau. Ebbi müsste inzwischen aus dem Skiurlaub zurück sein, aber ich hatte noch keine Nachricht von ihm bekommen. Mehr Zeit für Papa, tröstete ich mich und radelte nach der Arbeit nach Hause.
Papa und ich hatten überlegt, die Dachkammer zu vermieten, um mit dem ungenutzten Raum ein bisschen Geld zu verdienen. Außerdem wäre dann jemand im Haus, der sich um Papa kümmern konnte, wenn ich eine Auszeit brauchte. Das könnte man dann ein wenig mit der Miete verrechnen. So hätten beide Seiten etwas davon. Aber wir redeten immer nur darüber. Bevor es konkret wurde, ließen wir das Thema fallen. Oder wir wechselten zu den Schauergeschichten, mit denen die Boulevardzeitungen regelmäßig aufmachten. Sie handelten von Psychopathen, die man sich nichts ahnend ins Haus holte und die einen im Keller einsperrten, sadistisch quälten und schließlich meuchelten und sich an der Leiche vergingen, ohne dass die Nachbarn etwas mitbekamen. Vorher hatten sie einem noch eine

Unterschrift abgenötigt, mit der man ihnen das ganze Hab und Gut übertrug. Das las man immer wieder, so etwas kam gar nicht selten vor. Also war Vermieten wohl doch keine Option.

Ich stellte mir vor, wie es in zehn Jahren sein würde. Papa wäre dann Mitte Siebzig, ich Mitte Vierzig. Würde ich immer noch auf ein Zeichen von Ebbi warten, dass er ein paar Stunden für mich übrig hätte und mich sehen wollte? Er wäre dann im besten Rentenalter. Aber wer Ebbi kannte, wusste, dass das Wort »Ruhestand« nicht zu seinem Wortschatz gehörte. Als Abgeordneter mit bombensicherem Wahlkreis konnte er weitermachen, solange er wollte. Andere Abgeordnete hatten auch schon das Dutzend an Legislaturperioden voll. Ebbi wollte bestimmt in der Politik bleiben, solange er am Leben und bei klarem Verstand war. Ob er mich dann noch wollte, stand auf einem anderen Blatt. Und ob ich das wollte, sowieso.

Es gab nur einen Lichtblick in diesem Szenario: ein Baby. Wenn mein Zeitplan hielt, wäre ich mit Mitte Vierzig Mutter eines Grundschulkindes. Ich würde weiter meinen Job machen, aber wenn ich nach Hause käme, würde nicht Kater Theo um meine Beine schnurren, sondern ein kleiner Junge oder ein kleines Mädchen mir um den Hals fallen. Ich würde Mantel und Tasche fallen lassen, mein Kind schnappen und mich mit ihm auf dem Teppich herumwälzen, es durchkitzeln und mit ihm schmusen. Es würde mit leuchtenden Augen aus der Schule und vom Spielplatz erzählen. Papa wäre dann Opa, hätte sich bereits um die Hausaufgaben gekümmert und würde voller Rührung vom Rollstuhl aus beobachten, wie ich mit meinem Sohn oder meiner Tochter auf dem großen Teppich im Wohnzimmer den Playmobil-Zirkus aufbaute. Abends würden wir abwechselnd Gute-Nacht-Geschichten vorlesen und das Licht im Kinderzimmer ausknipsen. Ich wusste, dass ich endlich Nägel mit Köpfen machen musste. Mit Ebbis Einverständnis oder ohne.

Als ich den Schlüssel in der Tür umdrehte, vibrierte das Handy in meiner Jackentasche. Ebbi hatte mir eine WhatsApp-Nachricht geschickt. Manchmal glaubte ich wirklich an Telepathie.

»Liebe, bin zurück in Berlin. Du fehlst. E.«

Ich steckte das Handy zurück in die Tasche und nahm mir fest vor, ihn zappeln zu lassen. Drei Tage, Minimum. Oder zwei, das war im digitalen Zeitalter eine Ewigkeit.

Macherqualitäten, März

Weil die wichtigsten Reden jetzt von Bine und Tristan von Herrlinghaus geschrieben wurden, gerieten Friedbert und ich in den Sog der Staatssekretäre. In der Vergangenheit konnten wir Begehrlichkeiten aus dieser Richtung erfolgreich abwehren, indem wir darauf hinwiesen, exklusiv für den Minister zu schreiben und damit voll ausgelastet zu sein. Dem war nicht mehr so, denn Friedbert und ich hatten Kapazitäten frei. Herrn von Herrlinghaus war wohl egal, ob und was wir zu tun hatten. Vielleicht war er sogar froh, dass wir anderweitig beschäftigt waren und er nicht dafür verantwortlich war, dass uns vor Langeweile ein *Boreout* in die Klinik trieb. Denn das konnte ich nach zahlreichen Sommerpausen und Vor- und-Nach-Wahlkampfzeiten mit Sicherheit sagen: Lieber sich zu Tode arbeiten als zu Tode langweilen.

Es gab meiner Erfahrung nach in der Arbeitswelt ein weit verbreitetes Phänomen: Während die einen sich wünschten, ihr Arbeitstag hätte wie im schönsten Manchester-Kapitalismus nicht magere acht, sondern satte vierzehn Stunden, wussten die anderen nicht, wie sie die Zeit zwischen Frühstückspause, Kaffeepause, Mittagessen, erneuter Kaffeepause, zahlreichen Toiletten- und Rauchpausen und dem lang ersehnten Feierabend totschlagen sollten. Wie gut, dass die Digitalisierung die Möglichkeiten, sich unauffällig abzulenken, schier unermesslich gemacht hatte. Früher hatte man heimlich den in eine Vorgangsmappe eingeschlagenen Spiegel gelesen oder im Büro auf Vorrat Feierabend-Zigaretten gedreht. Man hatte lange handschriftliche Briefe an die Verwandtschaft verfasst oder auf Kopierpapier die Neuanlage des Gemüsebeetes geplant. Alles immer in Habachtstellung, denn wenn der Chef unangemeldet das Zimmer betrat, musste alles dienstlich und wichtig wirken. Heutzutage war es viel einfacher. Der Schreibtisch und damit der Bildschirm stand längs zur Zimmertür, so dass man selbst bei hineinsprintenden Kollegen mit einer schnellen Bewegung des Zeigefingers von den zahlreichen geöffneten Internetseiten auf das dienstliche Mailprogramm umschalten konnte. Dabei war nicht erkenntlich, dass man eben den Trailer einer neuen HBO-Serie angeguckt, die Airbnb-Unterkünfte für einen Wochenendtrip gebucht oder die Ökokiste für den nächsten Liefertag zusammengestellt hatte. Gerade hatte man noch in

Schnäppchen gestöbert oder die total versiffte Ferienwohnung auf Teneriffa richtig mies bewertet, schon blickte man ernst auf seinen Posteingang und stöhnte angesichts der vielen hoch komplexen Anfragen. Wenn ich acht Stunden damit hätte füllen müssen, wäre ich längst verrückt geworden. Während die einen auf diese Art ihr Dasein fristeten, holzten die anderen, was das Zeug hielt. Wenn beiden Seiten am Monatsende dieselbe Summe auf ihr Konto überwiesen wurde, kam für alle am Ende dasselbe heraus, ob sie nun den ganzen Tag im Internet gedaddelt oder bis zur Schmerzgrenze geschuftet hatten. Ein Nullsummenspiel.

Für Friedbert und mich war die Phase des Googelns fürs erste vorbei, als man in der *Morgenlage* beschloss, die Redenschreiber für öffentliche Auftritte der Staatssekretäre einzuspannen. Ausgenommen davon waren Tristan von Herrlinghaus und Bine Schlöz. Auf unsere brillantesten Köpfe sollte die Ministerin exklusiv Zugriff haben.

Für die beiden Parlamentarischen Staatssekretäre zu schreiben würde, so viel stand fest, ein zumindest interessanter Annäherungsprozess werden. Darin waren Friedbert und ich uns einig. Alfons Bähr bestätigte diese Einschätzung, denn er kannte beide Staatssekretäre bereits persönlich von einigen Kurztrips ins befreundete europäische Ausland. Sie konnten unterschiedlicher nicht sein.

Auf Dr. Dirk Engel passte das Attribut *smart* wie auf niemanden sonst auf dem derzeitigen politischen Parkett. Ausgenommen der Parteivorsitzende der Liberalen. Der Chef des kleineren Koalitionspartners konnte es sich als einziger derzeit aktiver Politiker leisten, sich im Feinripp-Unterhemd ablichten zu lassen, während er sich auf dem Sofa herumfläzte. Er sah dabei sogar, das musste ich über Parteigrenzen hinweg anerkennen, ziemlich sexy aus. Das war aber auch schon die einzige Übereinstimmung mit dem neuen Kanzler, zu dem Feinripp selbst dann nicht passen würde, wenn es aus fair gehandelter Bio-Baumwolle gewebt wäre. Ein Grüner in Feinripp war wie ein Konservativer in Latzhose: unglaubwürdig. Und da waren wir wieder bei einer Grundvoraussetzung für länger anhaltenden Erfolg auf der politischen Bühne: Der Auftritt musste authentisch sein.

Der Parlamentarische Staatssekretär Dr. Dirk Engel war auf seine Art authentisch: Er hatte mit Anfang Vierzig schon eine steile Karriere hinter sich. Nach dem Abitur hatte er sein Studium der Volkswirtschaft an der *London School of Economics* mit Bravour und in Rekordzeit absolviert, dann an der *École Nationale* promoviert und danach bei der Deutschen Bank, dann bei der Europäischen Zentralbank und zuletzt beim Internationalen Währungsfonds die Karriereleiter im Sprint erklommen. Die Medien schrieben ihm »echte Macherqualitäten« zu, mit denen er sich gegen jede Konkurrenz behauptete. Dass er ein Bundestagsmandat gewonnen und den Ruf der Ministerin angenommen hatte, war sogar der FAZ eine fette Schlagzeile wert gewesen: »Republik rätselt über Engel!« und klein darunter: »Warum ein politisches Ausnahmetalent ins BuEGeLN wechselt.« Diese Schlagzeile sorgte für heftige Debatten und große Aufregung auf den Fluren und in den Teeküchen. Klang es doch, als handele es sich bei unserem Ministerium um irgendeine unbedeutende Klitsche und nicht um das Zukunftsressort schlechthin.

Dr. Dirk Engel selbst begründete seinen überraschenden Schritt in die Niederungen der bundesrepublikanischen Politik Mantra-artig damit, näher bei Frau und Kind sein zu wollen, statt pausenlos durch die Welt zu jetten. Statt in den Krisenländern im Süden Europas die Bücher zu prüfen und neue Folterinstrumente aus der Wunderkiste der internationalen Finanzpolitik hervorholen zu müssen, würde er mehr Zeit im Sandkasten und auf dem heimischen Sofa verbringen. Er war es nach eigener Aussage leid, ein Leben aus dem Koffer zu führen, und freute sich auf die neue Aufgabe im BuEGeLN.

Er würde all seinen Erfahrungsschatz und seine geballte Energie einbringen und dennoch Zeit für die Familie haben. Seine neue Tätigkeit in unserem Ministerium bringe, so diktierte er nachfragenden Journalisten ins Smartphone, außerdem die lang ersehnte Möglichkeit mit sich, diesem Land, dessen Bildungssystem er so viel zu verdanken habe, etwas zurückgeben zu können. Wieder einer, der etwas zurückgeben will, dachte ich, wenn ich die Interviews mit ihm las. Irgendetwas hatte ich wohl nicht mitbekommen während meiner über dreißig Lebensjahre in diesem Land. Ich fragte mich zudem ernsthaft, welches Bildungssystem er meinte. Ich hörte nur von Kitas, Kindergärten, Schulen und Horten, die in den Ferien von den Eltern gestrichen und geputzt wurden. Erziehungs- und Bildungseinrichtungen, in denen die Kinder nicht gerne auf die Toilette gingen, für die sie das Papier selbst von Zuhause mitbrachten. Und damit waren nicht die so genannten Brennpunktschulen gemeint. Das wusste ich von Freunden in Charlottenburg und Schöneberg genauso wie von denjenigen, deren Kinder in so genannten Problemkiezen das deutsche Bildungssystem genießen durften, von dem Dr. Dirk Engel in höchsten Tönen schwärmte. In mir sträubte es sich angesichts der dramatischen Schilderungen von maroden Klassenzimmern, dauerkranken oder überforderten Lehrkräften und pädagogisch unbedarften Quereinsteigern, wenn ich in jeden Redeentwurf zur Zukunft Deutschlands hineinschreiben sollte, dass wir »in die Köpfe der Kinder investieren« müssten. Sie seien unser einziger Schatz, den es zu heben gälte. Sollte man in einem ersten Schritt nicht in ein zumutbares Klo, eine nicht einsturzgefährdete Turnhalle und einen Naturwissenschaftsraum investieren, der über elektrisches Licht und fließend Wasser verfügte? Immerhin hatten seit der Krise alle Schulen Internet und eine eigene Cloud.

Dr. Dirk Engel war einer der wenigen Glücklichen, die eine Eliteschule besucht hatten, wie ich sie nur aus Fernsehserien kannte. Private Grundschule in Zehlendorf, Abitur im Internat am Bodensee. Kleine Lerngruppen, individuelle Förderung, Fecht-AG und Segelkurs, Klassenfahrten zur Partnerschule in Buenos Aires oder Kyoto und ein attraktives Alumni-Programm, damit sich das Ganze langfristig auszahlte. Nachhaltigkeit, sozusagen.

An den Kaderschmieden grassierten dafür andere Probleme. Das wusste ich sicher aus dem Tatort, wenn es wieder einmal um koksende Söhne reicher Eltern ging, die mit Papas Jaguar nachts auf der Landstraße einen armen Schlucker platt machten und ohne jeden Skrupel Fahrerflucht begingen. Dann vielleicht doch lieber eine geruchsintensive Toilette ohne abschließbare Tür und einen Eimer im Klassenraum, um das Regenwasser aufzufangen.

Mit Dr. Dirk Engel hatte die Ministerin ein glückliches Händchen bewiesen. Er verfügte über den ökonomischen Sachverstand, der für ein Haus mit unserem Budget unerlässlich war. Außerdem war der flotte Staatssekretär gut für wirkungsmächtige Bilder: Eng anliegende Anzüge ließen den durchtrainierten Körper des passionierten Läufers mit einem Körperfettanteil von unter zehn Prozent erahnen. Der Schädel war stets perfekt rasiert. Durch die randlose Brille scannte ein messerscharfer Blick die Welt ringsherum und ihre Bewohner. Diese, das sagte der Blick, waren dem neuen Staatssekretär intellektuell völlig unterlegen, wurden aber großzügig geduldet.

Der zweite neu berufene Parlamentarische Staatssekretär war das genaue Gegenteil, nicht nur, was den Körperfettanteil und die blank polierte Glatze betraf. Er mochte zwar auf seine Art über »Macherqualitäten« verfügen, aber die einzig andere Gemeinsamkeit zwischen Dr. Dirk Engel und Karl-Heinz Beutel war die allgemeine Überraschung über die Berufung der beiden ins Ministerium. Während man jedoch im Fall von Dr. Dirk Engel darüber grübelte, warum er nicht nach Höherem als dem Amt eines Staatssekretärs im BuEGeLN strebte, rieb man sich über Karl-Heinz Beutels Erscheinung verwundert die Augen. Nicht nur ich fragte mich, wie um Himmels Willen eine solche Gestalt künftig die Ministerin begleiten, geschweige denn am Kabinettstisch, im Bundestag oder auf Auslandsreisen vertreten sollte.
Der Oberfranke mit dem schlecht gefärbten Haar, dessen letzte Reste er sich mit Brillantine einmal quer über die Halbglatze zog, trug einen Bauch vor sich her, der die Geschichte vieler opulenter Gelage und durchzechter Nächte erzählte. Mit seinen bunten Krawatten und der leicht getönten Brille mit Pilotenfassung wirkte er völlig aus der Zeit gefallen. Eine Art Wiedergänger von Horst Schlämmer, aber leider keine Kunstfigur. Von Hause aus war er Anwalt. Auch diese Tatsache sprach nicht für die steile These vom exzellenten deutschen Bildungssystem. Wenn ein Karl-Heinz Beutel das erste und zweite juristische Staatsexamen mit Prädikat schaffen konnte, dann könnte man gleich dafür sorgen, dass es nicht nur in den ersten Klassen, sondern gleich bis zur Verteidigung der Doktorarbeit statt Noten Verbalbeurteilungen gab.
Karl-Heinz Beutel eilte zweierlei Ruf voraus. Erstens der eines Scheidungsanwaltes, bei dem die Ex-Frau und die Kinder in die Röhre guckten. Vorausgesetzt, selbst die Röhre war ihnen nicht genommen worden. Karl-Heinz Beutel verbreitete bei jeder Gelegenheit, er halte es bei den ihm anvertrauten Scheidungen wie bei seiner eigenen: Schluss mit lustig. Lieber ein Ende mit Schrecken als ein Schrecken ohne Ende. Man munkelte, seine Frau säße heute bei Lidl an der Kasse und würde während der Toilettenpausen heimlich vom Betriebsdetektiv dabei gefilmt, wie sie einen kräftigen Schluck aus der Jägermeisterflasche nahm. Ansonsten ging sie regelmäßig aufs Amt, um ihren mageren Lohn mit Hartz IV aufzustocken. Das alles hatte Karl-Heinz Beutel nach eigener Aussage nicht gewollt. Nur eine saubere Trennung, und die hatte er selbst auch bekommen.

Zweitens frönte Karl-Heinz Beutel einem recht ungewöhnlichen Hobby, wann immer er daheim in Oberfranken war. Er betrieb neben der Bamberger Anwaltskanzlei, in der sein Sohn inzwischen die Stellung hielt, aus Liebhaberei einen hochmodernen Zuchtbetrieb für Lamas. Karl-Heinz Beutel war stolz auf sein Ehrenamt als Vorsitzender des Vereins Deutscher Lama-Freunde. In dieser Funktion hatte er internationale Messen organisiert und setzte sich mit besonderem Engagement für den Nachwuchs ein. Nicht den der Lamas, sondern der Züchter derselben. So hatte er mehrere Stipendien für junge Menschen ausgelobt, welche die Lama-Aufzucht in Deutschland an die Weltspitze führen sollten. Außerdem hatte er vor zehn Jahren den legendären Lama-Marathon ins Leben gerufen. Der Wettkampf begann rund 42,5 Kilometer vor dem Brandenburger Tor und endete unter dem Jubel der begeisterten Massen mit einem Sprint der haarigen Vierbeiner durch das Berliner Wahrzeichen. Allein im vergangenen Jahr hatten Dutzende ausländische Gäste und eine Handvoll Berliner diejenigen Lamas, die lebendig das Ziel erreichten, frenetisch gefeiert. Ein paar Tiere waren auf der Strecke verendet. Die Organisatoren des Marathons hatten vergessen, die Lamas vor Beginn des Rennens ordentlich auftanken zu lassen. Einige Tiere waren bei über dreißig Grad im Schatten dehydriert zusammengebrochen. Ihre Kadaver hatte man unauffällig eingesammelt und verschwinden lassen. Als Monate später ans Licht kam, dass in der Lasagne mehrerer Discounter statt argentinischem Rindfleisch deutsches Lama-Fleisch steckte, hatte sich niemand mehr an die Sache erinnert. Dennoch hatte Karl-Heinz Beutel den Organisatoren der kommenden Ereignisse erfahrene Leute zur Seite gestellt, damit nie mehr ein solch peinliches Missgeschick geschah und man sich wochenlang mit Tierschutz-Aktivisten herumplagen musste. Vorsicht war besser als Nachsicht.

Für das diesjährige Event lief gerade die Online-Bewerbung um die besten Startplätze. Lama-Liebhaber aus aller Welt waren aufgerufen, diese herrlichen Tiere in der deutschen Hauptstadt gegeneinander antreten zu lassen. Nicht alle folgten diesem Ruf.

Für diese beiden Herren, Dr. Dirk Engel und Karl-Heinz-Beutel, sollten Friedbert und ich künftig Reden und Grußworte, *Keynotes* und *Statements* verfassen. Das würde zumindest eine abwechslungsreiche neue Aufgabe.

Gewinnerthema, immer noch März

Alfons Bähr schenkte sich ein weiteres Weißbier ein und lehnte sich erschöpft zurück. Vor zwei Stunden war er auf dem BER gelandet. Er hatte per WhatsApp eine Art Hilferuf abgesetzt und saß nun mit Friedbert und mir in der »Kaiser-Friedrich-Pinte«. Es gab sie noch, die Kneipen mit Soleiern auf dem Tresen, einer platinblonden Bedienung im Rentenalter und Stammgästen, die die Pinte ihr »zweites Wohnzimmer« nannten. Auch die Jugend schien sich zu freuen, dass es in der Hauptstadt noch deutsche Kneipenkultur gab. Am Nachbartisch vergnügten sich ein paar Oberschüler, die es cool fanden, in einer Spießerkneipe billig Bier zu trinken und zwischendurch Darts oder Kicker zu spielen.

Hier konnten wir wenigstens ungestört reden.

»Prost!«, sagte Alfons und schüttete sich das Weizen beinahe in einem Zug hinter die Binde, bevor er das Glas auf den Tisch knallte und sich mit dem Handrücken den Schaum von den Lippen wischte.

»Ihr glaubt das nicht, wenn ich es Euch erzähle«, sagte er und klang dabei, als würden ihm gleich die Tränen kommen.

»Was ist denn passiert?«, fragte Friedbert, nippte aus einem grünen Kristallglas am lieblichen Dornfelder, verzog dabei das Gesicht und legte Alfons aufmunternd die Hand auf den Unterarm.

Alfons faltete die Hände auf dem Eichentisch und blickte uns aus müden Augen an.

Dann hob er an zu einer Schilderung der Dienstreise mit Herrn Staatssekretär Karl-Heinz Beutel nach Italien. Eines der Länder, für das der Oberfranke fortan als Tourismus-Beauftragter des Bundeskanzlers beratend tätig sein würde. Hintergrund war weniger eine besondere Fähigkeit, etwa ein gewisses Mindestmaß an diplomatischem Geschick oder einschlägige Sprachkenntnisse. Vielmehr ging es mal wieder um den Proporz. Die Bayern stellten zwar neben unserer Ministerin einen weiteren Minister und einen zweiten Staatssekretär, verfügten aber über kein Gewinnerthema für diese Legislaturperiode. Der Innenminister musste Polizeieinsätze rechtfertigen und für Pannen beim Verfassungsschutz gerade stehen. Er war zwar offiziell für den Sport zuständig, aber niemals Gast im Aktuellen Sportstudio. Er blieb weitgehend blass und uninteressant, solange nicht ab und an mal ein libanesischer Clan hochgenommen wurde. Dann konnte er mit festem Blick ins Mikro sagen, dass die harte Hand des Staates eingriff.

Der Staatssekretär im Verteidigungsministerium, ein Unterfranke, trat nur in Erscheinung, wenn er vorgeschickt wurde, um einem Untersuchungsausschuss Rede und Antwort stehen. Der wurde immer mal eingesetzt, wenn im Auslandseinsatz der Bundeswehr eine Granate aus Versehen einen Bus mit Schulkindern traf, weil ihn die Oberstrategen versehentlich für einen Panzer der Taliban gehalten hatten. Auch das war eine undankbare Rolle, die beim Wahlvolk keine Beifallsstürme hervorrief.

Deshalb war es eine politische Glanzleistung, mit Karl-Heinz Beutel eine der schillerndsten Figuren aus den Reihen der Hinterbänkler als Parlamentarischen Staatssekretär in einem Ressort zu installieren, das für die wichtigen Zukunftsthemen zuständig war. Und ein Coup ohnegleichen war es, ihn überdies zum Tourismus-Beauftragten der Bundesregierung zu ernennen. Besonders die Krisenländer im Süden Europas standen im Fokus. Sie sollten sich dank spendabler deutscher Touristenscharen von der Finanz- und Wirtschaftskrise erholen, die die Pandemie mit voller Wucht hatte wieder aufleben lassen. Eine *Win-win-Situation* für alle Seiten. Karl-Heinz Beutel konnte sich fortan publikumswirksam in mediterraner Landschaft tummeln und nebenbei die renitenten Südländer belehren, »wie der Hase läuft«. Oder vielmehr das Lama.

Alfons Bähr hatte den Parlamentarischen Staatssekretär auf seiner Antrittsreise nach Italien begleitet und ertränkte seine Scham über Karl-Heinz Beutels Auftritt nun in Erdinger Weißbier. Er berichtete Friedbert und mir haarklein, was sich in den vergangenen Tagen abgespielt hatte.

Kurz nach der Ankunft am Aeroporto Leonardo da Vinci vor den Toren der italienischen Hauptstadt war man der Einladung des Kulturattachés der deutschen Botschaft in Rom in dessen beindruckendes Anwesen auf einem der sieben Hügel der Heiligen Stadt gefolgt. Es war bereits früher Abend und damit längst Zeit für das erste, zweite und dritte Bier. Als Karl-Heinz Beutel die Residenz des Diplomaten betrat, boten livrierte Kellner den hochrangigen Gästen Cola, Orangensaft, Wasser und Wein an.

»Birra, Birra?«, schmetterte der Staatssekretär beim Anblick des Getränkeangebots und verschmähte die ihm dargebotenen Drinks mit einer wegwischenden Handbewegung.

Kummer gewohnt, wies der Kulturattaché einen der guten Geister in der Küche unauffällig an, ein paar Paletten Bier zu besorgen, und steckte dem Fahrer ein Geldbündel zu. Karl-Heinz Beutel wurde zu seinem Platz an der langen Tafel geleitet und mit warmen Willkommensworten bedacht. Ihm gegenüber saßen mehrere gestandene italienische Regierungsvertreter. Sie alle hatten gute Kontakte nach Deutschland und waren überzeugt, dass man partnerschaftlich, auf Augenhöhe und im gegenseitigen Vertrauen Einiges erreichen konnte, um die Beziehungen beider Länder weiter zu verbessern. Nicht nur in Sachen Tourismus, sondern auch auf politischer Ebene. In einem Europa der erstarkenden populistischen Kräfte kam der Achse Berlin-Rom eine ganz neue Bedeutung zu, man musste sie aus historischen Gründen freilich anders nennen. Zwischen den Regierungschefs herrschte Einigkeit darüber, dass beide Länder wieder enger zusammenrücken müssten. Die Ideen reichten von Öko-Tourismus-Projekten über Schüler- und Jugendaustausch-Programme bis hin zur Zusammenarbeit im Erneuerbare-Energien-Sektor. Also Nachhaltigkeit vom Feinsten.
Allerdings stoppte Karl-Heinz-Beutel diese guten Ansätze, als er, nach einem tiefen Schluck aus dem inzwischen bis zum Rande gefüllten Bierglas, verkündete: »Wissen Sie was? Ich bin erst seit ein paar Stunden hier.«
Er lehnte sich zurück, verschränkte die Hände über dem Bauch und sagte in selbstgefälligem Ton: »Und schon weiß ich, was nicht läuft!«
Nach einer Kunstpause teilte er seine Erkenntnis und rief aus: »Ihr seid doch alle korrupt!«
Der deutsche Diplomat und seine Gattin, die dem Staatssekretär zur Linken und zur Rechten saßen, erstarrten. Nicht zu sprechen von den italienischen Gästen gegenüber von Karl-Heinz Beutel, die allesamt der deutschen Sprache mächtig waren. Und trotz des breiten Dialekts Karl-Heinz Beutels – das Wort korrupt verstanden sie auch ohne Kenntnisse des fränkischen Zungenschlags.
Bevor jemand etwas sagen konnte, begannen die Musiker auf ein Zeichen der Diplomatengattin mit ihrem enthusiastischen Spiel und verhinderten vorerst einen außenpolitischen Eklat.
Karl-Heinz Beutel blickte zufrieden in die Runde. Endlich hatte nicht nur die BILD, sondern ein hochrangiges Regierungsmitglied den Pleite-Spaghettifressern die Meinung gegeigt.

Dann ließ er es sich schmecken. Mit seiner Gabel piekste er, das Vorlegebesteck konsequent missachtend, getrocknete Tomaten, Käsestückchen und Carpaccio-Scheiben von den Vorspeiseplatten auf, leckte sich die von Olivenöl triefenden Finger und rülpste ungeniert in die Runde. Zwischendurch haute er dem Kulturattaché auf die Schulter und schmetterte: »Ramazotti, gibt's hier keinen Ramazotti?«

Der Diplomat schob resigniert seinen Stuhl zurück und lief, alle erzürnten Blicke seiner entnervten Gattin ignorierend, in den Keller. Dort lagerten die Flaschen hausgemachter Liköre, die er von seinen Besuchen in der Provinz mitbrachte.

Er schenkte dem Staatsekretär großzügig ein und verfluchte den Tag, an dem der Kanzler beschlossen hatte, ihm Karl-Heinz Beutel vorbei zu schicken, um die deutsch-italienischen Beziehungen auf eine neue Grundlage zu stellen. Das würde gründlich schiefgehen, dachte der Diplomat. Aber: Wer die Kapelle zahlt, bestimmt die Musik. Also Augen zu und durch.

Nach einem gelungenen Abend, den normal Sterbliche als Besäufnis bezeichnen würden, stieg der Parlamentarische Staatssekretär nach nur drei Stunden Schlaf um neun Uhr morgens wieder voller Tatendrang und Restalkohol ins Besuchsprogramm ein. Um Mitternacht hatte Karl-Heinz Beutel mit dem Tross befreundeter bayerischer Unternehmer im Schlepptau die Residenz des Kulturattachés verlassen und die Wirtschaftsdelegation ins Kneipenviertel der Altstadt entführt.

»Von Krise keine Spur«, wunderte er sich lautstark beim Betreten der rauchgeschwängerten Lokalitäten. Diese Bemerkungen würde er in den kommenden Tagen leierkastenartig wiederholen, wann immer er an gut besuchten Cafés oder Pizzerien vorbeikam. Dass es in Italien Usus war, einen Espresso zu konsumieren und sich stundenlang in einem Café aufzuhalten, hatte ihm offensichtlich niemand in seine Vorbereitungsmappe geschrieben. Kein Kellner fragte den Gast, der mit seiner Zeitung vor einer schon lang geleerten Tasse an einem der kleinen Resopal-Tischchen saß, ob er die Rechnung wolle. Es wurde auch nicht brüsk abgeräumt, sobald man die Tasse absetzte. Man ließ die Gäste einfach in Ruhe. Auch größere Gruppen, die wild gestikulierend über Gott und die Welt, den Papst und die Politik palaverten, durften das tun, solange sie wollten.

So und nicht anders hatte die Demokratie in der Römischen Republik gesiegt, als die Germanen noch brüllend durch die Wälder rannten und sich gegenseitig die Köpfe einschlugen, sinnierte Alfons. Ausgiebige Debatten, bei denen es hoch herging und die Disputanten einander an den Rockaufschlägen hielten und gegenseitig in die zornesroten Gesichter schrien. Um sich dann am Ende erschöpft, aber zufrieden, auf ihre Stühle fallen zu lassen in dem befriedigenden Gefühl, dass die *Res Publica* lebendig war. Mit deutscher Harmoniesucht und Effizienz hätte die Demokratie niemals das Licht der Welt erblickt, meinte Alfons.

Irgendwann auf der Reise hatte Karl-Heinz Beutel begonnen, einem weiteren Hobby zu frönen: dem Erzählen von Herrenwitzen. Diese begannen in der Regel mit den Worten »Sitzen drei nackte Nonnen in der Sauna«. Es war erstaunlich, sagte Alfons, wie viele Varianten dieser Feuerwerke des Humors es gab. Er wunderte sich auch, dass der Staatssekretär diese auch im Vollrausch textsicher zum Besten geben konnte.

Das erste abendliche Zechgelage hatte jedenfalls bis in den frühen Morgen gedauert. Alfons beklagte sich darüber, immer bis zum bitteren Ende dabei sein zu müssen, um die Rechnungen zu begleichen. Schließlich wurden alle Auslagen als Spesen verbucht.

Dass es hoch herging, wenn deutsche Delegationen andere Länder heimsuchten, war für den Protokollchef des BuEGeLN nichts Neues. Vor Jahren hatte Alfons Bähr eine Parlamentarier-Delegation nach Hanoi begleitet. Nach einem veritablen Trinkgelage waren zwei Abgeordnete des deutschen Bundestages auf die Idee gekommen, selbst eine Rikscha zu steuern. Also hatte Alfons zwei Rikscha-Fahrern ein paar Dollarscheine in die Hand gedrückt und ihnen bedeutet, die Plätze mit den Gästen aus Deutschland zu tauschen. Die verdutzten Vietnamesen nahmen hinten Platz, während die volltrunkenen Abgeordneten auf die Räder kletterten und in die Pedale traten. Die Fahrt endete in einem Straßengraben nicht weit vom alt-ehrwürdigen Hotel Métropole entfernt. Einer der Abgeordneten hatte einen Baum touchiert und wirkte ein wenig benommen. Alfons erzählte, dass die ganze Sache nicht an die große Glocke gehängt worden war, um diplomatische Irritationen zu vermeiden. Die Auslagen für die beschädigten Rikschas wurden von der deutschen Botschaft umgehend in harten Devisen ersetzt und die beiden Abgeordneten trotz ihres desolaten Zustands am kommenden Tag in den Flieger nach Deutschland verfrachtet. Dass der eine während des

Flugs kollabierte und sich nie wieder von der Schädelbasis-Fraktur, die ihm die Begegnung mit der südostasiatischen Flora beschert hatte, erholte, wussten außer Alfons Bähr nur wenige Eingeweihte.
Nun gab es in Italien keine Rikschas, und auch ein Ritt auf dem Esel hatte nicht auf dem Besuchsprogramm gestanden.
Sinn der Reise war ein anderer als Vergnügen. Er erwuchs aus historischer Verantwortung: Man konnte bei allen Bemühungen im Tourismus-Sektor nicht das dunkelste Kapitel der deutschen Geschichte vernachlässigen, das hätte zuhause sofort schlechte Presse gegeben. Deshalb stand neben den Besuchen von zertifizierten Niedrig-Energie-Hotels ein Besuch in einem der Dörfer auf dem Programm, in denen die Nazis im Zweiten Weltkrieg unschuldige Alte, Frauen und Kinder ermordet hatten. Meist geschah das unter dem Vorwand, das Dorf habe die italienischen Partisanen unterstützt. In diesen Dörfern wurde regelmäßig der Ermordeten gedacht, auch während des Besuchs von Karl-Heinz Beutel. In diesem Fall ging es in ein Bergdorf in den Hügeln der Toskana, nahe der Stadt Lucca. Dort hatte die Waffen-SS im August 1944 über fünfhundert Menschen blutrünstig hingemetzelt.
Nach dem Auftritt Karl-Heinz Beutels in der Residenz brach dem Kulturattaché schon auf der Fahrt in das Dorf der Schweiß aus. Im Geiste spielte er all die Peinlichkeiten und verbalen Entgleisungen durch, die sich dort ereignen könnten. Er war eigentlich ein gelassener und souveräner Typ. Es brauchte schon jemanden wie den Parlamentarischen Staatssekretär aus dem BuEGeLN, um den gestandenen Diplomaten derart aus der Fassung zu bringen. Nun aber rutschte der Kulturattaché nervös auf der Rückbank des schwarzen Mercedes hin und her, je näher die Wagenkolonne dem Bergdorf kam. Karl-Heinz Beutel, der für die Befindlichkeiten seiner Mitmenschen wenig Gespür hatte, redete ununterbrochen und gab Witze zum Besten. Er bekam nicht mit, dass der Diplomat am liebsten auf der Stelle umgedreht hätte.
Erst ein Anruf aus Deutschland brachte die ersehnte Pause. Alfons zufolge konnte man förmlich sehen, wie es hinter der Stirn des Kulturattachés arbeitete.
Karl-Heinz Beutel drückte sein Handy ans Ohr und legte los: »Fredl, ich bin's. Letzte Woche habe ich meinen Dienstwagen gekriegt. Was sagst Du?

Staatssekretär, genau. Einen Daimler. Da kannst Du beim Fahren umsonst Netflix schauen. Alles drin, Fredl, das glaubst Du nicht!«
Karl-Heinz Beutel klopfte sich auf die Schenkel und fuhr fort: »Geldwerter Vorteil? Ach was, bei mir sind alle Fahrten rein dienstlich«, lachte der Staatssekretär donnernd ins Handy.
»Jetzt hab' ich natürlich gleich, Fredl, den anderen Daimler abbestellt. Du weißt ja, hätte ich bar zahlen können. Beim Dings, weißt Du? Ja genau, 18 Prozent hätte er gegeben. Dem hab' ich aber die Meinung gepfiffen! Barzahler, du Arschloch, da musst Du was machen mit den Prozenten. Für 60.000 hätte ich ihn gekriegt. Das Geld habe ich ja jetzt gespart. Ha, ha, Fredl, ich erzähle Dir das mal in Ruhe, gell, pfiat di, einen Gruß daheim!«
Zufrieden steckte er das Handy in die Innentasche seines Jacketts und strich sich die Krawatte über seinem Bauch glatt.

Als die Wagenkolonne schließlich durch die staubigen, heißen Straßen des italienischen Dorfes rollte und in der Nähe der Gedenkstelle für die Opfer anhielt, wandte sich der Kulturattaché an seinen Gast aus Deutschland und sagte: »Herr Staatssekretär, ich habe nachgedacht. Jeder hier kennt Sie.«
Nach einer kurzen Pause fügte er hinzu: »Und bewundert Sie.«
Alfons beschrieb, wie sich Karl-Heinz Beutel zu seiner vollen Größe aufrichtete und den Kulturattaché verdutzt anschaute. Er hielt sich zwar selbst für ein politisches Schwergewicht, aber hier, in einem Bergdorf in Italien, als VIP zu gelten, überraschte ihn doch.
»Die Leute hier wissen: Sie haben das Ohr des Kanzlers«, fuhr der Kulturattaché fort. Angesichts seines genialen Einfalls entspannte der Diplomat sich allmählich.
»Deshalb schlage ich wegen der, sagen wir, momentan etwas angespannten Stimmung zwischen beiden Regierungen vor, dass Sie ausnahmsweise mir das Reden überlassen und ein wenig im Hintergrund bleiben. Auch zu Ihrer eigenen Sicherheit wäre es gut, wenn Sie mich an vorderste Front lassen, wobei das Bild hier nicht ganz geschickt gewählt ist. Aber Sie wissen, was ich meine«, setzte der Diplomat hinzu und lächelte Karl-Heinz Beutel mit unschuldiger Miene an.
Der zögerte und rieb sich das Kinn, sagte aber schließlich: »Wenn Sie meinen, dass man mich hier quasi für den Regierungschef hält. Normalerweise

lasse ich mir nicht den Mund verbieten, aber gut. Auf Grabreden bin ich eh nicht scharf.«
Damit war die Lage deeskaliert und unter Kontrolle gebracht. Der Kulturattaché fand die richtigen Worte, legte den Kranz nieder und drapierte die Bänder. Die deutsche Delegation verbeugte sich vor dem Gebinde und den Toten, machte noch ein bisschen Smalltalk mit den anwesenden Zeitzeugen und Honoratioren und begab sich nach einer guten Stunde wieder auf den Rückweg.
»Das«, sagte Alfons anerkennend und hob erneut sein Glas, »verstehe ich unter diplomatischem Fingerspitzengefühl!«
Der Rest des Programms wurde dann zwar ohne größere Pannen absolviert, aber mit einem weiteren alkoholischen Exzess und viel zu kurzen Nächten, deren Spuren Alfons ins Gesicht geschrieben waren.
»Ihr habt es gut«, schloss er seinen Reisebericht, »Ihr müsst nicht mit auf diese Auslandsreisen!«
Wenn er gewusst hätte, was Friedbert und mir an Leid und Schmach blühte, wäre dieser Satz niemals gefallen.

Als ich die »Kaiser-Friedrich-Pinte« verließ und mich von den beiden Kollegen verabschiedete, merkte ich die zwei Hefeweizen, die ich auf leeren Magen getrunken hatte. Mir war ein wenig mulmig und ich hatte weiche Knie. Aber das Speiseangebot der Kneipe beschränkte sich auf Eier in Salzlake und Strammen Max. Nichts, was mir das Wasser im Munde zusammen laufen ließ. Ich sah mich um, auf der Suche nach einem Dönerladen oder einer Currywurstbude. Aber die einzigen Leuchtreklamen, die ich entdeckte, gehörten zu einer Optikerkette, zu Nagelstudios und Billig-Friseuren mit so originellen Namen wie »James Blond« oder »Hairport«.
Zuhause war bestimmt noch etwas vom Mittagessen übrig. Seit die Küche barrierefrei war, kochte Papa gerne und gut. Früher hatte er nicht einmal gewusst, wie man ein Spiegelei brät. Ein Umstand, den meine Mutter nicht müde wurde zu erwähnen, während sie ihre Sachen in die Umzugskartons packte und theatralisch jammerte: »Wie habe ich das nur ausgehalten? Wie konnte ich die besten Jahre meines Lebens damit verplempern, einem Macho den Haushalt zu führen?«
Ich verspürte jedes Mal eine gewisse Schadenfreude, wenn ich am liebevoll

gedeckten Tisch Platz nahm und aus den Schüsseln exotische Düfte aufstiegen. Ingwer und Koriander, Knoblauch und Zitronengras, Papas Favoriten kamen allesamt aus der asiatischen Küche. Was er bei Bringprofi nicht bekam, orderte er per WhatsApp bei mir. Auf dem Nachhauseweg kam ich an einem gut sortierten Asia-Supermarkt vorbei, in dem es nicht nach Trockenfisch und eingelegten Hühnerfüßen roch, sondern nach frischen Kräutern und exotischem Gemüse. Wenn Mama wüsste, dass Papa die Niederungen von Rührei und Pellkartoffeln längst hinter sich gelassen hatte, würden ihr Baguette und Ziegenkäse im Halse stecken bleiben.
Es war schon nach elf, als ich die Tür aufschloss. Im Haus war alles ruhig. Auch von Theo keine Spur. Entweder wartete er am Fußende meines Bettes auf mich oder trieb sich in den Nachbargärten herum. Morgens lag dann die Beute seiner nächtlichen Feldzüge vor der Terrassentür: Mäuse, Maulwürfe und Vögel.
Ich ging in die Küche und öffnete den Kühlschrank. Während in der Mikrowelle eine Portion Reis mit grünem Curry seine Runden drehte, nahm ich mein Handy und überflog die letzten Nachrichten. Ich hatte es wirklich geschafft, Ebbi nicht gleich zu antworten. Aber jetzt konnte ich mich nicht mehr beherrschen und tippte: »Freu mich auf Dich, morgen? M.«
Ich zögerte. Immerhin waren erst sechsunddreißig Stunden vergangen, seit ich mir vorgenommen hatte, ihn zappeln zu lassen. Mindestens achtundvierzig hatten es sein sollen. Was mich kränkte, war, dass Ebbi nicht nachgehakt hatte. Immerhin konnte ein ernster Grund dahinter stecken, wenn ich nicht gleich auf seine Nachrichten reagierte. Ich konnte während seines Skiurlaubs an akuter Leukämie erkrankt sein. Da verlor man keine Minute und fing gleich mit Bestrahlung und Chemo an. Er musste davon ausgehen, dass ich allein und sterbenskrank auf der Isolierstation der Charité lag und nicht in der Lage war, ein Lebenszeichen zu senden. Oder ich hatte einen psychischen Zusammenbruch erlitten, bipolar oder paranoid-schizophren lagen ja gerade voll im Trend. Schlimmer noch, ich konnte einen blendend aussehenden Triathleten in meinem Alter kennengelernt haben, der mich vom Fleck weg heiraten und mindestens drei Kinder mit mir haben wollte.
War Ebbi das egal? Lag ihm so wenig an mir, dass er in Seelenruhe abwartete, bis ich mich irgendwann zurückmeldete?

Ich schlang das viel zu heiße Essen in mich hinein und löschte die Nachricht. Er hatte es nicht verdient, dass ich ihm hinterherlief. Wo war mein Stolz geblieben in den vergangenen acht Jahren als heimliche Geliebte eines älteren Mannes, der seine Frau niemals verlassen und mit mir ein neues Leben beginnen würde? Birgit, so ein bescheuerter Name! Der Scheißkerl hatte mir meine besten Jahre gestohlen, dachte ich und zuckte zusammen. Jetzt klang ich wie meine Mutter. Aber ich hatte wenigstens Grund dazu. Beinahe hätte Ebbi es geschafft, dass ich kinderlos und einsam alt wurde. Es war höchste Zeit, diesen Lebensabschnitt abzuschließen und neu zu beginnen.

Ich räumte das Geschirr in die Spülmaschine, löschte das Licht in der Küche und stieg die Treppe in den ersten Stock hinauf. Als ich aus dem Bad kam und die Weckfunktion meines Smartphones aktivieren wollte, sah ich schon von der Schlafzimmertür aus den grünlichen Schimmer.

»Mache mir große Sorgen. Warum meldest Du Dich nicht? Avec amour, E.«

Kreatives Schreiben, April

Meine erste Rücksprache mit Karl-Heinz Beutel sollte direkt nach der Personalversammlung stattfinden, der ersten unter der neuen Leitung. Die Versammlung wurde mit großer Spannung erwartet, präsentierten sich die Ministerin und ihre Staatssekretäre doch zum ersten Mal allen Mitarbeiterinnen und Mitarbeitern des BuEGeLN. Diese tischten danach der neuen Hausleitung die altbekannten Forderungen nach einer baldigen Beförderungsrunde, besserem Kantinenessen und mehr Tiefgaragenplätzen auf und beklagten sich über die schlechte Führungskultur. Es folgte ein Schlagabtausch zwischen dem Personalrat und dem Leiter der Abteilung, die in unserem Ministerium für Wohlfühlen am Arbeitsplatz zuständig war.

Danach verkündete die Gleichstellungsbeauftragte vorwurfsvoll, dass es immer noch kein echtes *Gender Mainstreaming* gab. Die Schwerbehindertenvertretung kritisierte die mangelhafte Umsetzung der Inklusion in dem doch genau für dieses Thema verantwortlich zeichnenden Ministerium. Dann folgte der übliche Kleinkram wie Klagen über explodierende Preise für Mettbrötchen und Bio-Limo. Es lief immer nach demselben Drehbuch. »Täglich grüßt das Murmeltier« im Behördenalltag.

Währenddessen saßen Friedbert und ich in einer der hinteren Reihen nahe dem Ausgang. Diese strategisch günstigen Sitze waren sehr beliebt, denn sie erlaubten, relativ unauffällig den Saal zu verlassen, sobald die Gleichstellungsbeauftragte oder der Schwerbehindertenvertreter das Wort ergriffen. Natürlich trieben deren Themen jeden Einzelnen von uns um. Wer war nicht für Inklusion oder hundertprozentige Gleichstellung? Wer war nicht für eine Transgender-Toilette? Deswegen trafen auch die Blicke derjenigen so hart, die bis zum bitteren Ende auf der Personalversammlung ausharrten und damit ein Statement dafür abgaben, dass die Worte der Ministerin genauso wichtig waren wie die der verschiedenen Personalvertretungen. Aber Friedbert und ich schrieben lieber Reden als uns welche anzuhören. Und so verließen wir die Personalversammlungs-Show nach den Worten der Leitung.

Ich hatte einen triftigen Grund: Schließlich war ich beim Parlamentarischen Staatssekretär einbestellt, der mir seine politischen Botschaften für die Rede anlässlich des Jahreskongresses des Berufsverbandes der bundesdeutschen Holzschnitzer in Oberammergau mitteilen wollte. Aus diesen Botschaften sollte ich eine 45-Minuten-Rede auswalzen.

Er selbst hatte die Personalratsversammlung genau wie die Ministerin und der umtriebige Dr. Dirk Engel mit großem Bedauern über unaufschiebbare Parlamentstermine so schnell wie möglich verlassen. Als seine Sekretärin mir die Tür aufhielt, stand Karl-Heinz Beutel telefonierend in seinem Büro. Etwas unschlüssig blieb ich im Türrahmen stehen und wartete darauf, dass er mich aufforderte, hereinzukommen und am Besuchertisch Platz zu nehmen. Das allerdings geschah nicht. Im Gegenteil. Er lehnte mit seinem ausladenden Gesäß an dem mit Lama-Figürchen und anderem Nippes zugestellten Schreibtisch und ließ seinen Blick langsam über meinen Körper wandern. Ich musste in diesem Moment an zweierlei denken. Erstens an die Diskussion um Nacktscanner an deutschen Flughäfen. Zweitens daran, dass ich unsere Gleichstellungsbeauftragte nun doch gern in meiner Nähe gewusst hätte.

Während der Staatssekretär mich eingehend taxierte, brummte er ab und zu in sein Handy. Nach gefühlt zwanzig Minuten beendete er das Gespräch, trottete schwerfällig und noch schwerer atmend auf mich zu und hielt mir seine behaarte Pranke entgegen.

»Wie war ich?«, fragte Karl-Heinz Beutel und strich seine Haare sorgfältig über die Halbglatze.

Ich wusste nicht gleich, worauf er anspielte. Bei der Personalversammlung hatte er ja nur seinen Namen genannt und betont, wie wichtig sein Zuständigkeitsbereich für den Fortbestand unseres Landes, Europas und der Welt war. Und dass er sich freue, als Tourismus-Beauftragter der Bundesregierung daran mitzuwirken, dass Deutschland seiner Verantwortung international gerecht werde. Der Auftritt hatte zur allgemeinen Erleichterung nur zwei Minuten gedauert.

Aber ich wusste nicht, was er mit seiner Bitte um eine schonungslose Kritik sonst meinen konnte.

Also stammelte ich: »Äh, sehr gut. Ich meine, brillant«, und setzte schnell noch ein »wie immer« hinzu.

Die Antwort schien ihn zu befriedigen. Endlich nahm er am Besprechungstisch Platz und bedeutete mir mit einer Handbewegung, es ihm gleich zu

tun. Dann lehnte er sich zurück und faltete die Hände über dem Bauch, der ohne Jackett noch voluminöser wirkte.
»Und Sie sind?«, fragte er.
»Mia Unruh. Von den Redenschreibern«, gab ich wahrheitsgemäß zu Protokoll.
»Aha, von den Schreiberlingen«, grölte Karl-Heinz Beutel und schlug sich mit der Hand auf den Schenkel.
»Wissen Sie, Frollein Unruh, Redenschreiber sind wie Eimer. Am Anfang voll mit Ideen. Dann bohrt man ein Loch rein, und der Eimer läuft leer«, sagte er und lachte schallend. Dann zwinkerte er mir verschwörerisch zu.
»Dann sagen Sie mir mal, was ich da reden soll, bei den Schnitzern.«
Damit hatte er mich kalt erwischt, denn normalerweise mussten wir stillschweigend eine Litanei über uns ergehen lassen, wenn aus den Mündern der Damen und Herren Minister und Staatssekretäre die kongenialen Ideen für politische Botschaften und Zukunftsvisionen sprudelten. Wir machten fleißig Notizen und versuchten hinterher, alles so zu sortieren, dass es einen Sinn ergab. Daraus konnte man eine Gliederung destillieren, auf deren Grundlage ein Redeentwurf entstand.
Die Rücksprachen, die ich bislang erlebt hatte, waren ausnahmslos One-Man beziehungsweise One-Woman-Shows gewesen, bei denen höchstens der Persönliche Referent oder die Büroleiterin ab und zu einen Einwurf machten. Nicht, dass diese Einwürfe für die Rede einen Mehrwert hatten, aber auch diese Kolleginnen und Kollegen führten einen täglichen Kampf um ihre Daseinsberechtigung. Da musste man schon mal einen schlauen Satz von sich geben.
Wenn wir einmal nicht aufmerksam genug mitgeschrieben hatten, half es, sich in der Mediathek der Öffentlich-Rechtlichen eine der zahllosen Talkshows anzuschauen und sich daraus ein paar prägnante Sätze zu notieren. Denn im Grunde ging es immer um dasselbe: »dass unser Land, unsere Gesellschaft und Wirtschaft zukunftsfest bleiben«, »dass alle etwas vom Wohlstand haben«, »dass jeder Mensch mitgenommen und niemand fallengelassen wird« und »dass alle solidarisch füreinander einstehen: die Starken für die Schwachen, die Gesunden für die Kranken, die Hundebesitzer für die Radfahrer, die Kleingartenbetreiber für die Konzernchefs ...«. Wie auch immer. Das konnte man beliebig variieren.

Damit würde ich mich auch aus dieser unschönen Situation retten, dachte ich. Also erläuterte ich dem Staatssekretär das *Setting* der Veranstaltung, schilderte die Zusammensetzung der Zuhörerschaft und versuchte ein wenig Zeit zu gewinnen. Gut, dass ich am Morgen einen Blick auf den Einladungsflyer geworfen hatte. Mein Eindruck, dass Karl-Heinz Beutel mich zwar interessiert musterte, aber mir nicht richtig zuhörte, bestätigte sich, als er mich plötzlich mit den Worten unterbrach: »Wissen Sie, ich darf da keine Schnitzer machen – bei den Holzschnitzern!«

Dann verfiel er wieder in sein dröhnendes Gelächter und hielt sich den zuckenden Oberkörper. Ich wollte gerade zu den politischen Botschaften kommen, als er sich erhob und mich mit den Worten entließ: »Sie machen das schon, Mädchen, Hauptsache, keine Schnitzer!«

Oberammergau also, dachte ich. Oberammergau, die bundesdeutschen Schnitzerinnen und Schnitzer und deren Jahreskongress. Gastland: Laos. Und das alles unter der Überschrift »Nachhaltigkeit«. Das war eine echte Herausforderung an meine Kreativität. Da war es mit ein bisschen *copy and paste* nicht getan, ich musste richtig erfinderisch sein.

Bevor ich zur Feder griff, wollte ich noch auf ein Schwätzchen zu Friedbert und klopfte an seine Tür. Wir hielten es normalerweise sehr kollegial und offen. Die Türen waren in der Regel nicht verschlossen, man rief sich einen Scherz oder eine sarkastische Bemerkung über den Flur zu und sorgte in den immer heißer werdenden Sommern für angenehmen Durchzug. Eine verschlossene Tür bedeutete entweder konzentrierten Feinschliff an einer Rede oder ein Privatgespräch.

Bei Friedbert war es der Feinschliff. Das erkannte ich nicht nur daran, dass sein Handy unberührt neben ihm lag, sondern auch an seinem angestrengten Gesichtsausdruck.

»Ich komm später wieder«, sagte ich, »ich sehe schon, Du bist im Stress.«

Gerade wollte ich die Tür wieder leise hinter mir schließen und ihn in Ruhe weiterarbeiten lassen, als er mir hinterher rief: »Komm rein, Mia, ich sterbe!«

Friedbert stand der Schock ins Gesicht geschrieben.

Weil Bine nicht auffindbar war und Herr von Herrlinghaus ein für Referatsleiter obligatorisches Seminar zum Thema »Resilienz und Achtsamkeit für Führungskräfte« irgendwo am Rande Berlins absolvierte und ich bei Karl-Heinz Beutel hockte, hatte der Ruf des Ministerbüros Friedbert ereilt.

In der Not waren wir also doch noch für etwas gut, dachte ich. Jedenfalls war Friedbert zur Ministerin zitiert worden. Sie hatte sich sehr kurzfristig entschlossen, ein Grußwort auf einer Vernissage am folgenden Abend zu übernehmen. Ein Springer-Fotograf gewährte einen Blick auf seine »Fotografien des politischen Berlins«, so der vielsagende Titel der Veranstaltung. Vor Wochen hatte Frau Dr. Almut Brunner die Terminanfrage in unserer Leitungsrunde mit einem abfälligen Lächeln kommentiert. Daraufhin wurde dem Veranstalter abgesagt. Nun lagen die Dinge anders, denn die BILD hatte die Gästeliste veröffentlicht: Friede Springer, Alice Schwarzer, Liz Mohn, Veronika Ferres, um nur einige der prominenten Damen zu nennen, die unsere Gesellschaft und Kultur seit Jahrzehnten prägten und bereicherten.

Frau Ministerin habe einen Tobsuchtsanfall bekommen, als sie Wind davon bekommen habe, dass die Einladung zu einem Grußwort dankend abgelehnt worden sei, hatte Alfons Friedbert gesteckt. Das war vor einer Stunde gewesen. Und sofort hatte Frau Dr. Brunner die gesamte Hierarchie unseres Referates von oben bis unten durchtelefoniert, bis sie bei Friedbert gelandet war.

»Ich habe noch nie von dem Typen gehört: Marcel Linse, kennst Du den zufällig?«, fragte mich Friedbert verzweifelt.

»Nein, nie gehört«, gab ich wahrheitsgemäß zurück.

»Wie lang soll sie denn reden?«

»Geschlagene fünfzehn Minuten«, stöhnte Friedbert und faltete die Hände über der Stirn.

»Komm, wir googeln ein bisschen, ich helfe Dir, das kriegen wir schon hin.«

Redenschreiber sind für die Mehrheit der Bevölkerung nicht existent. Es amüsierte mich zuweilen, wenn ich Bemerkungen hörte wie: »Er ist wirklich ein begnadeter Redner« oder »Sie bringt es auf den Punkt und nimmt die Leute mit.« Dahinter steckt in den meisten Fällen ein guter Redenschreiber. Nicht umsonst nannte man unsere Zunft *Ghostwriter.* Wir waren Geister, die durch die verlassenen Gänge der Ministerien schwebten und keine Spuren hinterließen in den Texten, die wir unseren Kunden stumm an ihr Eingangsfach mailten. Wir wollten keinen Ruhm und kannten keine öffentliche Anerkennung. Wir existierten nicht, arbeiteten *under cover*, uneitel, selbstlos und im stillen Kämmerlein und ohne jedes Urheberrecht. Das war der Job, und wer sich darauf einließ, musste die Rahmenbedingungen akzeptieren. Ich selbst zum Beispiel lief schon rot an und bekam feuchte Hände, wenn ich bei meinem Zahnarzt anrufen und einen Termin ausmachen musste. Vor Publikum zu sprechen war eine schreckliche Vorstellung. Ich hatte, genau wie der schüchterne Friedbert, keinerlei Problem damit, dass der Applaus für die Worte, die ich zu Papier brachte, anderen galt. Ich wollte genauso wenig wie mein liebster Kollege zwischen Friede Springer und Veronika Ferres stehen und auf gute Bilder hoffen.

Wir schlossen die Tür, setzten uns nebeneinander an Friedberts Schreibtisch und begannen damit, das Grußwort des Jahres zu entwerfen. Und das wurde es dann tatsächlich, obwohl keiner von uns je von Marcel Linse, dem angeblichen Kenner und Zeugen des »politischen Berlin«, gehört hatte. Das schadete aber nicht, wir schrieben munter drauflos: »Die Magie des Augenblicks einzufangen, beherrschen nur wenige. Marcel Linse ist ohne jeden Zweifel einer dieser wenigen. (...) Ein gutes Bild ist nicht allein ein Bild. Es ist ein Sinn-Bild für Größeres, für unterschwellige Stimmungen und atmosphärische Gemengelagen. Ein gutes Bild hat vor allem eines: Wahrhaftigkeit. Und für diese Wahrhaftigkeit steht kaum einer so wie der große Marcel Linse.«

In dem Stil füllten wir Seite um Seite und schickten das Grußwort noch am selben Abend an das Ministerbüro. Wobei wir aller Uneitelkeit zum Trotz nicht versäumten, unsere beiden Namen im Dateinamen und in der E-Mail zu verewigen. Wenn wir schon unsere netzwerkende Kollegin Bine und unseren abwesenden Referatsleiter vertraten und ihnen die Arbeit abnahmen, sollte das auf höherer Ebene wenigstens zur Kenntnis genommen werden.

Danach gönnten wir uns einen Absacker und radelten nach Hause. Friedbert zu seinem Liebsten nach Schöneberg, ich nach Charlottenburg. Allerdings machte ich auf dem Weg zu Papa und Theo einen Abstecher, von dem Friedbert nichts ahnte. Ich hatte immer ein schlechtes Gewissen, weil ich Friedbert bisher nicht von Ebbi erzählt hatte. Wir waren mehr als Kollegen und schütteten einander das Herz aus. Ich wusste von Friedberts schwieriger Lage, weil er seinen erzkatholischen Eltern immer noch nicht gesagt hatte, dass er sich schon mit fünfzehn Jahren mehr für Jungs als für Mädchen interessiert hatte. Er war genauso alt wie ich und brachte es immer noch nicht fertig, reinen Tisch zu machen. Das wurde immer unerträglicher, je älter er wurde und je länger er mit seinem Lukas zusammen war. Die beiden hatten sich beim Feiern im *Berghain* kennen gelernt, wobei mein Lieblingskollege großen Wert darauf legte, dass er niemals einen der berüchtigten *Darkrooms* besucht hatte. Dafür sei er viel zu spießig, meinte er. Es war Liebe auf den ersten Blick und die beiden waren seit drei Jahren ein Paar, und das nach einem Besuch in dem Berliner Club, dem der Ruf anhaftete, dass neben guter Musik schneller und anonymer Sex auf dem Programm standen. Die Drogen und die Latexklamotten nicht zu vergessen. Wir hatten in Deutschland endlich die Ehe für alle und in manchen evangelischen Gemeinden teilten sich schwule oder lesbische Paare die Pfarrstelle. Bürgermeister und Minister absolvierten offizielle Termine gemeinsam mit ihren gleichgeschlechtlichen Partnern. Eine der schlimmsten Rechtspopulistinnen des Landes hatte zwei Kinder mit einer Frau, die dazu noch nicht einmal eine deutsche Ahnenfolge nachweisen konnte. Aber wie letzteres zusammen ging, war ein Kapitel für sich. Jedenfalls traute sich Friedbert immer noch nicht, Lukas mit nach Hause zu nehmen und ihn seinen Eltern als das vorzustellen, was er de facto war: sein Mann. Das machte ihm schwer zu schaffen, aber offenbar war der Leidensdruck trotzdem nicht groß genug, um endlich den Mut aufzubringen und seine Eltern mit der Wahrheit zu konfrontieren. Und weil es mir peinlich war, mit einem verheirateten Mann zusammen zu sein, der zwanzig Jahre älter war und, wie ich nun wusste, in Friedberts Augen ein aufgeblasener Schönling, stand ich ihm in Sachen mangelnder Courage in nichts nach. Auch mir fehlte der Mumm, zu meiner Liebe zu stehen. Wobei Liebe ein großes Wort war, dachte ich auf dem Weg zu Ebbis Wohnung. Darüber nachzudenken, würde heute Abend zu weit führen.

Am S-Bahnhof Charlottenburg machte ich einen Schlenker unter der Unterführung hindurch und bog in die Giesebrechtstraße ein. Während sich auf der Kantstraße Internet-Cafés und asiatische Läden, Nagelstudios und russische Supermärkte ausbreiteten, ging es jenseits der S-Bahn Richtung Kurfürstendamm nach wie vor gediegen zu. Delikatessenläden,

Weinkontore, Boutiquen und exklusive Friseur-Salons bestimmten das Straßenbild. Tagsüber flanierten gut gekleidete Männer und Frauen mit kleinen Hündchen durch die Straßen. Im Sommer waren die Straßencafés, die statt Schwarzwälder Kirschtorte *Petits Fours* kredenzten, zum Bersten gefüllt. Man sah Damen mit Hut und Herren mit Stock. Für Berlin ein eher ungewohntes Straßenbild.

Im dritten Stock eines imposanten Altbaus residierten Ebbi und seine Frau in einer Fünfzimmer-Wohnung. Darunter der Raum mit der Aktionskunst und der Video-Installation, der mich seinerzeit so beeindruckt hatte. Ebbis Frau, hatte er auf meine WhatsApp-Nachricht geantwortet, erhole sich vom gemeinsamen Skiurlaub bei einem Yoga-Retreat an der Müritz. Sturmfrei, hatte er mit einem Smiley hinzugesetzt. Ich hatte mich ein wenig geziert, aber zugegebenermaßen nicht besonders beherzt. Nun stand ich vor der Haustür und drückte auf das Klingelschild mit der Aufschrift »Professor E. E.«

Angeber, dachte ich, als kurz darauf die Tür mit einem leisen Summen entriegelte. Immerhin großgeschrieben. Ich stieg die Treppen hinauf. Ein roter Sisalteppich schluckte jedes Geräusch. Als ich die letzten Stufen erreichte, öffnete Ebbi die Tür und strahlte mich an.

»Mia, endlich«, hauchte er mir entgegen und strich mit beiden Händen sein silbergraues Haar zurück. Das Licht aus der Diele fiel auf sein Haupt. Es leuchtete im Dämmerlicht des Treppenhauses wie von einem Heiligenschein umkränzt. Bevor ich einen unbedachten Scherz darüber machen konnte, schloss er mich in die Arme und zog mich in die Wohnung.

»Zieh bitte die Schuhe aus«, sagte er noch, bevor er die Tür hinter mir schloss und mich in das Gästezimmer zog. Natürlich, dachte ich, alles wie gehabt. Das eheliche Schlafzimmer war tabu. Das hatte Ebbi klargestellt, als wir uns zum ersten Mal in der Wohnung geliebt hatten, statt in ein Hotel zu gehen. Aber auch ich war nicht erpicht darauf, die Nacht in einem Ehebett zu verbringen, das nicht mein eigenes war und in dem ich eventuell erst noch den Pyjama oder die Zahnschiene der rechtmäßigen Besitzerin zur Seite räumen musste. Als Ebbi mich zu sich herunter auf die Ottomane zog, dachte ich für einen kurzen Augenblick, dass es fair wäre, ihm zu sagen, dass ich die Pille abgesetzt hatte. Aber dann ließ ich es bleiben. Die Zeit für Grundsatzdebatten war endgültig vorbei.

Am nächsten Morgen begrüßte mich Friedbert bereits auf dem Flur: »Mia, nur Kleinigkeiten! Es lebe Marcel Linse, der größte Fotokünstler unserer Zeit!«, rief er mit glühenden Wangen und hopste förmlich von einem Bein auf das andere.

»Sie hat einen Smiley aufs Deckblatt gemalt. Einen Smiley! Wir sind rehabilitiert!«

Darüber, dass wir in den Augen der Ministerin wohl doch keine Versager auf ganzer Linie waren, sollten wir uns nicht allzu lange freuen. Schon bald wurden aus meinem friedliebenden Kollegen und mir niederträchtige Menschen, die abends mit Mordgedanken ins Bett stiegen.

Inner Circle, immer noch April

Frau Dr. Roswitha Wanninger ließ sich regelmäßig von einem externen Berater *coachen.* Nicht, dass sie das nötig gehabt hätte, aber es entsprach ihrer gebetsmühlenartig wiederholten Überzeugung, »dass wir immer noch ein bisschen besser werden können.«

Man munkelte, dass der ominöse Coach, dessen Namen nur der *Inner Circle* kannte und der immer erst in den späten Abendstunden eine Audienz bei der Ministerin bekam, ein gewiefter Wahlkampf-Manager war. Angeblich überstieg sein Honorar für ein Einzel-Coaching die Höhe von Uschis Monatsgehalt. Ich hatte schon die wildesten Wort-Kombinationen bei Google eingegeben, ohne herausfinden zu können, um wen es sich bei dem großen Unbekannten handelte. Mein Verdacht fiel allerdings auf Franz Mauss.

Er war ein unauffällig aussehender Endvierziger, der nach eigenem Bekunden schon bei mancher verloren geglaubten Wahl das Ruder in letzter Millisekunde herumgerissen hatte. Ministerpräsidenten, die allen Umfragen zum Trotz wiedergewählt wurden, Newcomer, deren Namen Wochen vor der Wahl kein Mensch gekannt hatte. Die Liste der Politiker, die dank Franz Mauss unvermutet den Sieg davon trugen, war beeindruckend. Er selbst schob seine Erfolge auf sein sicheres Gespür für die besten Slogans und auf brisante Enthüllungen über den politischen Gegner. Das alles hatte er in einem Buch mit dem literarisch wertvollen Titel: »Todeskampf – Wahlkampf« in epischer Breite dargestellt. Im Klappentext hieß es: »Gib mir eine Machete und einen Shot Tequila – es geht an die Urnen.« Im eigentlichen Oeuvre wimmelte es von Kraftausdrücken und Übertreibungen, sodass mir dieser Zeitgenosse nicht nur äußerst suspekt, sondern auch äußerst unsympathisch war. Ich musste Franz Mauss nicht persönlich kennenlernen. Nach der Lektüre seines Bestsellers war klar, dass er ein Testosteron-gesteuertes Alphatier mit übergroßem Ego war. Das passte gut zu einigen seiner Kunden, für die er in der Vergangenheit den Wahlkampf organisiert hatte. Ich wunderte mich allerdings, wie das mit der Ministerin zusammenging, die selbst der festen Überzeugung war, dass ihr niemand das Wasser reichen konnte. Mein Verdacht, dass es sich bei Mister X um Franz Mauss handelte, erhärtete sich, als Alfons mir erzählte, ein smarter

Typ im taillierten Anzug, das Hemd zwei Knöpfe geöffnet und mit einer hippen Biker-Tasche bewaffnet, wäre spät am Abend aus dem Büro der Ministerin geschossen und hätte gar nicht schnell genug an ihm vorbeikommen können. Grußlos, versteht sich. Die Beschreibung passte zu Franz Mauss, deshalb war ich inzwischen beinahe sicher, dass es sich beim Coach der Ministerin um den Typen handeln musste, der nach Wahlabenden wochenlang durch die Talkshows des Landes tingelte und mit breiter Brust selbstgefällig schwadronierte, wie man einen »Sieger macht.«

Es war auch in dieser Hinsicht praktisch, dass die Ministerin sich keine eigene Wohnung genommen hatte, sondern in dem ans Ministerbüro angrenzenden Verschlag mit Nasszelle übernachtete. Die offizielle Version war, dass sie oft noch am Abend nach München reiste, um bei ihrer Familie zu sein. Selbstredend mit dem klimafreundlichen ICE Sprinter der Bahn statt mit dem Flieger. Der Sprinter absolvierte die Strecke Berlin-München in unter vier Stunden. Zumindest, wenn alles fahrplanmäßig lief. Die Wochenenden auf dem Familiensitz in Oberbayern waren der Ministerin angeblich heilig. Denn jede gemeinsame Stunde war eine wichtige Investition in ein harmonisches Ehe- und Familienleben. Frau Dr. Roswitha Wanninger schaffte es in jedem Interview unterzubringen, dass sie jeden Freitagnachmittag ihre Zelte in Berlin abbrach, um das Wochenende nicht nur mit Aktenstudium, sondern mit gemeinsamen familiären Aktivitäten zu verbringen. Im Zug wurde hart gearbeitet, zuhause standen Golf mit Mann und Töchtern oder Scrabble mit der alten Generation auf dem Programm. All das gehörte zum Leben einer Frau, die trotz steiler politischer Karriere immer Zeit für ihre Lieben fand.

»Wenn man die Familie vernachlässigt, fällt das früher oder später auf einen zurück«, tat sie in einem Interview kund. »Das rächt sich. Man ist dann auch nicht mehr in der Lage, zu leisten, was das Land einem abverlangt. Mein Mann und meine Töchter sind Quell der Kraft, die mich immer weitergehen lässt, so steinig und steil der Weg auch ist.«

Die Ministerin hatte von Anfang an unmissverständlich klargestellt, dass sie an Wochenenden keinerlei Termine wahrnehmen würde, es sei denn, der Notstand würde ausgerufen oder der Verteidigungsfall träte ein. Das war die offizielle Version. Mit den Terminen, die sie nicht annahm, konnten bestenfalls Friseurbesuche oder Zahnarzttermine gemeint sein.

Ich wusste das, weil Friedbert und ich durch eine Lücke im System Einblick in den Outlook-Kalender unserer Ministerin hatten. Erstaunt stellten wir fest, dass die Wochenenden mit Wahlkreis-Auftritten und Besuchen von Tier- und Altenheimen, regionalen Unternehmen, Hospizen oder SOS-Kinderdörfern gespickt waren. Zeit für Töchter, Mann, Eltern oder Zwergpony blieb kaum. Geschweige denn für die Arbeit am Handicap.
Nach Hause fuhr die Ministerin sowieso erst am Samstagmorgen, nachdem sie mit dem Aktenstudium und dem Redigieren unserer verbesserungswürdigen Texte fertig war. Zurück kam sie bereits am Sonntagnachmittag, um sich für die Termine der kommenden Woche vorzubereiten. Oder für die Talkshow nach dem Tatort, bei der sie ein ebenso gern gesehener Gast war wie die anderen üblichen Verdächtigen: ein ehemaliger Hoffnungsträger meiner Partei, der nun bei der Linken den Radikalreformer und Moralisten gab, sowie seine junge Lebensgefährtin, die ihre verblüffende Ähnlichkeit mit einer Suffragette zum Programm erhoben hatte. Natürlich durfte eine Professorin irgendeines der renommierten Institute nicht fehlen. Ihre Rolle war es, die steilen Thesen der Talkgäste entweder zu untermauern oder in Gänze zu widerlegen. Mit unserer Ministerin in der Runde war das Kleeblatt komplett und die Geschlechterverteilung mehr als ausgewogen.
Ich hatte mir inzwischen abgewöhnt, mir diese und andere Talk-Runden anzutun. Eine glich der anderen, lediglich die Haarfarbe der Moderatorinnen und die Krawattenmuster der Gastgeber unterschieden sich voneinander. Früher war ich ein Talkshow-Junkie gewesen und konnte sowohl den Part meiner Partei als auch den der Gegenseite synchron mitsprechen. Das erschütterte mich zutiefst, zeigte es doch, mit wie wenig Text man auf der politischen Bühne bestehen konnte.
Jedenfalls verbrachte die Ministerin weitaus weniger Zeit auf dem Mehrgenerationen-Gutshof in Oberbayern als die viel zitierten »Menschen da draußen« glauben sollten. Die Öffentlichkeit war weiterhin überzeugt, dass Frau Dr. Roswitha Wanninger der lebende Beweis war, dass sich einer der anspruchsvollsten Jobs in diesem unserem Lande mit engagierter Familienarbeit vereinbaren ließ.
Uschi, die in aller Herrgottsfrühe ins Büro kam, wusste zu berichten, dass sie jeden Morgen im Flur über sich pünktlich um kurz nach sechs den zackigen Schritt der Ministerin vernahm. Dann verließ Frau Dr. Roswitha

Wanninger ihre Schlafkoje, um sich in der Teeküche den ersten Latte Macchiato des Tages zuzubereiten. Vor dem Zubettgehen stieg sie zu später Stunde für ein Stündchen auf den Crosstrainer, für den sich der Personalrat im Rahmen des Betrieblichen Gesundheitsmanagements stark gemacht hatte. Er stand neben einer Rudermaschine und einem Ergometer im Keller des Ministeriums allen Mitarbeitern zur Verfügung, wurde aber freilich kurz vor Mitternacht nicht mehr vom Fußvolk frequentiert. Die Ministerin konnte ungestört die wenigen Kalorien verbrennen, die sie tagsüber in Form von laktosefreier und fettarmer Milch in ihrem Latte Macchiato zu sich genommen hatte. Angereichert höchstens durch einen Keks oder ein Fläschchen Schorle. In Interviews kokettierte sie gerne damit, dass sie seit ihrer Jugend, unterbrochen nur von den beiden Schwangerschaften, Kleidergröße Vierunddreißig trug. An Wochenenden schlüpfte sie nach eigenem Bekunden gerne in die Jeans ihrer Töchter. »So ein Mutter-Tochter-Ding, wir tragen ja beide XS«, hauchte sie dann, mädchenhaft errötend, in die Kamera.

Dass sie übergewichtige Menschen in ihrer Umgebung nicht ertrug, ja für deren Disziplinlosigkeit geradezu verachtete, hatte sie unmissverständlich klar gemacht, als es um die Besetzung des Vorzimmers und um die Mitarbeiterinnen und Mitarbeiter vom Botendienst ging. Ein Body Mass Index unter Zweiundzwanzig war eines der informellen Einstellungskriterien. Damit nahmen mehrere Damen, die schon für einige Minister den Terminkalender gepflegt, die Postmappen gepackt oder Akten von Raum zu Raum getragen hatten, ihren Hut und verschwanden in den niederen Gefilden des BuEGeLN. Einige sah man bisweilen vor kalorienschweren Mittagsgerichten sitzen, die sie schweigend, einsam und in Windeseile hinunterschlangen. Und damit ihren Frust über die eigene Unzulänglichkeit. Aus einem BMI von über Zweiundzwanzig war bei manchen inzwischen eine handfeste Adipositas geworden, die alsbald zum vorzeitigen Ruhestand oder zum plötzlichen Herztod führen konnte.

Auf dem Tisch des Besprechungsraums stand neuerdings Erdbeerschorle statt Cola. Erdbeerschorle war nach Latte Macchiato das zweite Lieblingsgetränk der Ministerin. Das Nichtwissen darüber hatte eine Kollegin um ihren Job gebracht, kaum dass sie im Leitungsstab angefangen hatte. Niemand hatte die neue Kollegin gewarnt, dass die wenigen Fläschchen Erdbeerschorle ausnahmslos der Ministerin vorbehalten waren. Sie hatte an dem Tag, an dem sie zum ersten Mal die morgendliche Presselage vorstellen sollte, beherzt zu der einzigen Flasche Erdbeerschorle gegriffen, die im Kreise der Mineralwasser- und Orangensaft-Fläschchen auf einem Tablett in der Mitte des Tisches stand. Sie drehte gerade am Schraubverschluss, als Frau Dr. Roswitha Wanninger eiligen Schrittes den Raum betrat. Die Ministerin nahm Platz, blickte suchend über den Tisch und entdeckte einen letzten Rest Erdbeerschorle im Glas der neuen Untergebenen, die sie ehrfürchtig und voller Neugier ansah.

»Guten Morgen. Lassen Sie es sich schmecken«, bemerkte die Ministerin säuerlich und unterdrückte vorerst ihren Zorn.

Nach der kurzen *Morgenlage* bat sie ihre Vertraute Frau Dr. Almut Brunner zu sich und schloss die Tür des Ministerbüros.

»Sie wissen hoffentlich, was zu tun ist. Ich sage nur: Wehret den Anfängen. Eine solche Unverschämtheit lasse ich mir nicht bieten.«

Damit war die Leiterin des Leitungsstabes entlassen, um das Urteil zu vollstrecken. Das tat Dr. Almut Brunner unverzüglich und mit Lust an der Sache. Die junge Kollegin bekam drei Stunden Zeit und zwei Umzugskartons vor die Tür gestellt. Schon am nächsten Morgen saß sie fassungslos und am Boden zerstört im Referat »Nachhaltiger Schutz von Singvögeln im Alpenvorland.« Seit diesem Tag litt sie nicht nur an einem unschönen chronischen Hautausschlag, sondern auch unter einer lebensbedrohlichen Allergie gegen Beerenobst aller Art.

Ich wusste also, was ich auf keinen Fall tun durfte, als ich mit Friedbert, Bine Schlöz und unserem Referatsleiter an einem trüben Aprilmorgen die Stufen zum Ministerflügel erklomm, wo im Besprechungsraum unsere erste Redenrücksprache mit der Ministerin und Frau Dr. Brunner stattfinden sollte. In Zukunft sollten wir regelmäßig antreten, um uns die aktuellen politischen Botschaften abzuholen, auf dieser Grundlage die Reden der nächsten Wochen zu besprechen und das Setting der jeweiligen Veranstaltungen durchzugehen. So jedenfalls der Plan.

Ich nahm an, dass wir das einem Masterplan des geheimnisumwitterten Coaches zu verdanken hatten. Genauso wie einen neuen *One-Pager* mit dem Titel: »Anforderungen an Reden der Ministerin.« Die *One-Pager* waren eine ebensolche Neuerung wie die *Zero-Drafts*, also quasi Vor-Entwürfe der Erstentwürfe. »Wir brauchen dringend neue Formate«, hatte Frau Dr. Brunner in der Rundmail verkündet, mit der wir darüber in Kenntnis gesetzt wurden, dass »auch das BuEGeLN mit der neuen Leitung endlich im einundzwanzigsten Jahrhundert angekommen« sei.

Viele der revolutionären Ideen stammten aus der Feder einer PR-Agentur, die gleich zu Beginn der Amtszeit unserer Ministerin gegen ein üppiges Honorar festgestellt hatte, dass in unseren Amtsstuben »Arbeitsweisen wie unter Bismarck« herrschten, die allesamt längst überholt waren und schleunigst abgeschafft gehörten. Statt eines einseitigen Kurzvermerks sorgte also nun der *One-Pager* dafür, dass das BuEGeLN auf der Höhe der Zeit war. Und dank des *Zero-Drafts* gehörte auch der noch nicht abgestimmte Erstentwurf endlich der Vergangenheit an. Nur so konnte richtig regiert werden: zackig und zeitgemäß.

Der dieser neuen Zeit geschuldete *One-Pager* »Anforderungen an Reden der Ministerin« hatte Friedbert und mich, gelinde gesagt, etwas irritiert. Wir machten den Job nicht erst seit gestern, und außerdem gar nicht schlecht, wie wir fanden. Deswegen hatte das Papier für uns keinen besonderen Mehrwert. Eigentlich war es sogar eine Unverfrorenheit, uns zu raten, dass wir uns auf Kernbotschaften konzentrieren, die Zuhörerschaft berücksichtigen und dem Text einen roten Faden geben sollten. Die Lektüre von »Redenschreiben für Dummies« hätte uns wahrscheinlich weitergebracht. Aber nun gut, wir standen in der Nahrungskette weit unten und nahmen das Papier stillschweigend zur Kenntnis, bevor es im Altpapier landete.

Heute also würden wir das neue Format erproben, eine alle zwei Wochen stattfindende einstündige Redenrücksprache. Wir nahmen am Besprechungstisch gegenüber der Fensterfront Platz. Das hatte uns Uschi nach einem vertraulichen Telefonat mit der Vorzimmerkraft der Ministerin geraten. Frau Dr. Roswitha Wanninger würde mit dem Rücken zu den Fenstern in der Mitte der langen Tafel Platz nehmen. Diese Tafel erwies sich in den kommenden Redenrücksprachen zunehmend als Schlachtbank. Die Gründe für die Platzwahl der Ministerin waren vielfältig. Zum einen umgab ihr Haupt bei Sonnenschein ein Strahlenglanz, der ihrem Gegenüber noch mehr Respekt einflößte als der Rest ihrer sakrosankten Erscheinung. Zum anderen hätte man, wenn das Licht von vorne gekommen wäre, die vielen feinen Fältchen deutlicher gesehen, die ihr Alter erahnen ließen. Für

Mitte Fünfzig hatte sich die Ministerin ausgesprochen gut gehalten, das musste man neidlos anerkennen. Aber selbst im Gesicht einer Dr. Roswitha Wanninger hatte das Leben Spuren hinterlassen. Das aber wusste sie geschickt, wenn nicht zu kaschieren, so doch zu mildern. Es war alles eine Frage der richtigen Inszenierung.

Wir warteten nervös und mit feuchten Händen auf die zweite Begegnung mit der Ministerin seit dem Begrüßungsakt am Anfang der Legislaturperiode. Dieses Mal verschwanden wir, anders als damals, nicht in der Menge, sondern saßen ungeschützt vor unserer obersten Dienstherrin.

Das Klackern ihrer Absätze und ein glockenhelles Lachen kündigten ihre Ankunft an. Die Ministerin betrat den Besprechungsraum im Stechschritt und umrundete den Tisch. Dann hielt sie inne und wartete auf ihren Persönlichen Referenten Bruno Mützweiler-Gräbing, der ihr den Stuhl zurück- und wieder unterschob. Sie faltete die Hände vor sich auf dem Tisch und sah uns aufmunternd an. So wie das Kindergartenfräulein das neue Kind in der Gruppe anschaut, mild, gütig und erwartungsvoll. Diesem Blick schloss sich Bruno Mützweiler-Gräbing an.

Der Persönliche Referent der Ministerin gehörte nicht nur wegen seiner Auftritte in unseren Besprechungen einer Spezies an, mit der ich meine Probleme hatte. Nach außen hin ein rundum netter Typ, der wie Bine Schlöz über genau zwei mimische Varianten verfügte. Zum einen das aufmunternde Lächeln des netten, harmlosen Kollegen von nebenan. Zum anderen der besorgte Zeitgenosse, dessen Stirn sich in Betroffenheitsfalten legte, sobald es irgendeine Ungerechtigkeit auf dieser Welt zu beklagen gab: die vielen genmanipulierten Soja-Reisdrinks, die nicht ordnungsgemäß gekennzeichnet waren, die Kollegen, die jeden Tag mit dem eigenen Wagen ins Büro kamen, statt die *Öffis* zu nutzen, hungernde Kinder, misshandelte Frauen, geknechtete Minenarbeiter in Brasilien oder der Abschuss von Elefanten, nur, um an ihre Stoßzähne zu kommen. Das alles trieb ihn um. Bruno Mützweiler-Gräbing wurde nicht müde, lange Monologe über den katastrophalen Zustand unserer Welt zu halten. Diese traurigen Tiraden mündeten allerdings stets in einer hoffnungsvollen Erkenntnis: »Wir können hier im BuEGeLN daran mitwirken, die Welt ein Stück weit besser zu machen. Dessen sollten wir uns bewusst sein und danach handeln!«

So weit die Theorie. Im praktischen und täglichen Miteinander nutzte Bruno

Mützweiler-Gräbing seine Position lieber, um die eigene Welt ein wenig besser zu machen, und feilte am eigenen Fortkommen. Gerne auch auf Kosten anderer, die in Rücksprachen mit der Ministerin bloßgestellt, in ihrer Kompetenz angezweifelt und lächerlich gemacht wurden. Meist durch perfide kleine Nachfragen, die mit einem charmanten Lächeln vorgetragen wurden. Ich fürchtete diese Attacken und war selbst schon Opfer von Fragen geworden wie: »Mia, das ist doch hundertprozentig wasserdicht, oder? Wie ich Dich kenne, hast Du das mehrfach gegengecheckt, oder etwa nicht?«
Bruno Mützweiler-Gräbing hatte sich nach eigenem Bekunden nicht um den Job des Persönlichen Referenten beworben, weil er »nah dran sein wollte« an der neuen Ministerin. Er betonte, dass für seine Bewerbung als Persönlicher Referent vielmehr die Hochachtung maßgebend war, die er für Frau Dr. Roswitha Wanninger empfand. Außerdem erinnerte er an seine langjährige Verbundenheit, seit er als Student gemeinsam mit der damals noch aufstrebenden Hoffnung der Partei auf bayerischen Marktplätzen um jede Stimme gekämpft hatte. Das verband für ein ganzes politisches Leben. Die Funktion als Persönlicher Referent der Ministerin brachte es mit sich, dass er, neben den beiden Vorzimmerdamen, Hüter über das Tor zum Ministerbüro und Wächter des Posteingangs war. Wer das Ohr oder das Votum der Ministerin brauchte, musste an diesen drei wichtigen Instanzen vorbei. Das betraf auch unsere Redeentwürfe, zu denen Bruno Mützweiler-Gräbing stets eine eigene Meinung hatte. Wenn er der Ansicht war, dass wir einmal wieder völlig daneben lagen und den Duktus der Ministerin nicht erfasst hatten, sprach er gerne Sätze wie: »Ich habe mein Büro angewiesen, den Entwurf erst einmal zurückzuhalten. Ich muss mir selbst noch ein Bild machen. Und Ihr wisst ja, es ist Sitzungswoche, vor dreiundzwanzig Uhr komme ich bestimmt nicht dazu.«
Mein Mitleid hielt sich in Grenzen und meine einzige Genugtuung war der Gedanke, dass Bruno Mützweiler-Gräbing auf bestem Wege war, es sich mit dem gesamten Ministerium zu verscherzen. Mochte er jetzt die Tasche der Ministerin schleppen, sobald eine neue Leitung einziehen würde, könnte er sich mit all denen herumplagen, die er jahrelang malträtiert hatte. Und dann würde er sich wirklich um die Themen kümmern, die ihm angeblich so sehr am Herzen lagen, den Öffentlichen Personennahverkehr, also die *Öffis*, zum Beispiel.

Kaum hatte die Ministerin am Besprechungstisch Platz genommen, ergriff Bine Schlöz ungefragt das Wort: »Frau Ministerin, wir kennen uns ja bereits, darf ich Ihnen unsere beiden Kollegen vorstellen: Mia Unruh und Friedbert Stiepel.«

Die Ministerin zog eine Braue in Richtung Haaransatz, griff sich ein Fläschchen Erdbeerschorle und musterte Bine mit einer Art wissenschaftlichem Interesse.

Ich musste unwillkürlich an »Das Schweigen der Lämmer« denken. Da gab es diese Szene mit den beiden Nerds, die fasziniert Insektenpuppen untersuchten, die sie in den Mündern verwesender Leichen gefunden hatten. Daran erinnerte mich der Blick unserer Ministerin, als Sabine »Bine« Schlöz unaufgefordert losplapperte. Vielleicht lag es auch nur an Bines Frisur. Sie hatte mir am Tag zuvor von ihrem Friseur berichtet, den sie einmal im Monat aufsuchte, um ihr platinblondes Haar nachzufärben. Nicht, dass das die Farbe ihrer Wahl sei, hatte sie gesagt, immerhin war sie in ihrer Jugend brünett. Aber Bine zufolge hatte sie leider die Gene ihrer Verwandten mütterlicherseits geerbt, die zu frühem Ergrauen führten. Also fiel die Farbwahl auf Platinblond, damit man den Ansatz nicht so deutlich sah. Die Lebensgeschichten ihrer Ahnen und Urahnen hatte ich bei dem Bericht über Bines Haarthematik bis ins sechzehnte Glied mitgeliefert bekommen. Nun wusste ich alles über ungarische und französische Wurzeln, erblich bedingte Neigungen zu Venenleiden, Verlust ausgedehnter Besitzungen in der Champagne oder der Puszta und ausgewanderte Ur-Großonkel, die nach 1945 in Paraguay zweifelhafte Posten innegehabt hatten. Bine hatte mich im Kontext ihrer Haare an der bewegenden Geschichte ihrer außergewöhnlichen Familie teilhaben lassen.

Ich wurde aus meinen Erinnerungen an die biografischen Schilderungen des Vortags gerissen, als sich die Ministerin Friedbert und mir zuwandte und uns, schon weniger aufmunternd dreinschauend, mit den Worten begrüßte: »Aha. Guten Tag.«

Unsere Kollegin hatte die Zeichen an der Wand einmal mehr nicht erkannt und fuhr unbeirrt fort: »Ja, das ist das ganze Referat Reden und Textarbeit. Ein tolles Team.«

Frau Dr. Wanninger ignorierte sie und sprach unseren Referatsleiter an, der sichtlich zusammenzuckte: »Herr von Herrlinghaus, ich fasse mich knapp.

Die Entwürfe, die ich bislang zu Gesicht bekommen habe, sind, nun ... sagen wir, ein netter Versuch«, fuhr die Ministerin fort und begann, ungeduldig auf die Tischplatte zu klopfen.
Bruno Mützweiler-Gräbing nickte zustimmend, begann hingebungsvoll seine Brille zu putzen und legte die Stirn in Falten. Und so ging es dann eine geschlagene Stunde lang weiter.
Ich fühlte mich stark an den Code erinnert, der Beurteilungen innewohnt. Da liest der naive Referent über sich Sätze wie »Er hat sich nach Kräften bemüht.« Und fühlt sich geschmeichelt. Dabei heißt ein solcher Satz nichts anderes als: »Ein unfähiger Versager, hat selbst einfachste Aufgaben zwar widerwillig übernommen, aber nicht zufriedenstellend erledigt.« Die Aussage »hat zum *Teambuilding* entscheidend beigetragen« bedeutet nichts anderes als dass jemand, statt zu arbeiten, schwatzend Kaffeepausen eingelegt und seine Kollegen von der Bewältigung ihres Pensums abgehalten hat. In dieselbe Richtung gehen auch Kommentare wie »äußerst kommunikativ« oder »sehr kontaktfreudig«.
Ein »netter Versuch« war also irgendwas zwischen ungenügend und ungenügend minus, sofern es das in unserer politisch korrekten Pädagogik überhaupt gab. Einige meiner Freundinnen und Freunde waren durchaus willig, dem demografischen Wandel ein überzeugtes Statement in Form von mindestens drei Kindern entgegenzusetzen. Von ihnen wusste ich, dass selbst in der vierten Klasse noch leidenschaftlich darüber diskutiert wurde, welche Formulierungen man den lieben Kleinen zumuten konnte, ohne dass eine posttraumatische Belastungsstörung ihren Weg unweigerlich in ein Leben in Hartz IV zementieren würde. Oder gar in eine kriminelle Karriere. Schließlich war bekannt, dass eine schwere Kindheit mit mangelnder Anerkennung quasi zwangsläufig in Pädophilie oder häuslicher Gewalt mündete. Ich ahnte damals nicht, dass die ganze Verständnis-Nummer gar nicht so weit hergeholt war. Ich sollte am eigenen Leibe erfahren, dass subtiler Psychoterror kriminelle Energie erzeugen kann. Zumindest in unserer Fantasie.
Ich habe fast das gesamte Gespräch aus gutem Grunde aus meiner Erinnerung gelöscht und nur noch Bruchstücke präsent. Die Therapeutin, die ich bald darauf aufsuchte, riet mir, in der ersten Phase der Therapie nur die positiven Erlebnisse aktiv zu memorieren. Leider führte das zu quälend lan-

gen Therapiestunden, in denen ich schweigend auf der Chaiselongue lag und schwitzend darauf wartete, dass ich durch eine Frage aus der peinlichen Situation des Nicht-Sprechens erlöst wurde. Meine Anspannung wurde nicht weniger durch meine Überlegungen, wie angenehm es sein musste, durch bloßes Zuhören und gelegentliches Einstreuen von Plattitüden wie »da hat aber wieder Ihr Unterbewusstsein Ihr Handeln gelenkt« einen Stundensatz von 60 Euro berechnen zu können. Für ein Studium der Psychologie war es leider zu spät.

Ich nahm mir also vor, nur das Positive zu sehen.

Erstens: Die Ministerin hatte uns weder angebrüllt noch Aktendeckel an den Kopf geworfen. Positiv.

Zweitens: Die Ministerin hatte uns meistens ausreden lassen. Positiv.

Drittens: Im Besprechungsraum hatten Getränke gestanden. Positiv.

Viertens: Der Raum war geheizt und angenehm beleuchtet. Positiv.

Fazit: Meine Güte, so ein tolles, konstruktives Treffen auf Augenhöhe hatten wir gar nicht erwarten dürfen. Super gelaufen.

Leider wurde dieser Eindruck gleich am nächsten Morgen zunichte gemacht.

Eine Redakteurin der Gala hatte Frau Dr. Roswitha Wanninger durch die Woche begleitet und ein Porträt verfasst. Besonders rührend nahm sich die Geschichte des syrischen Flüchtlingsjungen aus. Er hatte mutterseelenallein auf einer monatelangen Odyssee über die Balkanroute unser schönes, friedliches Deutschland erreicht. In Magdeburg wurde er in einem Heim für minderjährige Geflüchtete untergebracht, bevor er auf die Idee kam, über Facebook alte Kontakte aufleben zu lassen. Vor Jahren hatte der junge Mann als Mitglied des syrischen Nachwuchskaders an einem Golf-Turnier mit gemischten, international besetzten Teams teilgenommen. Schirmherrin dieses friedensstiftenden Sport-Events war keine andere als Frau Dr. Roswitha Wanninger gewesen, damals noch Landesministerin in Bayern. Der junge Syrer hatte seinerzeit in einem Team mit der älteren Tochter unserer Ministerin um den Pokal gekämpft. Nach seiner Flucht und der glücklichen Ankunft in Deutschland schickte er Clara Wanninger über Facebook einen verzweifelten Hilferuf von den trostlosen Fluren der Flüchtlingsunterkunft. Die Tochter der Ministerin machte ihre Mutter umgehend auf das Schicksal des jungen Syrers aufmerksam. Frau Dr. Roswitha Wanninger schritt unverzüglich ein, setzte alle Hebel in Bewegung, nahm den jungen Mann in ihrer Familie auf und gab ihm Arbeit auf dem Gutshof. Dort war er neben dem professionellen Tierpfleger fortan für das Wohlergehen des Zwergponys und der anderen Tiere zuständig. Er füllte mit Leben, was Friedbert und ich in jede Rede zum Thema nachhaltige Integration schrieben: Arbeit war der Schlüssel zur Integration. Deutsch lernte der junge Syrer als neues Familienmitglied ganz nebenbei.

Also eine echte *Win-win*-Situation für die Wanningers, den jungen Kriegsflüchtling und Zwergpony Ernie. Die ganze Story wurde bereichert durch zwei schöne Bilder. Auf dem einen lehnten die Ministerin und der junge Mann lässig und gut gelaunt am Zaun der Pferdekoppel. Im Hintergrund jagten mehrere stolze Rappen ihre schweißglänzenden Körper über die saftig-grünen Wiesen des Voralpenlandes. Auf dem anderen Foto saß der syrische Geflüchtete inmitten der Wanningers in der hellen Wohnküche. Gemeinsam mit Ehepaar Wanninger und den beiden bildhübschen Töchtern schnippelte er für den Strudel Äpfel aus der Ökokiste, die im Hintergrund wie zufällig auf der Küchenablage stand. Aus der Holzkiste ragten Möhrengrün, Lauchstangen und fair gehandelte Bananen. Soweit der harmlose Teil der Gala-Recherche, die unter dem Titel »Ministerin, Mutter, Mensch« erschienen war.

Ziemlich gegen Ende lasen wir leider den unschönen Satz: »Und beim Nachtisch lässt sich die Ministerin in großer Erregung über ihre Redenschreiber aus: Diese inkompetenten Versager. Denen fehlt außer einer flotten Schreibe auch jede andere Kompetenz für den Job!«

Es war ein kurzes Hochdruckgebiet gewesen. Das nächste Tief ließ uns das Blut in den Gliedern gefrieren.

Sprachregelungen, Mai

Zunächst widmeten Friedbert und ich uns dem Tagesgeschäft. In meinem Fall bestand dies in einem Grußwort für eine Charity-Veranstaltung, an der die Ministerin in illustrer Runde teilnehmen würde. Neben ihr selbst würden unter anderem Barbara Schöneberger und die ehemalige Gattin eines ehemaligen Bundespräsidenten bei dem Event auftreten. Es stand unter dem Motto »Bridge gegen den Hunger«. Die drei Damen würden kurze Appelle an Turnierteilnehmer und prominente Gäste richten. Dabei würden sie zu Spenden für die Welthungerhilfe aufrufen, die vom Erlös Brunnenprojekte in der Sahara zu unterstützen versprach. Da ich mich mit Bridge noch weniger auskannte als mit Holzschnitzern, zeitgenössischer Fotografie oder Golf, stürzte ich mich beherzt auf die einschlägigen Wikipedia-Artikel. Auch nach drei Stunden war es mir allerdings noch immer nicht gelungen, einen plausiblen Zusammenhang zwischen dem Kartenspiel und dem Kampf gegen Hunger und Armut herzustellen. Aber ich glaubte fest daran, dass mir etwas einfallen würde. Es gab viele Themen, bei denen wir nach dem Motto verfuhren: »Was nicht passt, wird passend gemacht.«

Ich erinnerte mich noch gut daran, wie ich vor vielen Jahren die Praxisgebühr angepriesen hatte, die ehrlicherweise ein erster Angriff auf das Prinzip des Solidarsystems in der gesetzlichen Krankenversicherung war. Denn zum ersten Mal mussten die Beschäftigten draufzahlen, während die Arbeitgeber sich zufrieden die Hände rieben. Das ging auf die Kappe meiner Partei, der ich seit früher Jugend angehörte. Es kam einem rhetorischen Husarenstück gleich, wie der damalige Gesundheitsminister diesen politischen Akt begründet hatte. Ich hatte ihm aufgeschrieben: »Es ist ein Zeichen der Solidarität, dass jeder, der auf Kosten der Gemeinschaft die vorbildliche medizinische Versorgung in diesem unserem Lande in Anspruch nimmt, fortan einen Obolus leistet, der unserem hervorragenden Gesundheitssystem und damit allen Versicherten zugute kommt.«

Der Minister hatte das bei der ersten Lesung des Gesetzes wortwörtlich so im Bundestag vorgelesen. Ausgenommen von der Praxisgebühr waren die Privatversicherten, aber die hatten andere Sorgen. Etwa die Maximalversorgung, die man ihnen angedeihen ließ. Sie landeten bei jedem harmlosen

Hexenschuss in der MRT-Röhre. Außerdem mussten sie bei einem unkomplizierten Schienbeinbruch mit einer Unterschenkelamputation rechnen, weil das mehr Geld in die Kassen der Privatpraxen und Kliniken spülte als ein profaner Gipsverband. Die Praxisgebühr hatten wir als Schritt hin zu mehr Solidarität dargestellt, obgleich sie das Gegenteil davon war.

Das Paradoxon Bridge und Hunger aufzulösen, wollte mir hingegen einfach nicht gelingen. Erschwerend kam hinzu, dass der Text nicht übersetzt, sondern aufgrund der knappen Zeit sofort auf Englisch angefertigt werden sollte. Schließlich handelte es sich um ein internationales Turnier, auf dem neben all den Promis auch Spielerinnen und Spieler aus aller Welt gegeneinander und für einen guten Zweck antraten.
Als ich um einundzwanzig Uhr meinen Computer ausschaltete, war ich endlich zufrieden mit dem Ergebnis. Ich hatte im Internet gelesen, dass beim Bridge je zwei Spieler ein Team bilden. Das war die Lösung! Fröhlich schrieb ich drauf los: »Nicht nur beim Kartenspiel, bei jedweder Form menschlichen Zusammenlebens kommt es auf Teamgeist an!« Da waren sie wieder, die Solidarität, der Zusammenhalt, der Kitt unserer Gesellschaft. »Überall braucht es Teamgeist«, fuhr ich fort, »überall, wo Menschen in Frieden zusammenleben wollen: in der Nachbarschaft genauso wie im ganzen Land, in Europa, in der Welt. Teamgeist darf nicht am Kartentisch, geschweige denn an den Landesgrenzen oder den Schlagbäumen der westlichen Wohlstandsgesellschaft enden«, fabulierte ich fröhlich weiter und steigerte mich hin zum Finale: »Teamgeist ist das Fundament, auf dem wir, die wir in Wohlstand und Frieden leben, unsere Unterstützung für die Menschen aufbauen müssen, die in Armut und Elend leben und es nicht so gut haben wie wir. Das ist unsere ethisch-moralische Verantwortung. Und der wollen wir uns stellen. Nicht zuletzt dadurch, dass wir großzügig die vielen guten und nachhaltigen Projekte der Welthungerhilfe unterstützen.«
Als Abbinder kam noch der obligatorische Dank an die Großzügigkeit der Unterstützer, die hauptberuflichen und ehrenamtlichen Mitarbeiter der Welthungerhilfe, die vielen guten Geister hinter den Kulissen des Turniers, die internationalen Gäste und all die Menschen, die im Sinne von Lebensqualität und Nachhaltigkeit von der Arktis bis zum Südpol Gutes zu tun bereit waren und Worten Taten folgen ließen. Und das alles in einem,

wie ich fand, einwandfreien, während eines längeren Studienaufenthalts in Oxford vervollkommneten *British English.*
Erschöpft, aber erleichtert ließ ich mich in meinem Bürostuhl zurücksinken, während der Computer schnurrend herunterfuhr. Ich nahm noch einen Schluck Club Mate, stopfte mein Handy in die Fahrradtasche und verließ beschwingt mein Büro.
Ich würde mir unterwegs noch eine Tüte Chips besorgen und zuhause die Füße hochlegen, während ich mir eine der vielen Serien reinzog, in denen libanesische Clans eiskalt und blutig die Konkurrenz ausschalteten und das Koks-Geschäft in ganz Berlin an sich rissen. Ich fand, das hatte ich mir heute wirklich verdient.

Erst hatte ich überlegt, mich mit Ebbi auf ein Glas zu treffen. Allerdings hatte mich die Erinnerung an unser letztes Stelldichein eines Besseren belehrt. Nachdem wir den Futon verlassen und uns in die Küche begeben hatten, wollte Ebbi einen Rotwein kredenzen. Wobei das bei Ebbi ein größeres Unterfangen war. Er hatte eine Flasche Wein aus dem Regal gezogen und lange mit nachdenklicher Miene das Etikett studiert. Dann hatte er die Flasche kopfschüttend zurückgelegt und eine andere ausgewählt. Aber auch mit dieser und der dritten und vierten stimmte etwas nicht. Was, teilte mir Ebbi nicht mit. Erst als er mit der Lektüre des fünften Etiketts fertig war und endlich mit einem zufriedenen Nicken zum Korkenzieher griff, fand er die Sprache wieder: »Mia, gut dass Du da bist. Wir müssen reden.«
Fand ich grundsätzlich auch, aber die Gespräche über unsere Beziehung nahmen immer denselben Verlauf: »Bitte gib mir noch etwas Zeit«, sagte Ebbi und ergriff meine Hände.
»Ich kann Birgit im Moment nicht verlassen«, fuhr er fort.
»Sie beginnt gerade mit einer neuen Form der Therapie und testet ein anderes Antidepressivum. Das ist immer eine ganz schwierige Zeit für mich, da geht es um möglichst große Konstanz und Stabilität im persönlichen Umfeld. Die kann nur ich ihr geben. Du weißt, wie schwer das für mich ist. Aber alles andere wäre jetzt Gift für sie«, meinte er.
»Ich weiß, dass Du das verstehst, Mia«, mutmaßte Ebbi und sah mir dabei tief in die Augen.
Dann entfuhr ihm ein Schluchzer und er stützte sein Gesicht in die Hände.

Kopfschüttelnd und mit belegter Stimme sagte er: »Der Urlaub mit ihr war eine einzige Qual, Mia.«
Das wunderte mich, auf den Fotos hatte er eigentlich ganz zufrieden ausgesehen.
»Weißt Du, Mia, Birgit muss sich im Moment hundertprozentig auf mich verlassen können. Ich bin ihr Anker. Nein, ihr Rettungsring, der sie vor dem Ertrinken bewahrt. Du glaubst nicht, wie viel Kraft mich das kostet.«
Er wischte sich mit dem Ärmel seines seidenen Morgenrocks über die Augen und flüsterte mit tonloser Stimme: »Ich habe dieses Mal wirklich Angst, dass sie sich etwas antut, wenn ich mich von ihr trenne.«
Ich nahm all meinen Mut zusammen: »Ebbi, es ist seit acht Jahren immer dasselbe.«
»Nein, Mia, dieses Mal ist es wirklich anders, glaub mir. Sonst hätte ich im Urlaub reinen Tisch gemacht. Das hatte ich mir fest vorgenommen. Ich hatte mir sogar schon die passenden Worte zurechtgelegt. Ich war ein paar Mal ganz kurz davor, aber dann war sie nicht sie selbst. Sie war am Boden zerstört, völlig am Ende. In so einem desolaten, hoffnungslosen Zustand habe ich sie noch nie erlebt in all den Jahren.«
»Hast Du mal an mich gedacht? Ich bin jetzt Mitte Dreißig und ...«
»Fang bitte nicht wieder damit an«, unterbrach er mich unwirsch und griff zur Weinflasche. Er schenkte uns beiden nach und nahm einen tiefen Schluck, bevor er fortfuhr: »Das ist jetzt wirklich nicht der richtige Zeitpunkt, um deinen Kinderwunsch zu diskutieren. Nicht, während ich mir berechtigte Sorgen machen muss, dass meine Frau sich umbringen könnte!«
»Es ist nie der richtige Zeitpunkt«, schrie ich ihn an und stand so abrupt auf, dass die Lehne des Küchenstuhls hinter mir an die Wand knallte.
»Pass doch auf, Mia, das sind original *Thonets.* Die kosten ein Vermögen!« brüllte Ebbi zurück und schnappte nach dem Stuhl, bevor er ganz zu Boden ging.
»Scheiß Stühle«, rief ich unter Tränen und ärgerte mich im selben Augenblick, dass mir nichts Originelleres einfiel. Ich rauschte aus der Küche, schnappte mir im Flur meine Jacke, die Tasche und den Fahrradhelm und stürmte aus der Wohnung. Als ich mein Fahrrad aufschloss, ließ ich mir so viel Zeit, dass Ebbi mich locker hätte einholen können, um mich tröstend,

eine Entschuldigung murmelnd, in die Arme zu schließen. Er kam nicht. Und es kam auch keine Nachricht, so oft ich mein Handy in dieser schlaflosen Nacht auch checkte. Ich nahm mir fest vor, nicht wieder den ersten Schritt zu machen. Niemals würde ich auf den Knien vor ihm herumrutschen und ihn anflehen, es noch einmal miteinander zu versuchen.

Als ich den Rechner am nächsten Morgen hochfuhr, war ich allein wegen der Aussicht auf das positive Feedback zu meinem Grußwort »Bridge gegen den Hunger« nicht völlig am Boden zerstört. Auch den Kaffee aus der Kantine und das Brötchen mit dem geschmacksneutralen Aufstrich würgte ich noch hinunter. Dabei führte ich mir den Pressespiegel zu Gemüte, den wir jeden Morgen per Mail bekamen und der einen Überblick über das mediale Echo der Aktivitäten der Ministerin und des BuEGeLN lieferte. Nach den ersten Seiten schwante mir, dass die Ministerin und ihr *Inner Circle* heute mit schlechter Laune ans Werk gehen würden. Der Spiegel berichtete von einer Umfrage, die unser Haus beim Meinungsforschungsinstitut PollExperts in Auftrag gegeben hatte. Hintergrund war, dass das deutsche Gesundheitssystem bei einer Untersuchung der OECD hinsichtlich verschiedener Qualitätskriterien auf den hintersten Plätzen gelandet war. Untersucht worden waren neben fragwürdigen Verschreibungspraktiken hochpreisiger Medikamente auch überflüssige Eingriffe wie massenhafte Bandscheiben-OPs oder Arthroskopien. Die OECD bescheinigte dem deutschen Gesundheitssystem, dass das Geld in vielerlei Hinsicht zum Fenster hinausgeworfen beziehungsweise Pharmafirmen und Kliniken in den Rachen gestopft würde. Die Summen müsste man laut OECD sinnvoller für gezielte, qualitätsgesicherte und effiziente Maßnahmen im Sinne der Patientinnen und Patienten einsetzen. Dieses Urteil hatte vor zwei Monaten eingeschlagen wie eine Bombe und der zuständigen Abteilungsleiterin zum vorzeitigen Ruhestand verholfen. Der verantwortliche Referatsleiter bekam neue Aufgaben zugewiesen. So musste er seitdem in deutschen Leitmedien wie der Apothekenrundschau und der Bäckerblume nach für das BuEGeLN relevanten Artikeln suchen und Sprachregelungen dazu entwickeln. Das war auch wichtig. Wenn etwa in der Apothekenrundschau stand, dass die Politik sich zu wenig um Antibiotika-Resistenzen kümmere, folgte umgehend ein Dementi unseres Ministeriums: »Das BuEGeLN verwahrt sich gegen Vorwürfe, es kümmere sich nicht entschlossen um die vermehrt auftretenden Resistenzen im Bereich der Antibiotika. Diese Unterstellungen sind völlig haltlos und aus der Luft gegriffen. Dem BuEGeLN und Bundesministerin Dr. Roswitha Wanninger ist es ein Herzensanliegen, alles zu tun, damit die Menschen in Deutschland einen hohen Gesundheitsschutz genießen.«

Solche kongenialen Klarstellungen verfasste seit Bekanntwerden der OECD-Studie also der ehemalige Referatsleiter in seinem neuen Büro. Dieses befand sich ein paar Häuserblocks entfernt in einem angemieteten Gebäude, das all jene beherbergte, die seit Amtsantritt der Ministerin »mit neuen wichtigen Aufgaben« betraut worden waren. Wir nannten diese Dépendance des BuEGeLN »den Gulag«.

Die vernichtende OECD-Studie hatte dem Meinungsforschungsinstitut PollExperts den Auftrag beschert, das Gegenteil zu beweisen. Und nun machte sich der Spiegel in gewohnt süffisantem Ton über das für unser Haus sehr erfreuliche Ergebnis der Untersuchung lustig. Unter der Überschrift »UM-Frage statt Umfrage« schrieb das Hamburger Nachrichtenmagazin, PollExperts habe, statt sich auf objektive Indikatoren zu stützen, einer »angeblich repräsentativen Gruppe von Versicherten ausgesprochen manipulativ die schlichte Frage gestellt: Fühlen Sie sich beim Arzt oder im Krankenhaus gut behandelt?«

Der Frage vorangestellt war ein fettgedruckter Passus mit dem Hinweis, dass Deutschland über eines der besten Gesundheitssysteme der Welt verfüge, in dem »jeder Mensch ohne Rücksicht auf seine Herkunft, seinen sozialen Status, seinen Glauben oder seine sexuelle Orientierung Zugang zu medizinischer Versorgung auf allerhöchstem Niveau« habe. Auf die Frage nach ihrem subjektiven Empfinden antworteten achtundachtzig Prozent der Menschen, vor deren innerem Auge aufgrund des Fettgedruckten Bilder aus rumänischen oder nordkoreanischen Krankenhäusern aufflackerten, dass sie sich in Deutschland beim Arzt oder im Krankenhaus »ausgesprochen gut behandelt« fühlten. Und dieses tolle Ergebnis, dass die OECD-Studie komplett widerlegte, machten sensationslüsterne Schreiberlinge in der Spiegel-Redaktion nun kleinlich und reißerisch madig. Es sei bodenlos, hieß es in dem Artikel, wie das Ministerium für eine Gefälligkeitsumfrage auf völlig unprofessioneller und subjektiver Basis Steuerzahlergelder verpulvere. Das BuEGeLN mache sich mit einer solchen Wohlfühl-Umfrage lächerlich. So ging es munter weiter. Auch die Ministerin bekam ihr Fett ab: Man könne nur hoffen, dass Frau Dr. Roswitha Wanninger bei ihrer Doktorarbeit nicht mit ähnlich pseudo-wissenschaftlichen Methoden gearbeitet habe. Damit war auch dieses Thema auf dem Tableau. Irgendein frustrierter Privatdozent würde sich jetzt bestimmt die *Vroni-Plag*-Software auf den Rechner ziehen und loslegen, um aus Frau Dr. Roswitha Wanninger eine nicht-promovierte Ex-Ministerin zu machen.

Und dann noch der skandalisierende Artikel über den Parlamentarischen Staatssekretär Karl-Heinz Beutel. Nicht nur, dass es zum Tätigkeitsfeld seiner persönlichen Referentin gehörte, mit dem in die Jahre gekommenen Collie, der auf den Namen »Schnäpsle« hörte, alle drei Stunden im nahen Tiergarten eine Runde Gassi zu gehen. Nun waren die Journalisten auch noch dahinter gekommen, dass der an Arthrose leidende Vierbeiner mit dem Dienstwagen zur Hunde-Osteopathin kutschiert wurde. Und zwar an zwei Vormittagen pro Woche. An diesen Vormittagen, bemerkte der Spiegel süffisant, käme die persönliche Referentin wenigstens intensiv zum Aktenstudium, da sie mit dem Hund nicht im Tiergarten Gassi gehen müsste. Der Artikel widmete sich ausgiebig der Frage, »warum der Steuerzahler bitteschön für die Krankenfahrten eines alten Köters (sic!) aufkommen« müsse?

Dieser Beitrag im Pressespiegel war der Tropfen, der das Fass zum Überlaufen brachte und den Blutdruck der Ministerin auf ein Rekordhoch schnellen ließ. Die Bodenwellen dieses morgendlichen Meteoriteneinschlags ließen nicht lange auf sich warten. Bereits um zehn Uhr wurde ich ins Ministerbüro zitiert. Alleine, schutzlos, ausgeliefert.

Die Ministerin empfing mich stehend am Besprechungstisch. Auch das gehörte zum neuen Arbeitsstil: Man stand meist um den Tisch herum, auf dem diverse *Papers* und *Drafts* ausgebreitet waren, über die dann das Urteil gefällt wurde. Das Stehen und die Bewegung brächten mehr Dynamik, hatte die Ministerin verkündet, auch ins Denken. Auch dieses neue Format verdankten wir entweder ihrem Coach Franz Mauss oder der externen Beratungsfirma, die über lange sechs Wochen die Effizienz bei Besprechungen und Sitzungen beobachtet hatte. Sie war zu dem Schluss gekommen, »dass auch hinsichtlich der Prozesssteuerung ein Modernisierungsschub in

Richtung einer Dynamisierung des gesamten *Work Flows* überfällig« sei. Dieser Befund hatte bestimmt ein hübsches Sümmchen gekostet. Man hatte im Zuge der Untersuchung auch mit Angeboten des betrieblichen Gesundheitsmanagements aufgeräumt, die zwar bei den Beschäftigten äußerst beliebt, nach Ansicht der Beraterfirma allerdings überflüssig waren. So wurden etablierte Angebote wie »Jazztanz in der Tiefgarage« oder »Pilates abteilungsweise« einkassiert. Die eingesparten Kosten sollten in weitere Geräte für den Sportraum investiert werden, der ausdrücklich nur noch vor Arbeitsbeginn oder nach dem Ausloggen aus der Zeiterfassung genutzt werden durfte. Die Beraterfirma begründete dies damit, dass zu viel Sport im Team erwiesenermaßen dazu führe, dass Hierarchien verwischten. Hatte man erst einmal Pilates-Partnerübungen mit seinem Abteilungsleiter gemacht oder ihn über die Faszien-Rolle gezogen, schmolz der Respekt dahin und man wäre schnell beim totalen Autoritätsverlust der Vorgesetzten angelangt. So konnte das BuEGeLN nicht zum effizientesten Ressort der Bundesregierung aufsteigen. Und genau das war das erklärte Ziel von Frau Dr. Roswitha Wanninger.

Nun durften also bei Besprechungen nur noch unsere Kolleginnen und Kollegen im Rollstuhl sitzen bleiben, während alle anderen mit nötiger Distanz um den Tisch herum standen und die Ministerin unsere Entwürfe niedermachte.

Für mich als Kennerin amerikanischer Politserien war das Herumstehen um den Besprechungstisch nicht mehr als eine billige Kopie der Szenen aus dem *Situation Room*, in dem der US-Präsident inmitten seiner Oberstrategen um einen Tisch mit Kriegserklärungen und Hinrichtungsbefehlen stand und, die Hand nachdenklich am Kinn, nur im Stehen zu weltbewegenden Entscheidungen kam. Die externen Berater, derer sich Frau Dr. Roswitha Wanninger bediente, hatten wahrscheinlich auch ein Netflix-Abo.

Die Ministerin beugte sich, als ich zu ihr vorgelassen wurde, über einen Text, der ganz nach meinem »Bridge-gegen-den-Hunger«-Grußwort aussah. Als sie meine Wenigkeit bemerkte, schenkte sie mir ein mitleidiges Lächeln, raffte die fünfzehn Seiten zusammen und hielt sie mir wie ein ekelerregendes Stück Kadaver mit den Worten entgegen: »Das ist ein Englisch wie bei Loriot. Überarbeiten!«

Damit war die Rücksprache binnen zehn Sekunden beendet und ich für

lange Wochen und Monate traumatisiert, hatte ich mich doch bislang in dem Glauben gewogen, dass meine Englischkenntnisse nicht die schlechtesten waren. Den Vergleich mit Loriot fand ich sehr ungerecht. Ich nahm mir vor, mir abends noch einmal die berühmte Szene anzusehen, in der sich die Fernsehansagerin heillos vergaloppiert, als sie die achte Folge einer englischen Krimiserie mit dem Titel »Die zwei Cousinen« ankündigt, in der es von sprachlichen Stolpersteinen nur so wimmelt. Und so kam mein Text rüber? Das musste ich auf jeden Fall überprüfen.
Gesenkten Hauptes schlich ich zurück in mein Büro und öffnete am Computer das Grußwort, in dem ich die Bedeutung des Bridgespielens für den weltweiten Kampf gegen Hunger und Elend beschwor. Und dann passierte, was der Alptraum eines jeden ist, der seine Brötchen mit spitzer Feder verdient. Eine Schreibblockade überkam mich. Mehr noch, ich war nicht mehr in der Lage, den Text, über den ich mich gestern Abend noch gefreut hatte, konzentriert zu lesen. Es ging einfach nicht, das Grußwort hätte ebenso gut auf Suaheli oder Sanskrit sein können. Und es wurde weder besser, nachdem ich mir einen weiteren Kaffee geholt, noch, nachdem ich das Fenster weit aufgerissen und für Durchzug gesorgt hatte. Jazztanz würde jetzt helfen und mir die fehlende Lockerheit zurückbringen, aber damit war es ja aus und vorbei. Wenn ich wenigstens rauchen könnte oder es in der Kantine neben Ingwer-Minze-Limo auch Grauen Burgunder geben würde. Irgendwie musste ich schreibtechnisch wieder zu mir finden. Aber mein Kopf war leer, diesmal musste ich vor einem Text kapitulieren. Ich war erledigt. Und schuld daran war sie, die Ministerin, die mir jegliche Fähigkeit abgesprochen und mein ohnehin schon zart besaitetes Selbstbewusstsein mit brachialer Gewalt zertrümmert hatte. Neben der Verzweiflung stieg ein anderes, ein bisher unbekanntes Gefühl in mir hoch. Der blanke Hass.

Stunden später erfuhr ich, dass es Friedbert genauso ergangen war wie mir. Auch er wurde am Morgen Opfer des Zorns der Ministerin. Sie hatte seine meiner Meinung nach gelungene und wie gewünscht »launige« Rede anlässlich des Verbandstages der deutschen Wellnessindustrie in der Luft zerrissen. Er bekam das allerdings gefiltert und nicht persönlich ab. Für die Vollstreckung ihres Urteils bediente sich die Ministerin Frau Dr. Almut Brunners, statt sich, wie in meinem Fall, selbst die Hände schmutzig zu machen. Friedbert musste bei der Leiterin des Leitungsstabs das vernichtende Verdikt entgegennehmen. »Es ist eine Unverschämtheit, der Ministerin so ein Schriftstück überhaupt vorzulegen, Herr Stiepel«, fauchte Frau Dr. Almut Brunner und warf ihm den Papierstapel mit seinem Redeentwurf vor die Füße.

»Das geht gar nicht!«, rief sie aus und fragte bissig, ob Friedbert die politische Karriere der Ministerin mutwillig zu zerstören gedenke?

Dabei hatte Friedbert nicht nur ausgiebig die gesundheitsförderliche Wirkung von Sauna-Aufgüssen, Hot-Stone-Massagen und Darmspülungen recherchiert. Er hatte sogar tief in die eigene Tasche gegriffen und einen freien Tag im neuen und sehr angesagten Wellness-Tempel in der Nähe des Berliner Hauptbahnhofs verbracht. Friedbert hatte sozusagen im Selbstversuch getestet, wie sich Saunagänge und Ölmassagen auf das leibliche Wohl auswirkten. Fünfunddreißig Euro hatte er für einen Tag »Surabaya Berlin« berappt, um sich nun anzuhören, er habe nicht die geringste Ahnung von der Materie.

Ich hatte noch Glück gehabt mit Frau Dr. Wanningers knappem Kommentar zu meinem angeblichen Loriot-Englisch. Bei Friedbert hatte Frau Dr. Brunner laut herumgezetert und ihn erst nach geschlagenen zehn Minuten mit hektischen Flecken auf Wangen und Dekolleté mit den Worten entlassen: »Studieren Sie schon mal das Organigramm! Irgendeinen Posten werden wir schon für Sie finden. Irgendwas, wo Sie keinen Schaden anrichten können!« Bäckerblume oder Apothekenrundschau, schoss es mir durch den Kopf.

Während ich bei Friedbert saß und wir unseren Gewalt-Fantasien freien Lauf ließen, harrten unsere beiden Textentwürfe der Überarbeitung. Auch mein Leidensgenosse sah sich aufgrund der Ausweglosigkeit unserer Lage außer Stande, noch einmal Hand an den Text zu legen. Deshalb beschlossen wir, zu einem drastischen Mittel zu greifen.

Kaum hatte ich an Bines Tür geklopft, erklang schon ihr fideles »Ja-ha, hereinspaziert!«

Hinter mir versuchte Friedbert, sich einen Weg durch die Papierstapel, Fahrradutensilien, Schuhe und Wasserflaschen zu bahnen, die den Boden von Bines Büro nahezu lückenlos überlagerten. Auf der Fensterbank trockneten ein T-Shirt und ein paar Sportsocken. Dazwischen standen Tassen

mit tagealten Teebeuteln, die vom Siegeszug exotischer Kreationen wie »Spicy Yogi Chai« oder »Creamy Caramel Brownie« erzählten.
»Huch, gleich alle beiden Lieblingskollegen«, säuselte Bine und schüttelte lachend ihr platinblondes Haupt. Dann setzte sie eine ernste Miene auf und fragte: »Was kann ich für Euch tun, meine Lieben?«
Schon nach dieser Einleitung überkam mich ein starkes Unbehagen, aber es gab kein Zurück. Außerdem verließ sich Friedbert darauf, dass wir die Sache gemeinsam durchzogen.
»Wir kommen mit diesen beiden Texten nicht weiter und wollten Dich bitten, da nochmal mit unverfälschtem Blick drauf zu schauen«, umschmeichelte ich Bine.
»Ach, ist die Ministerin damit nicht zufrieden?«, fragte sie scheinheilig und schaute uns abwechselnd mit weit aufgerissenen Augen und sorgenvollem Blick an.
»Nicht wirklich«, untertrieb Friedbert ohne mit der Wimper zu zucken.
Wir reichten Bine die beiden Auszüge über das ganze Gerümpel auf dem Boden hinweg, ein Sammelsurium aus monatealten Pressespiegeln, einzelnen Schuhen, die ihrer Partner in all dem Chaos verlustig gegangen waren, einem verrosteten Fahrradschloss, diversen leeren Packungen Müsliriegel sowie mehreren bunten Batiktüchern, mit denen sich Bine das Haar zurückband, wenn sie zu Werke ging.
»Na klar, mache ich gerne. Ich kenne das doch auch, irgendwann ist man textblind«, fachsimpelte sie.
»Da hilft nur eine *second opinion*, ein *fresh view*. Dafür sind wir ein Team«, sagte sie und griff sich die beiden Texte.
»Mach ich mich gleich ran, ich hab zufällig gerade etwas Luft.« Damit klappte sie das Spanisch-Konversationsbuch auf ihrem Schreibtisch zu und warf uns einen letzten, wohlwollenden Blick zu: »Das kriegen wir schon hin, Ihr beiden.«
Es fehlten nur die zu Gottes Segen erhobenen Hände.
Friedbert und ich konnten gar nicht schnell genug aus dieser Höhle der Selbstzufriedenheit hinausstolpern und zogen die Tür hinter uns zu.
»Komm, Mia, lass uns runter gehen und einen Kaffee trinken. Die grottenschlechten Reden sind ja nun in den allerbesten Händen!«
Das taten wir dann, denn an Arbeiten war an einem solchen Tag nicht mehr

zu denken. Und zum ersten Mal in all unseren Jahren als kleine Rädchen im großen Getriebe der Macht malten wir uns aus wie es wäre, wenn die Ministerin vom Erdboden verschwinden würde. Und Frau Dr. Brunner gleich mit. Wie damals, wenn ein Pharao starb und seine gesamte Entourage mit ihm in der Grabkammer eingemauert wurde. Oder die bedauernswerten indischen Witwen, die mit verbrannt wurden, wenn der Herr des Hauses das Zeitliche segnete. Eigentlich gar nicht so schlecht, diese archaischen Riten, stimmten wir überein.

Es dauerrte eine Weile, bis Bine wieder von sich hören ließ. Nicht, dass sie uns persönlich angerufen oder kurz angeklopft hätte. Die Form musste gewahrt werden. Und so bekamen wir am späten Nachmittag eine Besprechungseinladung zugemailt, die wir mit einem Klick bestätigten: Um punkt siebzehn Uhr im Zimmer von Herrn von Herrlinghaus.

Als wir auf die Minute genau zum Appell antraten, hockten Bine und unser Referatsleiter bereits über unseren Texten, beide bewaffnet mit einem Rotstift und mit einem Gesichtsausdruck, der nichts Gutes ahnen ließ.

Die administrative Farbenlehre sah vor, dass allein die Ministerin mit Grün zeichnen durfte, die Parlamentarischen Staatssekretäre mit Violett, die beamteten Staatssekretäre mit Rot, die Abteilungsleiter mit Blau und die Unterabteilungsleiter mit Braun. Kleine Referenten und Referentinnen wie Friedbert und ich durften ausschließlich schwarze Stifte benutzen. Streng genommen stellte der rote Stift in den Händen von Bine und Herrn von Herrlinghaus eine klare Kompetenzüberschreitung dar. Aber Farbenlehre hin oder her, das Rot untermauerte mehr als deutlich, wer hier die Textkompetenz für sich beanspruchte. Wir sollten uns wie Schülerin und Schüler beim Verkünden der Benotung des völlig versemmelten Aufsatzes fühlen.

»Hmmmm«, ließ sich Herr von Herrlinghaus vernehmen und winkte uns mit der rechten Hand heran, ohne vom Text aufzusehen.

Bine warf uns einen Blick zu, den ich zwischen Verachtung und tiefem Mitleid verortete. Ihre Wangen waren gerötet wie nach dem Konsum mehrerer Becher Glühwein auf dem Weihnachtsmarkt. Ihre Lesebrille hatte sie sich unter das Kinn gehängt. Ich wunderte mich immer, wie es Menschen wie Bine gelang, die Brille dermaßen zu platzieren. Die Frau war neben allem anderen auch ein anatomisches Wunder.

»Tja«, hob Bine an, »da steckte mehr Arbeit drin als befürchtet. Ich musste alles andere liegen lassen. Wir haben beide Texte quasi von Grund auf neu schreiben müssen.«

Sie lehnte sich zurück, ließ die Arme erschöpft neben ihrem Körper ausschwingen und atmete tief durch.

»Und dann noch unter diesem Zeitdruck«, fügte unser Referatsleiter kleinlaut hinzu. Er musste den Schein waren und konnte Bine nicht völlig kampflos das Feld überlassen. Friedbert und ich setzten uns den beiden gegenüber und lauschten der Rezension unserer verbesserungswürdigen Texte.

»Insofern«, schloss Bine nach einer Viertelstunde engagierter Textkritik, »müssen wir der Ministerin und Frau Dr. Brunner doch in gewisser Weise zustimmen. Leider, leider, meine Lieben«, fügte sie hinzu.

Unser Referatsleiter nickte und vermied wie gewohnt jeglichen direkten Blickkontakt mit Friedbert oder mir.

Plötzlich wich Bines besorgter Gesichtsausdruck einem beinahe hysterischen Lachen, mit dem sie verkündete: »Aber keine Sorge, wir haben das Kind für Euch aus dem Brunnen gefischt! Uschi liest jetzt noch Korrektur – sicherheitshalber, da wird nix mehr sein ... und dann können die Reden wieder hoch. Alles in Butter!«, nickte sie uns aufmunternd zu.

Friedbert und ich rutschten unruhig auf unseren Stühlen hin und her. Uns quälte derselbe Gewissenskonflikt: Mussten wir uns jetzt auch noch in aller Form bedanken? Da müsste ich mich schon sehr verbiegen. Friedbert war etwas gelenkiger als ich und presste ein »Danke auch« hervor. Als das erledigt war, konnten wir das Büro unseres Referatsleiters gar nicht schnell genug verlassen, unseren Krempel zusammenraffen und aus dem Gebäude stürmen.

»Noch ein Bierchen auf diesen Scheißtag?«, fragte Friedbert am Fahrradständer. Und obwohl ich mir vorgenommen hatte, diese Frustdrinks am Abend nicht zur Gewohnheit werden zu lassen, stimmte ich zu. Das Alkoholfreie aus der bayerischen Traditionsbrauerei schmeckte ja ganz ordentlich.

In einer zu kurzen Nacht wurde ich immer wieder vom vorwurfsvollen Maunzen meines hungrigen und vernachlässigten Katers aus dem Schlaf gerissen. Außerdem plagten mich Alpträume, die so realistisch waren, dass

ich, wenn ich schweißnass hochschreckte, eine Weile brauchte, um zu mir zu kommen. Nein, ich hatte Papa nicht ins Heim abgeschoben, wo er mit Dekubitus in einem Sechsbett-Zimmer vor sich hin vegetierte. Nein, Mama war nicht mit drei Hippie-Freundinnen im Dachgeschoss eingezogen, um in Charlottenburg eine Kommune aufzumachen und auf dem Wochenmarkt Töpferware feilzubieten. Ob Ebbi endgültig in den Hafen der Ehe zurückgesegelt war und das Bündnis mit einem rauschenden Fest besiegelt hatte, wusste ich nicht. Ich hoffte, auch das war ein schlechter Traum. Was ich sicher wusste, war, dass Theo nicht von dem schwarzen Geländewagen überfahren worden war, mit dem die Zahnarztgattin von gegenüber ihre Kinder die fünfhundert Meter zur Kita fuhr. Mein Kater kratzte sehr lebendig an meiner Tür. Im Halbschlaf fiel mir ein, dass ich ihn nicht gefüttert hatte, als ich nach Mitternacht nach Hause gekommen war.
Die Nacht hätte ich auch vor dem Fernseher verbringen können, geschlafen hatte ich so gut wie gar nicht. Hinzu kam eine leichte Übelkeit. Ich wagte nicht, mein Unwohlsein in Richtung Schwangerschaft zu deuten. Es wäre einem Wunder gleichgekommen, wenn ich Ebbi nach all den Jahren genau beim letzten Stelldichein zum Vater gemacht hätte. Wenn die Übelkeit anhielt, würde ich mir einen Test besorgen, aber noch versuchte ich den Gedanken zu verdrängen, zu groß war die Angst vor einer Enttäuschung.
Trotz der grottenschlechten Nacht und dem flauen Gefühl im Magen konnte ich es am nächsten Morgen kaum abwarten ins Büro zu kommen. Ich war gespannt auf die Überarbeitung unserer Reden durch Bine Schlöz und Tristan von Herrlinghaus. Vor allem auf den zu erwartenden Rücklauf aus dem Ministerbüro mit den Kommentaren der Ministerin und all der anderen Personen, die üblicherweise ihre Duftmarke hinterließen. Bruno Mützweiler-Gräbing und Frau Dr. Almut Brunner an oberster Stelle.
Die erste Überraschung waren die Texte, die am Abend zuvor verschickt worden waren. Der auffälligste Unterschied zu unseren ursprünglichen Entwürfen war, dass unsere Namenskürzel in den Dateinamen getilgt und durch BS für Bine Schlöz ersetzt worden waren.
In meiner Rede »Bridge against hunger« waren ein paar Füllwörter wie »well«, »indeed« oder »as far as I am concerned« vertauscht, einige Passagen kursiv gesetzt und Unterstreichungen durch Fettdruck ersetzt worden. Aha, dachte ich, das versteht man also unter »quasi neu schreiben.« Bei Friedbert

waren unser Chef und unsere Kollegin nach ähnlichem Schema verfahren, hier ersetzte nun ein »aber« ein »jedoch«, ein »daher« ein »deshalb« und so weiter und so fort. Die Mail ans Ministerbüro, mit dem beide Reden erneut verschickt worden waren, trug den Betreff: »komplett überarbeitete Reden« und wies darauf hin, dass Bine Schlöz »auf Wunsch der Leitung und in Absprache mit dem Referatsleiter noch einmal gründlich nachgebessert« hatte.

Die zweite Überraschung war, dass es keinen erneuten Rücklauf gab, sondern eine am frühen Morgen eingegangene Mail aus dem Ministerbüro mit dem knappen Hinweis: »Reden in überarbeiteter Fassung freigegeben.« Das schockierte mich zutiefst. Mit welchem Maß wurde gemessen, fragte ich mich. Und zum ersten Mal beschlich mich das bedrohliche Gefühl, dass dies alles System hatte und Friedbert und ich schlichtweg fertig gemacht und weggemobbt werden sollten. War das schon Paranoia? Oder war der Groschen endlich gefallen? Die Frage, die ich nun mit meinem Leidensgenossen klären musste, hieß: Rückzug oder Gegenangriff?

Sommerpause, Juli

Nur ein Gedanke hatte Friedbert und mich über das Frühjahr gerettet: Irgendwann würde auch in dieser Legislaturperiode die parlamentarische Sommerpause beginnen. Wir sehnten sie herbei, wie ein erschöpfter Marathonläufer ab Kilometer Fünfunddreißig nur noch eins vor Augen hat: Sich irgendwie über die Zielmarke zu schleppen und dann vor dem Tisch mit den Bananen und vor den mobilen Massageliegen erschöpft zusammenzubrechen und zu wissen: Jetzt ist eine lange Pause angesagt. Mit der letzten Sitzungswoche des Deutschen Bundestages endete die Hochsaison beim Redenschreiben.

Die Parlamentarischen Abende wurden erst im Herbst wieder eingeläutet, alle Sommerfeste waren abgefeiert, die Kongresse, Tagungen und Konferenzen legten eine Pause ein und der Politikbetrieb schaltete von Tempo Hundertachtzig auf Schrittgeschwindigkeit. Der Pressenachwuchs machte sich auf die Suche nach einem Skandal, mit dem man das Sommerloch füllen konnte, während die alten Hasen sich in ihren toskanischen Landvillen dem Dolce Vita hingaben und Kraft sammelten für die Enthüllungen der Zukunft. Die Volontäre wurden darauf angesetzt, die Urlaubsziele der Politiker herauszubekommen, damit man die Paparazzi von der Leine lassen konnte. Die Minister und Parlamentarier verließen fluchtartig die Hauptstadt und legten eventuell noch eine kleine Sommerreise durch den Wahlkreis ein. Dort besichtigten sie Betriebe und hielten *Town Hall Meetings* in der *Fishbowl*-Methode ab, ein neuerdings sehr angesagtes Format des Bürgergesprächs.

Irgendwann tauchten alle in den wohl verdienten Urlaub ab. Den wenigsten gelang das Abtauchen allerdings vollständig. Denn hinter den Hecken lagen schon die Typen mit den Teleobjektiven bereit, um ein Kabinettsmitglied mit Schweißflecken unter den Achseln oder in Badehose zu erwischen. Bei uns plätscherte noch der ein oder andere kleinere Auftrag ein, aber die Zeit der großen Ansprachen, der bahnbrechenden Reden und der Bespaßung jeder nur denkbaren gesellschaftlich relevanten Gruppe war definitiv bis zum Ende der Parlamentsferien vorbei. Auch die viel zitierten *Stakeholder, Enabler, Big Player* und *High Potentials,* die es sonst bei Laune zu halten galt, hatten sich aus dem Tagesgeschäft verabschiedet. Sie machten ebenfalls Ferien oder hielten gut bezahlte Kurse an einer der vielen *Summer Universities* ab.

Ich fand es immer wieder erstaunlich, wie schnell auch mich die Sommerpause in einen Zustand der Apathie versetzte. Sobald mein Schreibtisch leergefegt war und das Telefon schwieg, fiel ich in eine Art geistiger Starre und war zu nichts mehr zu gebrauchen. All die Reden des Bundespräsidenten, namhafter Historiker oder letzter Zeitzeugen, alle Namensartikel renommierter Soziologen, Philosophen oder Querdenker, die ich mir fein säuberlich aus der FAZ, aus Cicero oder der ZEIT herausgetrennt hatte, um sie in der Sommerpause in Ruhe goutieren zu können, vergilbten im Ablagekörbchen. Ich war nicht in der Lage, einer komplexeren Problemstellung zu folgen als Friedberts Frage, ob wir noch einen Kaffee trinken wollten. Ab und zu stand ich auf, reckte mich und überlegte, ob ich meine Grünpflanze gießen sollte, wobei der Weg zum Wasserhahn in der Teeküche jedes Mal ein überzeugendes Gegenargument lieferte.

Uns Redenschreiber hatte man in die hinterste Ecke des langen Ganges verbannt, auf dem sich die anderen Leitungsreferate befanden. Schließlich, so das scheinheilige Argument, brauchten wir für unsere wichtige Arbeit Ruhe und Abgeschiedenheit. Das war lächerlich, denn unsere Büros lagen zur einen Seite oberhalb des Pausenhofs einer Schule für junge Menschen mit besonderem Förderbedarf. Von der anderen Seite des Ganges blickte man auf die nur wenige Meter Luftlinie entfernte Musikschule, in der Kleinkinder auf Viertel-Geigen ihre ersten Schritte auf der Karriereleiter künftiger Teufelsgeiger vollführten. Aber das war bei der Raumverteilung niemandem aufgefallen. Allein während des *Lockdowns* hatten wir die versprochene Ruhe wirklich gehabt. Nicht, dass mich die testosterongesteuerten Debatten und lautstarken Handgreiflichkeiten auf der einen und die ersten musikalischen Gehversuche auf der anderen Seite störten, schließlich verdiente jeder eine Chance. So schrieben wir es schließlich immer im Brustton der Überzeugung in die Reden. Aber das Argument, wir sollten in Ruhe arbeiten können, war zumindest fragwürdig. Wir hatten uns einfach nicht genug gewehrt, als der Kuchen verteilt wurde. Und das büßten wir nun, indem wir den höchsten Lärmpegel und den weitesten Weg zur Teeküche und zur Toilette hatten.

Vor ein paar Wochen war mir die Wegstrecke zur Toilette besonders aufgefallen. Jeden Morgen musste ich mich übergeben. Das erste Mal auf dem Weg zur Arbeit. Nach ein paar Tagen kannte ich jeden Mülleimer im Tiergarten und konnte immer besser abschätzen, welchen Behälter ich mit dem Fahrrad ansteuern musste. Das zweite Mal überkam es mich am Vormittag, kurz nachdem ich einen Jogurt oder ein Brötchen hinuntergeschlungen hatte. Es stimmte tatsächlich. Eben noch hatte man seinen Mageninhalt von sich gegeben, schon verspürte man wieder unbändigen Appetit. Die Anzeichen, dass mein Plan, schwanger zu werden, aufgegangen war, waren eindeutig. Die Übelkeit am Morgen und die bleierne Müdigkeit zu jeder Tageszeit. Den Test schob ich aus Angst vor einer Enttäuschung einige Tage vor mir her. Lange ertrug ich diese Ungewissheit aber nicht, sodass ich irgendwann mitten am Arbeitstag aus dem Ministerium zum nahen Drogeriemarkt hetzte und noch auf dem Weg zurück ins Büro in der Toilette Stopp machte. Ich musste nicht lange warten, bis sich in beiden Feldern des Teststabs eine deutliche Linie abzeichnete. Umgehend googelte ich mich den Rest des Tages beschwingt durch die Ratgeber-Seiten für Schwangere und machte einen Termin bei meiner Frauenärztin aus.
Von Freundinnen wusste ich, dass man sich frühzeitig um einen Kita-Platz bemühen musste. Gerade als Alleinerziehende mit Vollzeitjob. Und dann hing von der Wahl der Kita noch die gesamte Zukunft des Kindes ab. Konnte die Kita mit zeitgemäßen und professionellen Förderangeboten für hochbegabte Kinder aufwarten? Wurden Störenfriede mit ADHS oder aus unzumutbaren familiären Verhältnissen gesondert betreut? Gab es spielerische Formate in Mandarin und Englisch? Wurden die Kleinen an Sportarten herangeführt, die nicht Hinz und Kunz betrieben? Wie verhielt es sich mit Geigen- oder Klavierunterricht ab dem dritten Lebensjahr? Das alles gab es zu bedenken, wenn man den Kindern den Weg in eine erfolgreiche Zukunft ebnen wollte. Deshalb fing ich an, mir die Seiten der Einrichtungen anzusehen, die von Zuhause aus zu Fuß und wegen Papa auch mit dem Rolli gut zu erreichen waren.
Im BuEGeLN gab es eine Kita für die ganz Kleinen. Der Vorgänger von Frau Dr. Roswitha Wanninger hatte sie mit großem Brimborium unter Beisein der Hauptstadtpresse eingeweiht. Der Minister mitten zwischen den lieben Kleinen, ohne Krawatte und mit hoch gekrempelten Hemds-

ärmeln. Es sollte ganz wie zuhause aussehen, wenn der Minister mit seinem Nachwuchs in der Legokiste wühlte und mächtig Spaß dabei hatte. Das gab gute Bilder und obendrein ein sympathisches Porträt in der Brigitte. Der Vorgänger unserer Ministerin hatte auch ein Familien-Arbeitszimmer einrichten lassen. Dort konnten die Bediensteten des Ministeriums arbeiten, wenn das Kita-Personal streikte oder das Kind aufgrund akuten Läusebefalls zuhause bleiben musste, bis der Arzt bescheinigte, dass es keine Gefahr mehr für die öffentliche Gesundheit darstellte. Das Familien-Arbeitszimmer war eine super Idee. Es gab darin einen voll funktionstüchtigen Arbeitsplatz, eine Still-Ecke und einen Wickeltisch sowie pädagogisch wertvolles Spielzeug für die größeren Kinder. Schade nur, dass direkt gegenüber ein Getränkeautomat stand, aus dem im Fünf-Minuten-Takt und mit lautem Getöse die Flaschen herauspolterten. Waren die lieben Kleinen endlich eingeschlafen und versuchten die Kolleginnen und Kollegen, schnell ein paar Mails zu beantworten, konnten sie sicher sein, dass der Friede nur solange anhielt, bis jemand einen Euro fünfzig in den Schlitz des Automaten steckte und sich eine Fritz Cola zog.
Außerdem wurde der Raum genutzt, wenn bei Veranstaltungen wie dem Tag der Offenen Tür größere Mengen Info-Material oder die beliebten *Give-Aways* gelagert werden mussten. Schlüsselbänder, Notizblöcke, Einkaufswagen-Chips, Käppis und Kugelschreiber mit dem Logo des BuEGeLN, die bei solchen Gelegenheiten unter das Volk gebracht wurden. Egal was wir auslegten, es wurde uns gierig aus den Händen gerissen. Man hätte auch gut und vor allem kostenlos das Altpapier oder kaputtes Büromaterial loswerden können, wenn das Staatsvolk am Tag der Offenen Tür die Ministerien stürmte. Wurde der Raum als Lager benötigt, stand er den Müttern und Vätern nicht zur Verfügung. Dann nahmen die Kolleginnen und Kollegen ihren Nachwuchs mit ins Büro und mussten sich den ganzen Tag Kommentare anhören wie »Endlich mal ein bisschen Leben in der Bude«. Das war nicht in jedem Fall nett gemeint.

Mein Traum, auch einmal das Familien-Arbeitszimmer in Anspruch zu nehmen, hatte sich schnell erledigt. Das war jetzt schon ein paar Wochen her, aber der Schmerz saß tief und würde bleiben. Ich hatte Seiten wie rundumsbaby.de wieder aus meiner Lesezeichen-Liste gelöscht und ein letztes

Mal das Ultraschall-Bild aus der achten Woche betrachtet, bevor ich es winzig klein zusammenfaltete und zwischen ein Foto von Papa und mir und die Rückwand des kleinen Bilderrahmens steckte, der auf meinem Schreibtisch stand. Auf dem Ultraschall-Bild war nicht viel zu erkennen. Aber das Wesentliche war eindeutig: ein pochendes kleines Herz.
Nachdem ich das Kind verloren hatte, hatte mich meine Frauenärztin zwei Wochen krankgeschrieben. Sie würde die Krankschreibung jederzeit verlängern, versicherte sie mir. Ich sollte mir die Zeit nehmen, die ich brauchte. Als sie das sagte, dachte ich, dass ich nie wieder zur Arbeit gehen würde.
Papa hatte ich noch nichts von der Schwangerschaft erzählt. Ich hatte mir vorgenommen, damit bis zu einem besonderen Moment zu warten. Wir wollten wie jedes Jahr über Christi Himmelfahrt nach Rügen fahren. Die Ferienwohnung, ebenerdig, mit Terrasse und nur wenige Minuten von der Strandpromenade entfernt, hatte ich bereits beim letzten Besuch für dieses Jahr reserviert. Schließlich fuhr ganz Berlin mit Kind und Kegel Richtung Ostsee, sobald die Eisbuden aufmachten und ein längeres Wochenende winkte. Wir waren dann auch hingefahren, aber zu zweit.
Papa merkte natürlich, dass es mir schlecht ging. Traurig hing ich abends auf dem Sofa herum. Ich hatte keine Energie, eine der langen Radtouren zu machen, zu denen ich sonst gerne aufbrach. Immer wieder fragte Papa besorgt, was los wäre. Ich redete mich heraus, indem ich ihm weinend erzählte, dass es mit mir und Ebbi endgültig aus war. Mein Vater wusste schon lange von Ebbi. Er war klug genug, mir nicht in mein Leben und die Beziehung hereinzureden, aber ich wusste, wie schwer er sich damit tat. Er wünschte sich für mich schlichtweg die Familie, an die er selbst geglaubt hatte, bevor meine Mutter uns sitzen ließ. Eine stabile Partnerschaft ohne Heimlichtuerei, ein paar Kinder und das ganz normale kleine Glück. Wenn ich ihn über die Strandpromenade schob, beobachtete er sehnsüchtig die Großeltern, die, mit Bollerwagen und Rucksäcken bewaffnet, mit ihren Enkeln zum Strand unterwegs waren. Niemand wusste besser als Papa, dass das junge Familienglück nicht für die Ewigkeit sein musste. Aber konnte ich nicht zu denen gehören, die das richtige Los zogen?
Papa hätte kein Problem damit, wenn ich ohne Mann ein Kind großziehen würde. Er würde den leeren Platz bestens ausfüllen und wäre ein Großvater, wie ihn sich jedes Kind wünscht. Liebevoll und witzig, ein großartiger

Vorleser, mit Fantasie, Engelsgeduld und guten Ideen. Und welches Kind wurde schon im Rolli mitgenommen, wenn es nach einem Nachmittag auf dem Spielplatz müde war und nicht mehr nach Hause laufen wollte?
Nachdem ich das Kind verloren hatte und für ein paar Tage nicht aus dem Bett kam, verschwieg ich Papa den wahren Grund meiner Trauer. Es reichte, wenn ich am Boden zerstört war. Meine Frauenärztin versuchte mich zu trösten, indem sie mir vorrechnete, wie schnell ich schwanger geworden war. Sie sagte, ihr Wartezimmer wäre voll mit Frauen, bei denen es einfach nicht klappte. Kinderwunsch-Behandlung war längst kein Nischenthema mehr, sondern ein lukrativer Markt. Das mochte alles stimmen, und ich kannte Frauen, die das komplette Programm der Kinderwunsch-Praxen durch hatten. Bis sie selbst durch waren mit den Nerven.
Bei mir sah es offensichtlich besser aus. Und warum sollte es nicht beim nächsten Versuch wieder schnell klappen? Im Moment war das keine Option, ich musste mich erholen von der Enttäuschung und dem Schmerz. Aber die Zeit würde kommen. Und mit ihr auch der richtige Mann. Einer, den ich nicht überrumpeln musste, sondern der ein Kind mit mir wollte und es mit mir zusammen groß zog.

Im Juli wurde die parlamentarische Sommerpause eingeläutet. Ich hatte sie in diesem Jahr noch mehr als sonst herbeigesehnt, weil ich immer noch nicht wieder die Alte war und mir Stress im Büro zusätzlich zugesetzt hätte. Eine schonungslose Textkritik der Ministerin, und ich wäre vor ihren Augen in Tränen ausgebrochen. Gut, dass sie sich in irgendeinem Golf-Resort eingeigelt hatte. Frau Dr. Brunner hatte Berlin ebenfalls den Rücken gekehrt. Wahrscheinlich durchquerte sie barfuß die Atacama-Wüste und machte dabei Heilfasten. Irgendetwas Extremes, bei dem sie »ihre Grenzen austesten konnte«. So blieb ich für die nächsten Wochen unbehelligt und konnte meine Wunden lecken. Außerdem war es zur Abwechslung ruhig im Büro, denn die Schülerschaft von nebenan randalierte zurzeit woanders als auf dem Pausenhof und die Musikschule machte ebenfalls Ferien.
An einem dieser Sommertage lümmelte ich mich, die Füße auf den Besucherstuhl gelegt, auf meinem Stuhl herum und googelte durch den Vormittag. Inzwischen war es auch in deutschen Amtsstuben völlig legitim, im Internet zu surfen. Allerdings durfte dies nicht zu Lasten der Arbeit

gehen und musste sich im gesetzlichen und im ethisch-moralischen Rahmen bewegen. Wir Redenschreiber hatten einen besonderen Bonus: Die »Bridge gegen den Hunger«-Rede hatte jüngst wieder gezeigt, dass wir oft zu den auf den ersten Blick absurdesten Themen recherchieren mussten, um unseren anspruchsvollen Job machen zu können. Auch der Trailer zum neuen »James Bond« oder ein angesagter Clip auf YouTube konnten das ein oder andere originelle Zitat beinhalten, das der Ministerin eine positive Schlagzeile auf der Titelseite der BILD am Sonntag einbrachte. Insofern war alles Recherche, das Gegenteil musste erst einmal bewiesen werden.
Wenn man aber den ganzen Tag von Seite zu Seite klickte, wurde auch das irgendwann langweilig. Die Lidl-Angebote für die Asia- oder Griechenland-Aktionswoche kannte ich genauso in- und auswendig wie die Wettervorhersage für die nächsten sieben Tage. Bei Facebook und Instagram hatte ich auch schon nach dem Rechten gesehen. Wie jedes Mal wunderte ich mich über ehemalige Weggefährtinnen, die statt Kinderfotos Bilder von ihren Golden Retrievern oder Labradorhunden posteten. Und es gab tatsächlich Menschen, die das feierten und sich zu Kommentaren hinreißen ließen wie »so süüüüüß ihr zwei, voll sweeeet.«
Ich wäre niemals auf die Idee gekommen, Selfies von Theo und mir zu machen und sie ins Netz zu stellen. Es fiel mir ausgesprochen schwer, keine ätzenden Kommentare zu hinterlassen, von wegen wie leid einem Menschen tun mussten, die ihren Hund wie einen gleichberechtigten Partner behandelten oder als Kindersatz missbrauchten. Jeder und jedem das Seine, ermahnte ich mich dann innerlich, verweigerte aber einen Daumen oder ein Smiley.
Ich öffnete die Facebook-Seite unserer Ministerin, deren Notwendigkeit mir einmal mehr schleierhaft war. Wahrscheinlich musste sie als Spitzenpolitikerin einen Facebook-Account haben, weil auch alle anderen Kabinettsmitglieder und MdBs fleißig Bilder und Statements zu ihren Aktivitäten posteten. Nicht erst seit Donald Trump schien jeder Politiker täglich mehrmals Tweets absetzen zu müssen, um nicht in Vergessenheit zu geraten. Auf Facebook und Instagram fand man so erhellende Stories wie »Der Kanzleramtsminister am fränkischen Wurststand auf der Grünen Woche – prall und lecker.« Oder »Der Verkehrsminister besucht die Berliner Fashion Week – kleinkariert voll im Trend.« Nicht gerade weltbewegende Beiträge,

wie ich fand. Aber besser als manche Posts entfernter Bekannter, die vergessen hatten, die entsprechende Funktion ihrer Sport-App zu deaktivieren und von denen die Menschheit regelmäßig von Peinlichkeiten heimgesucht wurde wie »Niklas ist gerade in siebzig Minuten drei Kilometer durch den Grunewald gejoggt.« Es ging immer noch schlimmer.

Der Vorsitzende des Personalrats hatte sich bei der letzten Versammlung erwartungsgemäß über die Stellenausschreibungen im Bereich Social Media ereifert. Er beschwerte sich darüber, dass die wichtigste Einstellungsvoraussetzung lautete: »Erfahrung mit Social Media«. Daneben hatte es lapidar geheißen: »Englischkenntnisse können eventuell von Vorteil sein.«

Es langte also nicht, dass man selber bei Facebook aktiv war, man musste mindestens in gebrochenem Englisch twittern und die Bedeutung der Sozialen Netzwerke richtig einordnen können. Und die konnte man gar nicht überbewerten. Das war mir allmählich klar geworden, wenn wir in größerer Runde einmal pro Woche die nächsten Termine der Ministerin durchgingen. Beharrlich wiesen die Kollegen mit der nachgewiesenen Social Media-Kompetenz bei jedem Betriebsbesuch oder Grußwort im Seniorenheim darauf hin, dass man unbedingt »Instagram und Twitter bespielen« müsse. Meine Stippvisiten auf der Seite von Frau Dr. Roswitha Wanninger hatten mich allerdings immer noch nicht von der Sinnhaftigkeit der ständigen Präsenz von Politikern im virtuellen Raum überzeugen können. Es wimmelte dort nach wie vor von äußerst fragwürdigen Kommentaren. Sobald ein Bild der Ministerin mit der arbeitenden Bevölkerung gepostet wurde, hagelte es Sätze wie »Du hast doch selber noch nie mit deinen Händen gearbeitet, du Parasitin.« Und das war noch ein ausgesprochen höflich formulierter Beitrag, zudem in korrektem Deutsch.

Wenn Frau Dr. Roswitha Wanninger sich in einem Videobeitrag in einem Krankenhaus über einen Patienten beugte und ihm Mut zusprach, dauerte es nicht lange, bis irgendein »Willi55« oder »SexyGuy45« schrieb: »Dir wünsche ich die Pest an den Hals.«

Mir mangelte es zugegebenermaßen an der Kompetenz unserer zuständigen Fachleute. Sie hatten gewiss Ahnung von der digitalen Zukunft, für die wir uns dringend wappnen mussten, um nicht von ihr überrollt zu werden. Auch das war ein obligatorischer Satz in nahezu jeder Rede, die wir zum Thema Nachhaltigkeit verfassten.

In der »Future Factory« des Ministeriums gab es eine eigene *Task Force* zum Thema »Gutes Leben der Zukunft«. Ihre Mitglieder schrieben an Konzepten, wie man die Menschen da draußen auf ein Leben in einer zunehmend digitalisierten Welt vorbereiten konnte und musste. Geleitet wurde die *Task Force* von Rudi Grömitz. Die Ministerin kannte ihn seit Jahrzehnten. Er hatte an ihrer Alma Mater die wertkonservative Liste der »Grauen Panther der Uni« geleitet, ein Bollwerk gegen die marxistisch-leninistischen Truppen, liberalen Träumer und Öko-Fanatiker, die sich damals wie heute in den höheren Bildungsanstalten tummelten. Bis zum Erwerb seines Diploms in Kommunikationswissenschaften nach sechzehn Semestern intensiven Studiums und noch intensiverer Arbeit im Studentenparlament hatte Rudi Grömitz genau wie Bruno Mützweiler-Gräbing im Wahlkreisbüro der Ministerin gejobbt. Dort erwarb er sich den Ruf eines politisch-strategischen Naturtalents. Bruno Mützweiler-Gräbing hatte es nie verwunden, dass seine Chefin Rudi Grömitz für die größere politische Begabung hielt. Statt Bruno Mützweiler-Gräbing leitete jetzt Rudi Grömitz die wichtige *Task Force*, während der Persönliche Referent einen nicht unerheblichen Teil seiner Arbeitszeit mit dem sachgerechten Transport der Gucci-Tasche seiner Chefin verbrachte und dafür sorgte, dass der Vorrat an Sagrotan-Tüchern nicht versiegte. Bruno Mützweiler-Gräbing tröstete sich mit dem Gedanken, dass er die eigentliche graue Eminenz war, der Strippenzieher und geniale Geist hinter Frau Dr. Roswitha Wanninger. Der *Spin Doctor*, wie er seinen Job im Bekanntenkreis nannte. Bruno Mützweiler-Gräbing redete sich ein, dass er ein echter Macher war im Vergleich zum Sesselfurzer Rudi Grömitz. Sein Tag würde kommen, dessen war er sicher. Rudi Grömitz leitete in aller Stille und mit der Zurückhaltung des allen überlegenen Denkers die *Task Force* und war für Geistesblitze bekannt wie: »Wir müssen die Enabler enablen.« Solche Parolen landeten dann in Leitungsvermerken und danach, mit einem grünen Haken und dem Hinweis »Sehr gut! Für Reden verwenden!!!!« in unserem Dateiordner »Textbausteine/Sprachregelungen«.

Am späten Vormittag meldete ich mich bei Facebook ab und wechselte zur aktuellen Berichterstattung. Aber auch die BILD-Zeitung und Spiegel Online hatten ihre Seiten seit zwei Stunden nicht mehr aktualisiert, meine

Langeweile wurde allmählich unerträglich. Zumal die Zeit im Gegensatz zu stressigen Tagen kein bisschen vergehen wollte. Friedbert war mit Lukas zum Wandern in den Alpen unterwegs. Bine Schlöz hatte sich nebenan verbarrikadiert. Ihre Gesellschaft wäre sowieso keine ernsthafte Option. Ihre Tür war seit Dienstbeginn demonstrativ geschlossen. Das ließ vermuten, dass sie wieder seit Stunden am Telefon hing, um Kontaktpflege zu betreiben. *Networking*, wie sie das nannte. Auch das war eine ihrer Lieblingsbeschäftigungen. Und sie war damit ausgesprochen erfolgreich. Jedes Mal, wenn ich erwähnte, dass ich wegen einer Rede mit einem Kollegen Müller aus dem Arbeitsministerium oder einer Kollegin Schmidt aus dem Wirtschaftsministerium telefoniert hatte, fiel sie mir mit Bemerkungen ins Wort wie: »Ach, der Holger? Den kenn ich noch aus der Studienstiftung.« Oder: »Mensch, die Felicitas, mit der war ich in Marburg bei Amnesty.« Seltsam war, dass sich viele der guten Bekannten aus alten Zeiten an keine Bine Schlöz erinnerten, wenn ich beim nächsten Telefonat pflichtschuldig ihre Grüße ausrichtete.

Es konnte auch sein, dass Bine ihre Spanischkenntnisse vervollkommnete, denn sie sprach ständig von ihrer lange geplanten Kuba-Reise. Fernreisen waren ja auch endlich wieder möglich. Dafür wollte sie im November drei Wochen Urlaub nehmen.

»Man muss das Land bereisen, solange alles noch so schön ursprünglich ist und die Amis nicht in Scharen einfallen«, gab Bine zum Besten, wenn sie uns über die Details ihrer Reise auf den neuesten Stand brachte.

Ich dachte, dass der ein oder andere Kubaner vielleicht ganz froh war, wenn ein paar spendierfreudige Amis kämen und ihr Geld da ließen. Außerdem glaubte ich, dass Bine eine Reise in die Dominikanische Republik vielleicht besser tun würde. War das nicht ein bevorzugtes Ziel allein reisender Frauen, quasi das »Thailand für Sie«? Irgendetwas in die Richtung hatte ich mal in einer Reportage auf 3Sat gesehen und es mir für später gemerkt. Viel später, dachte ich, denn: Die Hoffnung stirbt zuletzt. Ich wollte zunächst in Berlin einen Vater für mein Kind suchen.

Vielleicht waren inzwischen auf Kuba interessante Kontakte zur einheimischen Bevölkerung möglich – ganz im Sinne der karibischen Perestroika, die vor einiger Zeit eingeläutet worden war. Bine würde wissen, was die Zeichen der Zeit waren, dessen war ich mir sicher und hätte sie nach den aktuellen Reiseplänen fragen können. Aber am Ende hatte ich keine Lust auf eine ganze Stunde Kapitalismuskritik und blieb lieber in meinem Büro. Ich verharrte pflichtgemäß noch bis zwölf Uhr an meinem Schreibtisch, unterbrochen von einem Gang zur Teeküche, um mir einen Jogurt aus dem Kühlschrank zu holen. Vor kurzem hatten wir ein neues Modell im trendigen Alu-Design bekommen, das etwa doppelt so viel Inhalt fasste wie das alte Einbaugerät, das man allein aus Gründen des Seuchenschutzes schon vor langer Zeit aus dem Verkehr hätte ziehen müssen. Manche Tupper-Dose verwandelte sich in den Tiefen des Kühlschranks in einen bakteriellen Mikrokosmos, mancher Pudding drückte nach ein, zwei Monaten oder Jahren bedenklich gegen den Aludeckel, und der Orangensaft, der schon mehrere Minister hatte kommen und gehen sehen, hatte die Konsistenz von Apfelmus mit Stückchen angenommen. Der Vorteil des neuen, großen Kühlschranks war zugleich sein Nachteil: denn er bot Platz für noch mehr Töpfchen, Dosen und Flaschen.

Es gab auch eine Mikrowelle in der kleinen Teeküche. Das Vorgängermodell hatte ein Kollege während der letzten Fußballweltmeisterschaft in Brand gesetzt. Als wir in der Sommerpause im Büro die gesamte Vorberichterstattung guckten, bevor wir uns pünktlich auf den Weg zum *Public Viewing* machten, hatte er eine Tüte Mikrowellen-Popcorn einer viel zu langen Erhitzungsphase ausgesetzt. Die Tüte hatte Feuer gefangen und die Mikrowelle den Geist aufgegeben. Der Kollege würde sich die Sprüche zu diesem Vorfall bis zur Pensionierung anhören müssen. Und auch wenn er seinen letzten Atemzug getan hätte, würde man sich seiner in der üblichen Rundmail bei Todesfällen als des Kollegen erinnern, der »für unsere gemeinsame Sache brannte«.

Der Jogurt war gegessen und die Zimmerpflanze gegossen. Ich verließ das Büro und radelte in den Tiergarten, wo ich mir ein schattiges Plätzchen unter einer großen Linde suchte und ein Nickerchen machte, während japanische Touristen auf Leihfahrrädern mörderisch über die Wege schlingerten und versuchten, den Bierfahrzeugen auszuweichen, die ihnen in halsbrecherischem Tempo entgegen rauschten. Ich wusste nicht, was ich schlimmer fand: die unfähigen Radler und Rollerfahrer, die am liebsten in großen Gruppen nebeneinander herfuhren, dabei Selfies mit dem an einer Stange befestigten iPhone machten und meine Rennstrecke nach Hause blockierten. Oder die Senioren in Jack-Wolfskin-Montur, dreiviertel langen Hosen mit voluminösen aufgesetzten Taschen und beiger Weste, die mit Segway-Rollern die Sehenswürdigkeiten der Hauptstadt abklapperten und dabei ihre Gelenke, aber nicht die Nerven der Berlinerinnen und Berliner schonten.

Ach, Berlin, ist doch eigentlich schön, dass Menschen aus aller Herren Länder wieder so gerne hierherkommen, dachte ich und versank in einen traumlosen Schlaf.

Sitzungswoche, September

Irgendwann ging auch diese Sommerpause vorüber und die erste Sitzungswoche stand vor der Tür. Der Sommer neigte sich dem Ende zu. Zumindest laut Kalender, denn wegen des Klimawandels standen uns bis Mitte Oktober bestimmt noch einige richtig heiße Tage bevor. Mein Schwimmverein öffnete sein Außenbecken inzwischen vom Beginn der Oster- bis zum Ende der Herbstferien.

Anfangs stand der Sommer ganz im Zeichen meines schmerzhaften Verlusts. Zur Arbeit zu gehen half nur wenig gegen die Traurigkeit, weil es während der Parlamentsferien kaum etwas zu tun gegeben hatte, was mich wirklich ablenkte. Also versuchte ich, in meiner Freizeit auf andere Gedanken zu kommen. Ich traf Freundinnen, ging ins klimatisierte Kino, wenn die Achtunddreißig-Grad-Marke geknackt wurde. Oder ich machte Ausflüge mit Papa. Schloss Sanssouci, das Gelände der Gartenschau oder ein Kaffee auf der Terrasse der Liebermann-Villa am Wannsee. Das machte uns beiden Freude und brachte für ein paar Stunden die alte Leichtigkeit zurück, die ich mit meinem Kind verloren hatte.

An Ebbi dachte ich etwas seltener. Dann aber lief ich ihm zufällig über den Weg.

Ich war zum Fähranleger gegenüber der Pfaueninsel geradelt. In dem Gartenlokal, an dessen Zaun ich mein Rad anschloss, wollte ich zur Toilette gehen. Als ich mich durch die dicht stehenden Bänke und Tischreihen drängte, sah ich unter einem der aufgespannten Sonnenschirme den vertrauten silbergrauen Schopf leuchten. Schnell betrat ich das Gebäude und spähte durch eine Häkelgardine in den Hof. Es musste Ebbi sein. Ich war mir sicher, auch wenn er mir den Rücken zuwandte. Letzte Zweifel zerstreuten sich, als er sich seinem Haupthaar widmete. Als er fertig war, legte er den Arm nicht auf dem Tisch ab, sondern um die Schultern seiner Tischnachbarin, die eindeutig nicht seine Frau war. Ich wusste, wie Birgit aussah. Sie hatte einen flotten Kurzhaarschnitt und war, wie ihr Gatte, völlig ergraut. Ebbis Sitznachbarin hingegen trug das lange, blonde Haar offen, schmiegte sich an ihn und küsste ihn auf die Wange. Das durfte nicht wahr sein! Er hatte schon eine Neue? Und er versteckte sie nicht, wie er es mit mir getan hatte? Er zeigte seine junge Geliebte in aller Öffentlichkeit, wenige Monate, nachdem ich nach acht Jahren Beziehung aus seiner Wohnung gestürmt war? Monate, in denen er mit keiner einzigen noch so kurzen Nachricht versucht hatte, wieder Kontakt zu mir aufzunehmen? Mich zurückzugewinnen, nachdem ich fast ein ganzes wertvolles Jahrzehnt meines Lebens auf ihn und eine Entscheidung gewartet hatte? Ich war mir bewusst darüber, dass es an Masochismus grenzte, die beiden auch nur eine Sekunde länger zu beobachten. Aber meine Neugier war stärker als mein Stolz. Ich sah weiter nach draußen. In trauter Zweisamkeit saßen Ebbi und seine Begleiterin vor einem Stück Torte, von dem sie sich lächelnd gegenseitig Bissen in den Mund schoben. Die Frau konnte nicht älter als dreißig sein und sah blendend aus. Genau wie Ebbi, der ein sportliches Hemd, eine rote Hose und eine trendige Sonnenbrille trug. Die Zeiten als englischer Landmann waren offensichtlich passé. Er erinnerte mich an den Ebbi, den ich vor zehn Jahren kennengelernt hatte, bevor er sich Tweed-Jacketts mit Flicken auf den Ellenbogen zulegte und Seidenschals trug. Die Neue schien ein Jungbrunnen für ihn zu sein. Ich konnte mir das nicht länger antun und wollte mich abwenden, als die Frau aufstand und sich nach dem Eingang zur Gastwirtschaft umsah. Sie trug ein helles Sommerkleid. Darunter zeichnete sich eindeutig ein Babybauch ab. Mindestens sechster Monat, dachte ich und verließ fluchtartig das Gebäude, das Gelände und das Havelufer.

Nach diesem Desaster hatte ich zwei Wochen Urlaub genommen und sie genutzt, um ernsthaft über meine persönliche und berufliche Zukunft nachzudenken. Denken konnte ich am besten draußen in der Natur oder unter Wasser. Außerdem musste ich die Bilder von Ebbi und seiner schwangeren Freundin loswerden. Deswegen nutzte ich die warmen Spätsommertage für weitere Radtouren im Umland und verbrachte lange träge Nachmittage am Außenbecken meines Schwimmvereins. Unter meinen Mitschwimmern waren ein paar nicht unansehnliche Typen in meinem Alter, die ebenfalls mehrmals die Woche ihre Bahnen zogen. Anfang der Saison hatten wir uns stumm zugenickt, inzwischen winkte ich einigen von ihnen fröhlich zu und ließ mich in ein Gespräch verwickeln, wenn ich meine Pflichtstrecke absolviert hatte. In dieser Hinsicht war ich zwanghaft: wenn ich nicht die zweitausend Meter vollmachte, war ich den Rest des Tages unzufrieden und unausgeglichen. Die netten Plaudereien mit den attrakti-

ven Mittdreißigern endeten allerdings meist damit, dass eine genervte Frau mit mindestens zwei Kindern im Schlepptau ins Bild trat und ihren Gatten in Beschlag nahm: »Mann, morgen kannst Du Dich mit den Blagen mal in die Schlange stellen. Das hat ewig gedauert mit den Scheiß Pommes. Die mussten erst die Kartoffeln vom Acker holen. Und dann ist Anna-Luise noch das Eis hingefallen. Ich habe echt keinen Bock mehr, das immer allein an der Backe zu haben, während Du Sport machst und in Form bleibst!«
Dann fragten die gestressten Ehefrauen ungeduldig nach der mit dem Handtuch reservierten Liege. Hatten sie diese gefunden, wurde die überdimensionierte Strandtasche mit allen Zutaten für einen langen Schwimmbadtag darauf gewuchtet: Dosen mit kleingeschnittener Rohkost als Ausgleich zu den nur in Ausnahmefällen gestatteten Pommes, vegane Sonnencreme mit Schutzfaktor Fünfzig Plus für die sensible Haut, von irgendeiner offiziellen Verbraucherschutzstelle als Allergiker-freundlich befunden. Hinzu kamen Bücher und Zeitschriften, deren Lektüre allerdings darunter litt, dass man dauernd Bekannte entdeckte, Kekse verteilen und Wasserflaschen zücken musste, damit die lieben Kleinen im tropischen Berliner Sommer nicht dehydrierten.

Ich liebte das Schwimmbad trotzdem. Beim Schwimmen notierte ich im Geiste die Szenen für den Roman, den ich plante, seit ich mit siebzehn Jahren im Deutsch-Leistungskurs zum ersten Mal fünfzehn Punkte ergattert hatte, da ich laut meinem Kursleiter über eine hervorragende Ausdruckskraft und Stilsicherheit verfügte. Das war jetzt fast zwanzig Jahre her, aber ich hatte den Plan immer noch nicht aufgegeben. Immerhin verdiente ich meine Brötchen mit der Schreiberei. Aber das war Pflicht, ich träumte nach wie vor von dem großen Wurf in Form eines Jahrhundertromans.

Beliebtheitsgrad, immer noch September

Mein Urlaub war viel zu schnell vorbei. Die Schatten wurden länger, der Parlamentsbetrieb lief wieder auf Hochtouren. Und damit die heiße Zeit des Redenschreibens, hatten doch alle wichtigen *Player*, politischen Schwergewichte, Hinterbänkler, Lobbyisten und Multiplikatoren während der Sommerpause überschüssige Energie gesammelt, die nun auf Parteitagen und Kongressen, in Hauptversammlungen, Dialogprozessen und auf Symposien, Ärzte- und Apothekertagen abgearbeitet werden mussten. Reden, Statements, Sprechzettel, Inputs, Namensartikel und Grußworte rollten in einer Lawine auf uns zu, die selbst für alte Hasen wie Friedbert und mich beängstigende Dimensionen annahm.

Ich war froh, dass mein Kollege längst wieder auf dem Posten war, als mein erster Arbeitstag mich wieder ins BuEGeLN führte. Ich loggte mich mit meiner Zeitkarte ein und stellte frustriert fest, dass mein Überstundenkonto nach den kurzen Arbeitstagen im Juli und August nun gegen Null tendierte. In der Kantine holte ich mir einen Latte Macchiato und schlich missmutig in mein Büro. Noch über dreißig Jahre bis zur Pensionierung, schoss es mir durch den Kopf. Ausgerechnet meine Partei hatte mir dieses Pensionsalter eingebrockt. Ruhestand mit siebenundsechzig, im Prinzip keine schlechte Idee, aber vom persönlichen Standpunkt aus kam es einem »lebenslänglich« gleich. Außerdem würde mit steigender Lebenserwartung irgendwann auch die Zahl Siebzig kein Tabu mehr sein. Es hätte mich nicht gewundert, wenn das Konzept zum weiteren Hinausschieben des Rentenalters längst in der Schublade von Rudi Grömitz schlummerte. Es war vermutlich nur eine Frage der Zeit und des richtigen Zeitpunkts, damit herauszukommen. Bestimmt nicht kurz vor einer Wahl. Am besten redete man in Rentenfragen Tacheles, wenn Nordkorea eine Atomrakete auf Los Angeles abfeuerte oder der Osten im Hochwasser versank. Kurzum, wenn die Leute andere Sorgen hatten.

Ich fuhr meinen Rechner hoch und riss das Fenster auf, um sogleich feststellen zu müssen, dass auch die renitenten und gewaltbereiten Jugendlichen auf dem Pausenhof mit einem ganzen Zentner überschüssiger Energie aus den Ferien zurückgekommen waren. Der Krach war selbst mir zu viel. Ich fand es eigentlich ganz nett, in diesem Behördensarkophag ab und an lebhafte Stimmen zu vernehmen, wenn es nebenan nach der Schulstunde zum Freigang klingelte und der geförderte Nachwuchs mit Joint hinterm Ohr und Klappmesser in der Tasche in die Pause stürmte. Bine hingegen beklagte sich täglich über den unzumutbaren Krach. Auch die musizierenden Kinder fand sie schrecklich.

Sie war der Typ, der sich bald einen Golden Retriever oder einen Labrador anschaffen und Schnappschüsse von sich und ihrem Schatz posten würde. Den Hund würde sie selbstverständlich aus dem Tierheim holen. Oder aus Rumänien. Von dieser Möglichkeit, sich einen Hund zuzulegen und Gutes zu tun, wusste ich, seit ich vor ein paar Monaten eine Laudatio auf eine ältere Dame verfasst hatte. Sie vermittelte Straßenhunde an liebevolle Herrchen und Frauchen in Deutschland. Die Verleihung des Verdienstordens der Bundesrepublik war das Mindeste, was man tun konnte, um diesem wichtigen Thema endlich die Aufmerksamkeit zu verschaffen, die es verdiente.

Während Outlook meinen Mail-Account aktualisierte, ging ich mit meinem Kaffeebecher nach nebenan, wo Friedbert freudig erregt aus seinem Bürostuhl sprang: »Mia, endlich!«, rief er aus und schloss mich ungestüm in seine Arme.

»Die letzten beiden Wochen waren grauenhaft. Ich hier allein mit dem Chef und Bine!«

»So schlimm?«, fragte ich und ließ mich ihm gegenüber auf dem Besucherstuhl nieder, nicht, ohne zuvor die Tür zum Flur geschlossen zu haben.

»Noch schlimmer«, stöhnte Friedbert theatralisch und ließ sich wieder in seinen Schreibtischstuhl fallen.

Friedbert hatte mich schnell auf den neuesten Stand gebracht, der erschreckend dem vor der Sommerpause glich. Es hatte die ein oder andere unschöne Begegnung mit der Ministerin und Frau Dr. Almut Brunner gegeben. Die Nerven der Ministerin lagen blank. Der Bundesrechnungshof hatte an den Ausgaben für die Kampagnen herum gekrittelt und das unschöne Wort von »Verschwendung von Steuergeldern in Millionenhöhe« tauchte in der Hauptstadtpresse auf. Im Sommerloch war das ein gefundenes Fressen für die Journalisten gewesen. Und auch der Bund der Steuerzahler blies in dasselbe Horn und veröffentlichte eine Pressemitteilung nach der anderen zu dieser »skandalösen Angelegenheit«. Erschwerend kam hinzu, dass der Deal mit dem Coach öffentlich wurde. Ich hatte Recht gehabt.

Nicht nur, was den Coach anging, bei dem es sich tatsächlich um Franz Mauss handelte. Sondern auch, was die Höhe seiner Honorare betraf. Irgendjemand aus dem *Inner Circle*, ganz *Whistleblower*, hatte alles dem Spiegel gesteckt. Der fragte nun in seiner Titelstory ganz unbedarft, ob denn das BuEGeLN nicht über eigene Leute verfügte, deren Kerngeschäft die Beratung und Positionierung der Ministerin in der Öffentlichkeit war. Da hatte aber jemand richtig ausgepackt, dachte ich, als ich den Artikel genüsslich zum zweiten Mal las. Ganz schön harter Tobak für Frau Dr. Roswitha Wanninger. Gut unterrichtete Kreise munkelten außerdem, die Opposition wolle einen Untersuchungsausschuss einrichten, weil die Ministerin angeblich befreundeten Pharmaunternehmen Einblick in ihre Pläne für eine Reform der Arzneimittelzulassung in Deutschland gewährt hatte.

Eine TV-Doku im Zweiten sollte das angekratzte Image der Ministerin wieder aufpolieren. Aber auch das war gründlich missglückt, weil die Ministerin beim Golfturnier nahe Starnberg einen rabenschwarzen Tag hatte. »In Zukunft lieber Minigolf?« titelte die BILD am Tag nach der Ausstrahlung der Sendung. Das Blatt war Frau Dr. Roswitha Wanninger in der Vergangenheit immer gewogen gewesen. Nun schien der Punkt erreicht, an dem die mediale Stimmung kippte und aus Sympathie zuerst Spott und dann unverhohlene Antipathie wurde. Man kannte das zur Genüge von Tennisstars, Schlagersternchen und Nachwuchsschauspielern. In Phase Eins wurden sie in den Himmel gelobt, in Phase Zwei lächerlich gemacht und in Phase Drei öffentlich geschlachtet. Für manche gab es nach Jahren in der medialen Verbannung eine Phase Vier in Form eines Comebacks, aber das war die Ausnahme. Warum sollte es einer politischen Hoffnungsträgerin besser gehen?

Die Ministerin stand unter immensem Druck. Blitzableiter wurden dringend gebraucht.

Erst letzte Woche hatte Frau Dr. Roswitha Wanninger dem verdatterten Friedbert einen Redeentwurf vor die Füße geknallt und ihn mit den Worten angeschrien: »Belegen Sie mal einen Kurs Deutsch als Fremdsprache. Ich schreibe meine Reden am besten in Zukunft selbst!«

Während Friedbert gegen die Tränen ankämpfte und die einzelnen Blätter vom Boden aufklaubte, zeterte die Ministerin, für wie unfähig sie uns hielt.

Von Solidarität in dieser für das ganze Ministerium schwierigen Lage war keine Spur. Bruno Mützweiler-Gräbing grätschte uns genauso in jede Rede hinein wie Rudi Grömitz, der inzwischen von der Ministerin beauftragt worden war, in jedem Einzelfall zu prüfen, ob unsere Reden dem *Wording* zu »Gutes Leben der Zukunft « entsprachen. Dieses *Wording* hatte seine *Task Force* gemeinsam mit einer der renommiertesten Agenturen des Landes entwickelt. Einer Agentur, deren Name in einer der Pressemitteilungen des Bundes der Steuerzahler aufgetaucht war. Deswegen würde man sie bei künftigen Ausschreibungen nicht mehr berücksichtigen können. Sie war für das BuEGeLN verbrannt und beriet fortan den politischen Gegner.
Erst nachdem Rudi Grömitz einen Redeentwurf auf dem Tisch gehabt und ihn bearbeitet hatte, ging dieser über Bruno Mützweiler-Gräbing und Frau Dr. Almut Brunner an die Ministerin. Wie sie den durch alle im Änderungsmodus farblich gekennzeichneten Korrekturen und Kommentare völlig unleserlichen Text überhaupt dechiffrieren konnte, war Friedbert und mir ein Rätsel. Außerdem wurde neuerdings der Pressesprecher Uli Boeck zu Rate gezogen, der zusätzlich »mit dem Blick des Zeitungslesers« auf unsere Texte schauen sollte. Schließlich war gute Presse das A und O, auch im Hinblick auf die nächsten Wahlen. Uli Boeck musste sich nach den medialen Desastern der jüngsten Zeit mächtig ins Zeug legen, wenn er nicht bald seinen Job los sein wollte. Immerhin ging die Minigolf-Schlagzeile auf seine Kappe. Er hatte der Ministerin vorgeschlagen, an dem Golfturnier teilzunehmen und das Ganze pressewirksam auszuschlachten. In der Presse niedergeschlagen hatte es sich ja auch, nur nicht so wie geplant.
Bei unserem Sommerfest kurz vor den Parlamentsferien hatte Uli Boeck selbstbewusst verkündet, er sei in letzter Zeit Gast vieler Ministeriums- und Fraktionsfeste gewesen. Allerorten höre er, dass die Pressearbeit des BuEGeLN ganz neue Maßstäbe setze. Diesen Orden konnte sich eigentlich auch unser Referat anheften, denn die Pressearbeit von Uli Boeck und seinen Leuten bestand häufig darin, uns mit Anfragen zu nerven, wann eine Rede endlich fertig sei, man brauche ein Zitat der Ministerin für die Pressemitteilung zum Termin. Dann wurden ein paar griffige Passagen aus unseren Reden herauskopiert und mit ein paar Zahlen und Fakten garniert. Fertig war die Pressemitteilung, die man an die Agenturen schicken konnte. Wir schrieben auch Namensartikel der Ministerin, obwohl es nicht

völlig abwegig war, diese Aufgabe in der Pressestelle zur verorten. Immerhin saßen dort Absolventinnen und Absolventen der Henry-Nannen-Journalistenschule oder der Kaderschmiede des Springer-Konzerns. Trotzdem landeten diese Arbeitsaufträge in der Regel bei uns Redenschreibern. Wenn wir den Artikel verfasst hatten, mussten wir uns allerdings gefallen lassen, dass die Kollegen aus dem Pressereferat diesen auf seine Zielgruppenorientierung hin überprüften. Erst dann durfte unser Werk die ganze Hühnerleiter hoch bis zur Ministerin. Es gehörte meiner Meinung nach eine gehörige Portion Selbstbewusstsein dazu, dass Uli Boeck die Arbeit anderer als die eigene verkaufte. Aber als *Ghostwriter* waren wir machtlos dagegen.

Die nächsten Bundestagswahlen fanden zwar planmäßig erst in drei Jahren statt, aber spätestens nach der Hälfte der Legislaturperiode im kommenden Herbst würde man in den Wahlkampfmodus schalten. So war das gang und gäbe – zwei Jahre Gesetzesvorhaben durchbringen, auf die man sich im Koalitionsvertrag geeinigt hatte, danach konnte es wieder losgehen mit den gegenseitigen Vorwürfen und den persönlichen Diffamierungen. Zunächst subtil und maßvoll, kurz vor der Wahl dann lautstark und rüde. Entweder ganz offen bei eingeschalteten Mikros, also »unter eins«. Oder »unter zwei«, der Formel, die besagte, dass die Quelle nicht namentlich zitiert werden durfte, sondern die Infos aus geheimnisvollen »gut unterrichteten Kreisen« stammten. Es war wichtig, die Presse bei Laune zu halten, schließlich hatte sie einen nicht unerheblichen Einfluss auf die Sonntagsfrage.

Neben dem Beliebtheitsgrad war die Frage nach dem Bekanntheitsgrad eines Politikers am wichtigsten. Manchmal war gar nicht entscheidend, ob man negative oder positive Schlagzeilen machte. Hauptsache, das Wahlvolk kannte Gesicht und Namen seiner Volksvertreter. Gelegentlich half eine negative Schlagzeile auch gegen Politikverdrossenheit.

Ein Beispiel war mir persönlich besonders präsent, schließlich hatte es gewisse Parallelen zu meiner eigenen Geschichte. Wenn ein verheirateter Minister einer christlichen, wertkonservativen Partei im fernen, ruppigen, kalten Berlin die Wärme und Nähe seiner jungen Mitarbeiterin im Bundestagsbüro suchte, um nicht völlig einsam und verlassen seinen Kampf für ein besseres, ein gerechteres Land fechten zu müssen, und wenn dann daraus ein Kind der Liebe entstand ..., dann zeigte doch dieser Politiker eine

Menschlichkeit, die man der politischen Kaste gemeinhin absprach. Das war vielleicht moralisch nicht in Ordnung, aber irgendwie verständlich. Spätestens nach der öffentlichen Versöhnung des Geläuterten mit seiner langjährigen Ehefrau bei gleichzeitiger Anerkennung der Vaterschaft und der damit verbundenen finanziellen Verpflichtungen gegenüber dem unehelichen Sprössling war die Sache vollends verziehen. Die Frage: »Ist Ihnen dieser Politiker bekannt?« beantworteten hundert Prozent der Befragten, ohne einen Wimpernschlag lang zu zögern, mit einem klaren »Ja!«

Mit dieser Methode hätte ich auch Professor Eberhard »Ebbi« Eckmann zu der Prominenz verhelfen können, die er seiner Meinung nach verdiente. Aber ich war nicht auf Rache aus. Und ich hatte momentan andere Sorgen, denn im BuEGeLN wehte ein eiskalter Wind.

Lange hatte sich Uli Boeck in Sicherheit gewiegt und darauf gesetzt, dass unsere Ministerin keinerlei Makel zeigte, der ihr schlechte Presse hätte einbringen können. Nur ihre Redenschreiber, also wir, brockten ihr im Zweifel eine kritische Berichterstattung ein. Deswegen die Vorkehrungen und der längere Weg, den unsere Redeentwürfe nun nahmen. Es mussten alle Vorsichtsmaßnahmen getroffen werden, damit das Bild der Ministerin nicht noch mehr Schaden nahm. Friedbert und mir drängte sich jetzt erst recht die Frage auf, wozu wir überhaupt noch gebraucht wurden? Ein bisschen Lyrik hier und dort, ein origineller Einstieg und ein gelungener Schluss? Brauchte man dazu ein ganzes Referat?

Wenn wir während der Mittagspausen mit Kollegen aus den verschiedenen Abteilungen sprachen, erfuhren wir, dass wir nicht die einzigen waren, deren Daseinsberechtigung gegen Null strebte. Gestandene Abteilungsleiterinnen wurden entmachtet und erfahrene Referatsleiter kalt gestellt. Diskutiert wurde schon lange nicht mehr, die Fachebene des Ministeriums war dazu verdammt, die Befehle von oben ohne Widerrede zu exekutieren. Entscheidungen wurden von geheimnisumwobenen kleinen Zirkeln in Hinterzimmern getroffen. Man munkelte, dass ihnen meist Rudi Grömitz vorstand. Die anderen Teilnehmer blieben unbekannt. Gerne wurden externe Experten hinzugeladen, die dafür sorgten, dass die Meta-Ebene nicht völlig ausgeblendet wurde. Einige von ihnen gingen inzwischen im BuEGeLN ein und aus. An der Kaffeetheke wurde ihnen wortlos der Lieblingskaffee gereicht und in der Kantine war für die Vordenker aus Wissenschaft und

Forschung ein Tisch in einem Séparée reserviert. Dass dies für Unmut sorgte und der eine oder andere darüber mit der Presse plauderte, überraschte mich nicht.

Bislang gehörten auch die viel zitierten Praktiker zu den gern gesehenen Gästen der diversen Debattierclubs unter Leitung von Rudi Grömitz. Ihnen kam die wichtige Aufgabe zu, von *Best Practice*-Beispielen und *Leuchtturmprojekten* zu berichten.

Rudi Grömitz schickte die Einladungen zu den geheimen Treffen an die privaten E-Mail-Adressen der auserwählten Kollegen oder ließ sie in einer mit einem Aufkleber verschlossenen gelben Postmappe persönlich übergeben. Dadurch stand inzwischen jeder, der eine gelbe Postmappe herumliegen hatte, unter dem Generalverdacht, zu einem der vertraulichen Zirkel zu gehören. Es herrschte eine Stimmung wie während der Großen Säuberungen unter Josef Stalin. Jeder verdächtigte jeden. Gleichzeitig war man, ohne dass man es zugeben würde, enttäuscht, dass man selbst nicht für würdig erachtet wurde, zum inneren Kreis zu gehören. Die Ausgeschlossenen saßen Nägel kauend und ohne sinnstiftende Beschäftigung die Zeit im Büro ab und schoben Selbstzweifel und Frust. Oder sie hatten Angst, auf der Abschussliste zu stehen. Man konnte sich natürlich eine gelbe Postmappe besorgen und ein wenig Eindruck schinden, aber das fand ich armselig.

Es war zum Heulen. Innerhalb nur eines einzigen Jahres hatten Frau Dr. Roswitha Wanninger und ihre Erfüllungsgehilfen um Frau Dr. Almut Brunner das Ministerium in eine Schreckensherrschaft verwandelt, in der jeder um sein kleines bisschen Leben kämpfte, statt dass alle gemeinsam an der größeren Sache mitwirkten: der Ernährung, der Gesundheit, der Lebensqualität und der Nachhaltigkeit in diesem unserem Lande.

Die Öffentlichkeit ahnte nicht, wie es um das BuEGeLN bestellt war. Jedenfalls fuhr unsere Ministerin ungeachtet der schlechten Presse und der misslichen Lage immer noch keine schlechten Werte ein, was ihre Bekanntheit wie auch ihre Beliebtheit anbelangte. Aber sie bewegte sich nur im Mittelfeld der Grafik. Und die Tatsache, dass ihre Werte stagnierten, sorgte für Nervosität in der *Bel Étage* und ließ hektische Flecken auf den Wangen von Frau Dr. Almut Brunner blühen. Denn damit rückte das langfristige Ziel in weite Ferne, auf das sich Frau Dr. Roswitha Wanninger und die Ihren zu Beginn der Legislaturperiode auf einer Klausurtagung im sächsischen Bad Schandau, idyllisch gelegen am Rande des Elbsandsteingebirges, eingeschworen hatten: die nächste Kanzlerkandidatur. Die Presse nannte das seitdem den Schandau–Pakt und spekulierte immer noch darüber, wer eigentlich alles dazu gehörte.

Obwohl es nicht so recht bergauf ging, wurde die Ministerin in manchen Gazetten der Republik weiterhin als potenzielle Nachfolgerin des aktuellen Parteivorsitzenden gehandelt, der das natürliche Zugriffsrecht auf die Kanzlerkandidatur hatte. Aber weil er es bei der letzten Wahl vergeigt hatte und dem *Rising Star* der Grünen unterlegen war, würden die Konservativen vielleicht beim nächsten Mal tatsächlich auf die Frau setzen, die sich im Kabinett und in der Öffentlichkeit bislang wacker schlug.

Bei der Vorstellung einer Kanzlerin Wanninger wurde mir angst und bange. Ich beschloss, mich mit dem Gedanken vertraut zu machen, Deutschland in diesem *worst case* zu verlassen. Nur, wovon leben als Schreiberling in einem fremden Land? Ich könnte mich als Hüttenwirtin auf eine Alpenvereinshütte zurückziehen und endlich mein Opus Magnum schreiben, das seit zwanzig Jahren auf meiner *To-Do*-Liste stand. Trost spendeten mir in dieser Zeit die Biografien der Kinder Thomas Manns. Allesamt entweder ungeliebte oder vollends gescheiterte Persönlichkeiten mit handfesten Drogenproblemen, Neurosen und verkrachten Liebesbeziehungen. Im Vergleich dazu hatte ich es gut. Mein Vater liebte mich. Meine Mutter bestimmt auch. Halt auf ihre Art.

Ich hatte eine, an den Standards meiner Partei gemessen, lupenreine Biografie: Ausbildung zur Floristin, nebenbei Abi auf der Abendschule, danach geisteswissenschaftliches Studium, Master mit Auszeichnung, Verbeamtung auf Lebenszeit als Redenschreiberin im wichtigsten Ressort der Bundesregierung. Aber was nutzte mir das? Mein selbst verdientes Geld gab ich für mich alleine aus, mein zwanzig Jahre älterer Geliebter hatte mich nach acht Jahren für eine Jüngere sitzen lassen. Was ein schlechter Witz war, denn ich war erst Mitte Dreißig. Ich wollte sehnlichst ein Kind, war schwanger geworden und hatte das Baby verloren, bevor ich zum ersten Mal seine kleinen Füße und Fäuste in mir gespürt hatte. Schleichend wich meine Ablehnung gegenüber alleinstehenden Hundebesitzerinnen dem Verständnis für diese einsamen Zeitgenossen.

Immerhin hatte ich Papa und eine Handvoll Freundinnen und Freunde. Und ich hatte meinen Kater. Theo machte allerdings, was er wollte, und kam immer häufiger nachts nicht zu mir ins Bett. Spürte er, wie einsam ich war, und weigerte sich folglich, nur Lückenbüßer zu sein? Theo wollte kein Labrador oder Golden Retriever sein, soviel stand fest. Und was blieb mir? Der Job, den ich einmal aus voller Überzeugung meinen Traumjob genannt hatte, wuchs sich zum nicht enden wollenden Martyrium aus.
Ein schwacher Trost war, dass ich damit nicht allein da stand. Egal mit wem ich sprach, war das Eis des Misstrauens erst gebrochen, wusste jede und jeder eine Geschichte aus dem vergangenen Jahr im BuEGeLN zu erzählen, bei der es einem kalt den Rücken hinunter lief.
Anna, eine der Sekretärinnen der Ministerin, hatte mir bei einem Kaffee ihr Herz ausgeschüttet. Sie war im siebten Monat schwanger und hatte von Beginn an mit allerlei Zipperlein zu kämpfen: Morgenübelkeit und Ischias-Beschwerden, die das stundenlange Sitzen am Schreibtisch beschwerlich machten. Später geschwollene Beine und Wadenkrämpfe. Jedes Mal, wenn Frau Dr. Roswitha Wanninger durch das Vorzimmer in ihr Büro stürmte, warf sie Anna einen mitleidigen Blick zu und bedachte sie mit einer Bemerkung wie: »Blass sehen Sie aus, Frau Pritz. Nicht jede ist zum Muttersein gemacht!«
Wenn Anna sich streckte oder gähnte, bekam sie zu hören: »Reißen Sie sich zusammen, Frau Pritz, die Menschheit wäre vor Jahrmillionen ausgestorben, wenn alle Frauen so zimperlich wären wie Sie!«
Die Sekretärin wagte nicht, sich an die Gleichstellungsbeauftragte zu wenden, und verfuhr nach dem Motto: Augen zu und durchhalten bis zum Mutterschutz. Und dann erst einmal Elternzeit, sehr, sehr lange, bis zum nächsten Kind und dann immer so weiter, bis Frau Dr. Wanninger im Kanzleramt, bei der EU-Kommission in Brüssel, als Botschafterin beim Heiligen Stuhl oder in der politischen Bedeutungslosigkeit verschwunden war. Ich fand das skandalös, denn wir schrieben in jede Rede zum Thema Nachhaltigkeit, dass wir vor allem die jungen Frauen als Fachkräfte von morgen brauchten und Elternzeit nicht zum Karrierekiller werden durfte.
Andere berichteten von vernichtenden E-Mails der Ministerin oder ihrer Entourage, die so breit gestreut wurden, dass jeder im BuEGeLN mitbekam, wer gerade auf voller Linie versagt hatte. So erzählte mir meine

Kollegin Inge aus dem Referat für die »Ausweitung der Biosphärenreservate« in Tränen aufgelöst, dass Bruno Mützweiler-Gräbing in einer Mail an sie alle Abteilungsleiter Cc gesetzt hatte. Inhalt seiner nunmehr quasi öffentlichen Botschaft an Inge: »Sehr geehrte Kollegin, so geht das nicht. Diese Leitungsvorlage entspricht inhaltlich und formell nicht im Geringsten den Anforderungen einer obersten Bundesbehörde. Überarbeitung bis heute Dienstschluss und Rücksprache auf Abruf in den nächsten Tagen!«

Vier altgediente Recken der Fahrbereitschaft hatten inzwischen ihren Hut genommen und fuhren jetzt für Uber, weil sie die herablassende Art der Leitungsmitglieder nicht länger ertrugen. Sie zogen es vor, sich den Wagen von gefrusteten Hertha-Fans vollkotzen und sich von aufgeputschten Typen anmachen zu lassen, die nach einem *Capital Bra*-Konzert zu ihnen ins Auto stiegen. Lieber solches Ungemach, als die Ministerin und ihren Tross von einem wichtigen Termin zum nächsten zu kutschieren und sich dabei schikanieren zu lassen.

Sicherheitsleute waren zu privaten Wachdiensten gewechselt und kümmerten sich lieber um die Einlasskontrolle von Techno-Clubs und zwielichtigen Wettbüros als um die leibliche Unversehrtheit von Frau Dr. Roswitha Wanninger. Außerdem seien sie nicht dazu ausgebildet worden, Regenschirme und Handtaschen zu schleppen und gleichzeitig die Hand an der Schusswaffe zu haben, hieß es in einem Brandbrief an die Leitung. Solche Beweise des Terrorregimes der Dr. Roswitha Wanninger zogen die Kollegen von der Systembetreuung unter Androhung ihrer umgehenden Kündigung noch schnell aus dem E-Mail-Verteiler, bevor sie irgendein Intrigant an eine Zeitungsredaktion weiterleiten konnte. Die Kollegen von der IT litten selbst. Zu jeder Tages- und Nachtzeit mussten mindestens zwei von ihnen rufbereit sein, falls sich plötzlich ein iPhone verabschiedete oder ein Laptop abstürzte. Meist war einfach der Akku leer oder der Stecker nicht richtig eingesteckt. Aber bevor die Ministerin oder ein Dr. Dirk Engel unter dem Schreibtisch oder dem heimischen Nachttisch herumkrochen und die Stromzufuhr überprüften, klingelten sie lieber die IT-Bereitschaft aus dem Bett, die dann schlaftrunken vom Speckgürtel Berlins aus auf Ursachensuche gehen musste. Man durfte es sich allerdings nicht zu sehr verscherzen mit den Kollegen, die über die Hard- und Software im BuEGeLN wachten. Jeder hinterließ Spuren im Netz und nicht immer waren diese dienstlich zu begründen. Ein Fachreferent für Arzneimittelkennzeichnung musste schon sehr geschickt begründen, warum er sich auf Youtube stundenlang Hausfrauenvideos anguckte.

Selbst das Servierpersonal im BuEGeLN hatte im letzten Jahr mehrfach gewechselt. Die häufigste Begründung lautete: »Wir sind doch keine Sklaven!«

Besonders traurig fand ich das Schicksal von Emilie Prussik, der Mutter eines langgedienten und stets loyalen Abteilungsleiters. Günther Prussik lehnte es ab, seine Mutter trotz fortschreitender Demenz in ein Heim zu geben. Er kommentierte dies mit seiner Überzeugung, dass das BuEGeLN wie kein anderes Ministerium für den Zusammenhalt der Generationen stehe. Als Abteilungsleiter wäre er der Letzte, der seine eigene Mutter in ein Heim abschob, weil sie den Anforderungen unserer Leistungsgesellschaft nicht mehr genügte. Seine Mutter hatte neben ihm sieben weitere Kinder großgezogen und den Generationenvertrag damit mehr als erfüllt, betonte er. Es war ein offenes Geheimnis, dass Günther Prussik ein ausgemachter Pfennigfuchser war. Böse Zungen nannten ihn sogar einen krankhaften Geizhals. Abends klapperte er die Büros der Staatssekretäre ab und sammelte Tageszeitungen und Magazine ein. Auch in den Besprechungsräumen schaute er gerne nach dem Rechten und nahm sich der Kekse an, die übrig geblieben und zu schade waren, um im Biomüll zu landen. Deswegen hieß es hinter vorgehaltener Hand, er wolle schlichtweg kein Geld für die Betreuung seiner Mutter ausgeben.

Irgendwann konnte Günther Prussik die alte Dame nicht mehr alleine in der gemeinsamen Wohnung einsperren. Dort lauerten schließlich Gefahren wie der Gasherd und ungesicherte Steckdosen. Deshalb fing der Abteilungsleiter an, seine Mutter mit ins Büro zu bringen. Meist saß sie dort schweigend vor einem kleinen Fernsehgerät und machte keinerlei Scherereien. Schwierig wurde es, als sie die Kontrolle über ihre Blase einbüßte. Günther Prussik musste sie stündlich zur Etagentoilette führen, damit kein Malheur passierte und sie den ministeriumseigenen Sessel nicht verunreinigte. Außerdem verstärkte sich ihre »Hinlauf-Tendenz«. So nannte die Fachwelt inzwischen politisch korrekt den Drang dementer Menschen, sich in Bewegung zu setzen. Früher hatte man von »Weglauf-Tendenz« gesprochen, aber das galt inzwischen als diskriminierend.

Leider musste Günther Prussik häufiger Außentermine wahrnehmen. Dann kam es den Sekretärinnen zu, Emilie Prussik zur Toilette zu führen, ihr etwas zu essen hinzustellen und aufzupassen, dass sie das Büro ihres Sohns nicht auf eigene Faust verließ. Eine kleine Unachtsamkeit, und schon war die alte Dame aus der Tür und schlich in Filzpantoffeln und Kittelschürze durch die langen Flure des Ministeriums. Das alles hatte die Vorgängerleitung geduldet. Man hatte sich sogar damit gebrüstet, dass es im BuEGeLN Platz für die Alten und Schwachen gab und die Gemeinschaft dafür einstand, dass eine alte Frau in der Nähe ihres Sohnes sein konnte, statt sediert auf dem zugigen Gang eines Altenheims auf den Tod zu warten. Damit war Schluss, als Emilie Prussik wenige Wochen nach deren Amtsantritt Frau Dr. Roswitha Wanninger in die Arme lief. Unglücklicherweise hatte sie sich auf die *Bel Étage* verirrt, wo sie der Ministerin plötzlich mit durchnässtem Rock gegenüberstand. Der strenge Geruch, den Emilie Prussik verströmte, verdarb der Ministerin den Appetit auf ihren Café Latte. Umgehend musste Günther Prussik zum Rapport antreten und eine Tirade der Ministerin über sich ergehen lassen: »Wozu kämpfe ich eigentlich für menschenwürdige Versorgung und Unterbringung der älteren Mitbürger? Sie konterkarieren meine politische Arbeit, indem Sie Ihre Mutter nicht der professionellen Hilfe überantworten, die sie verdient!«
Nach diesem Vorfall hatte Emilie Prussik die längste Zeit im Ministerium verbracht. Die alte Frau bezog noch am selben Tag ein Dreibettzimmer in einer Einrichtung der Caritas, die gemeinhin als vorbildlich galt. Die Homepage des Seniorenheims zierte ein Zertifikat, das dem des Neuköllner Mehrgenerationenhauses in nichts nachstand. Es war nicht überliefert, wie lange Emilie Prussik dort noch ihr Dasein fristete. Ihr Sohn erholte sich nie von der Trennung. Günther Prussik griff immer häufiger zur Wodkaflache, die er im Hängeregister seines Schreibtischschränkchens lagerte. Die verbleibenden Monate bis zum Ruhestand verbrachte er, aller wichtigen Aufgaben enthoben, komatös hinter verschlossenen Türen, während ein junges Talent die Abteilung kommissarisch leitete und sich für Höheres empfahl.
Das Schicksal von Emilie Prussik machte die Runde im BuEGeLN, aber leider nur dort. Nach außen hin galten wir weiterhin als fortschrittlich, familien- und seniorenfreundlich und als attraktiver Arbeitgeber. Alles dank

der Reden, die unsere Ministerin landauf, landab schwang. Darin beschwor sie, genau wie in den Talkshows, wie wichtig eine gute, an den Bedürfnissen der Mitarbeiterinnen und Mitarbeiter orientierte Unternehmenskultur und flache Hierarchien waren, um auch in Zukunft erfolgreich da zu stehen. Jedem der knapp zweitausend Angehörigen des Ministeriums, ausgenommen der Schandau-Pakt, musste bei diesen Worten das Messer in der Tasche aufgehen, dachte ich, wenn ich spätabends vor dem Fernseher den salbungsvollen Worten Frau Dr. Roswitha Wanningers lauschte, ihr einnehmendes Lachen mich ganz persönlich zu meinen schien und ich mir den kläglichen Rest aus der Rotweinflasche eingoss, um das Ganze aushalten zu können.

Teambuilding, Oktober

Die Nachricht hatte schon am Sonntag die Runde gemacht, als »Hinweis aus zuverlässiger Quelle« auf Spiegel Online, also »unter zwei«. Montagmorgen schlug sie dann ein wie eine Bombe: Karl-Heinz Beutel war erledigt. Er hatte sich dieses Mal mit seinen launigen Sprüchen zu weit aus dem Fenster gelehnt. In Hörweite einer Spiegel-Redakteurin hatte der Parlamentarische Staatssekretär über eine gehbehinderte Mitarbeiterin aus seinem Büro den unschönen Satz fallen lassen: »Die Kollegin würde ich nicht von der Bettkante stoßen. Ihr Hinkebein sieht man ja im Dunklen nicht. Und wenn sie flach liegt, ist das eh egal.«

Das ging entschieden zu weit. Die Journalistin hatte mit Karl-Heinz Beutel ihr eigenes Hühnchen zu rupfen, seit er sie auf einer Auslandsreise so hartnäckig wie erfolglos angebaggert hatte. Deshalb lautete die Überschrift am Sonntag auf Spiegel Online reißerisch: »Auf Beute(L)zug!«

Es folgte ein langer und unappetitlicher Streifen über all die Anmachversuche und sexistischen Äußerungen des bayerischen Politikers. Diese hatte die Journalistin offensichtlich über mehrere Jahre akribisch zusammengetragen. Sie berief sich dabei auf das »gebeutelte« Umfeld des Parlamentarischen Staatssekretärs sowie auf eine Heerschar namenloser Praktikantinnen, Volontärinnen, Hotelangestellter und Flugbegleiterinnen.

Bald würden die Rücktritts-, wenn nicht sogar die Entlassungsgerüchte umgehen. Dann würden sich all diejenigen warm laufen, die schon lange der nicht ganz unberechtigten Meinung waren, dass es für den Job als Parlamentarischer Staatssekretär geeignetere Kandidaten gab als den lebensfrohen Lama-Freund Karl-Heinz Beutel.

Allen voran sah Frau Dr. Almut Brunner ihr Stündchen gekommen. Endlich konnte sie nach all den Jahren und Mühen im Tross der Ministerin zur Staatssekretärin und damit in die zweite Reihe aufsteigen. Ein Bundestagsmandat würde mit dem politischen Tod von Karl-Heinz Beutel ja auch frei. Irgendwie würde man aufgrund von Frauenquote und anderen schlagenden Argumenten dafür sorgen, dass Frau Dr. Brunner den Wahlkreis von Karl-Heinz Beutel übernahm. Dieser könnte sich in Zukunft voll und ganz der Lama-Aufzucht und anderen nachhaltigen Themen widmen. Niederschwellig, sozusagen. Ein kleiner Aufsichtsratsposten und die Tantiemen

aus vielen Jahren als Abgeordneter des Deutschen Bundestages würden ihm und seinen haarigen Vierbeinern ein gutes Auskommen sichern.
Gefährlich war, dass Karl-Heinz Beutel sich eventuell in die Phalanx derer einreihte, die mit Frau Dr. Roswitha Wanninger eine Rechnung offen hatten, wenn diese ihn entlassen musste, weil er nicht freiwillig zurücktrat. Immerhin hatte sie, als die ersten Gerüchte auftauchten, nicht öffentlich Stellung bezogen und darauf hingewiesen, dass für ihren Staatssekretär bis zum Beweis des Gegenteils die Unschuldsvermutung gälte wie für jeden anderen Bürger dieses Landes. Es hätte auch nichts genutzt, wenn die Ministerin sich schützend vor Karl-Heinz Beutel gestellt hätte. Schließlich wusste jeder politisch interessierte Zeitungsleser, wie das Spiel ablief, wenn ein Politiker in die Schusslinie der Presse geriet: Zuerst ein müdes Dementi, dann erste Zweifel, schließlich eine letzte schlappe Solidaritätsbekundung, auf die schon bald die Entlassung aus Amt und Würden und die politische Bedeutungslosigkeit folgten. Beziehungsweise ein Aufsichtsratsmandat bei der Deutschen Bahn oder einem Energieversorger.

Wir hatten ganz andere Fragen an die Zukunft. Und diese forderten unsere volle Aufmerksamkeit: Das Herbstfest des Leitungsstabes stand vor der Tür. Die Sommerpause war Erinnerung und der dritte Oktober mit all seinen Jubelstunden und Reden lag hinter uns. Nun hatten wir uns nach Ansicht der Ministerin eine kleine Ablenkung verdient, bis es in die heißen Sitzungswochen ging. Vor allem aber, bevor der wichtigste Termin des Jahres erfolgreich und glanzvoll über die Bühne gebracht werde. Außerdem musste bis zu den Weihnachtsferien noch jedes Gesetz durch das Parlament und über den Schreibtisch des Bundespräsidenten gepeitscht werden, das zum ersten Januar des kommenden Jahres in Kraft treten sollte.
Früher hatte es die Tradition einer Weihnachtsfeier gegeben, aber Frau Dr. Wanninger war der festen Überzeugung, dass die Weihnachtszeit ausschließlich der Familie gehörte. Die Ministerin lehnte die Inflation von Betriebs- und Vereins-Weihnachtsfeiern entschieden ab. Sie legte keinerlei Wert darauf, mit ihren Mitarbeiterinnen und Mitarbeitern im Ministerium auf einen Glühwein und ein paar Spekulatius herumzustehen und »Oh Du fröhliche« zu singen. Deshalb hatte sie Bruno Mützweiler-Gräbings Alternativ-Vorschlag, für den Leitungsstab ein Herbstfest auszurichten, begei-

stert zugestimmt und die Organisation desselben in seine Hände gelegt. Herausgekommen war dabei ein »lockeres *Get Together* zum Teambuilding« im großen Besprechungsraum. Mit etwas Wandschmuck und abgedimmter Beleuchtung würde schon Stimmung aufkommen. Als besonderes Schmankerl hatte Bruno Mützweiler-Gräbing eine Karaoke-Anlage organisiert. Mit der Einladung zum Herbstfest wurde eine fünfundzwanzig Seiten lange Liste der Schlager versandt, die die Anlage in petto hatte. Es würde richtig spontan zugehen beim gemeinsamen Singen von »Ich möcht der Knopf an Deiner Bluse sein« und ähnlichen Diamanten deutschen Liedguts.

Friedbert und ich gingen die Liste mit wachsendem Entsetzen durch und beschlossen, uns keinesfalls zu entblöden und singend vor die Kolleginnen und Kollegen, vor allem aber vor Frau Dr. Brunner und die Ministerin zu treten. Ein echter Coup war Bruno Mützweiler-Gräbing gelungen, indem er das Herbstfest auf den Abend vor dem Abflug des gesamten Leitungsstabs nach Oberbayern terminiert hatte. Dort sollte nach intensiver Vorbereitung der Fototermin für die beste Homestory aller Zeiten stattfinden. Damit würde das angekratzte Image der Ministerin wieder auf Hochglanz poliert werden. Die gesamte Leitungsebene war mit der Vorbereitung dieses »wichtigsten Termins des Jahres« vor schönster Voralpenkulisse befasst. Und da unser ganzer Tross in aller Herrgottsfrühe den Flieger besteigen musste, würde das Fest garantiert gesittet über die Bühne gehen und nicht zu lange dauern. Kurzum: Die Vernunft würde Oberhand behalten und es würde weniger gesoffen.

Seit Frau Dr. Roswitha Wanninger das Zepter in der Hand hielt, durfte im BuEGeLN überhaupt nicht mehr zu alkoholischen Getränken gegriffen werden. Es gab bei Geburtstagen und ähnlichen Anlässen höchstens einen faden Schluck Rotkäppchen alkoholfrei. Ich persönlich fand das schade. Nun gut, dass man bis vor ein paar Jahren in der Kantine Bier kaufen konnte und sich manch ein Kollege an heißen Sommertagen mittags die erste Flasche Hefeweizen genehmigt hatte, war nicht in Ordnung. Frühschoppen statt Frühstück geziemte sich nicht für eine oberste Bundesbehörde, schon gar nicht, wenn sie für Ernährung und Gesundheit zuständig war. Aber wenn ich in früheren Zeiten freitags mit den Worten »Frau Unruh, bitte zur kleinen Dienstbesprechung« ins Büro des damaligen Staatssekretärs Hans

Norden gerufen wurde, freute ich mich zugegebenermaßen über das ein oder andere Gläschen Sekt. Mit Alkohol. Seine gesamte Mitarbeiterschar stand dann mit dem Glas in der Hand um den Laptop herum. Wir bewunderten die Bilder von Hans Nordens letzter Auslandsreise, für die ich die Reden und Grußworte geschrieben hatte. Als Vorsitzender des Sportausschusses des Deutschen Bundestages kam er ordentlich herum in der Welt: Baustellen-Besuche in den Stadien der nächsten Fußball-Weltmeisterschaften oder die Abnahme von Tartan-Bahnen der kommenden Sommerolympiaden. Testfahrten in schnellen Autos über spektakuläre Formel-Eins-Rennstrecken, Tiefschnee-Wedeln wie damals in den Rocky Mountains, als Kanada die Winterolympiade ausrichtete. Oder die Begehung der Marathonstrecken in Boston, Paris oder New York. Als Vorsitzender des Sportausschusses musste Hans Norden damals ganz persönlich überprüfen, ob die Fördertöpfe, die dank des deutschen Steuerzahlers gut gefüllt waren, sinnvoll abgeschöpft wurden. Sinnvoll und ethisch vertretbar. Deshalb war es wichtig, vor Ort ein Auge darauf zu haben, dass Bauarbeiter nicht wie Sklaven gehalten und verheizt wurden. Solche Fälle gab es leider immer wieder. Umso wichtiger, von Kontinent zu Kontinent zu jetten und weltweit für Gesundheit, Lebensqualität und Nachhaltigkeit zu streiten. Das konnte man nicht delegieren.

Leider war jener illustre und weit gereiste Staatssekretär inzwischen aus dem Bundestag ausgeschieden. Dank seiner guten Kontakte verdiente Hans Norden seine Brötchen inzwischen als Funktionär im Präsidium des Deutschen Olympischen Sportbundes. Auf Achse war er immer noch, nur wie es um das Trinkverhalten in seiner neuen Funktion bestellt war, entzog sich meiner Kenntnis. Vielleicht reichte man beim DOSB isotonische Getränke anstelle von einheimischen Rebsorten.

Bei uns war es jedenfalls vorbei mit dem Trinken während der Dienstzeit, zumindest offiziell. Es gab wie in jeder Behörde und jedem Unternehmen auch im BuEGeLN ein paar bemitleidenswerte Gestalten, die ihren Alkoholkonsum unter Missachtung der »Dienstvereinbarung alkoholfreier Arbeitsplatz« konsequent fortsetzten. Die übrigen Mitarbeiter im BuEGeLN waren aufgerufen, die stummen Hilfeschreie dieser Kollegen nicht zu überhören, sensibel und umsichtig das Gespräch zu suchen und auf Angebote des betriebsärztlichen Dienstes hinzuweisen. Diesem Aufruf folgte, soweit

mir bekannt war, niemand. Es war ja auch mehr als peinlich, um nicht zu sagen übergriffig, einen Kollegen, der penetrant nach Rasierwasser oder Pfefferminzdrops roch, darauf anzusprechen, ob er damit eine Fahne kaschieren wollte.
Auch der schlechten Angewohnheit des Rauchens und der damit einhergehenden gesundheitlichen Gefährdung unschuldiger Dritter hatte man längst einen Riegel vorgeschoben. Zunächst durfte noch im eigenen Büro gequalmt werden, allerdings nur bei geöffnetem Fenster und geschlossener Tür. Auch das wurde nach einem kurzen Intermezzo verboten. Aus Mitgefühl mit den Abhängigen hatte man dort, wo sich die Flure des Ministeriums trafen, Raucherkabinen installiert. Man kannte diese begehbaren Dunstabzugshauben ja von Flughäfen. Unter einer Art Saugglocke standen die Süchtigen dicht gedrängt und zogen verschämt an ihren Glimmstängeln. Dabei sahen sie nicht eben aus wie Genussraucher. Sie konnten Nikotin und Teer gar nicht schnell genug inhalieren und der peinlichen Situation als Ausstellungsfigur in einem Raucher-Terrarium entrinnen. Die Investition in die Raucherkabinen stellte sich als nicht besonders nachhaltig heraus, die Dinger wurden abgebaut und nach Mittel- und Osteuropa verkauft. Dort steckte man in den Kinderschuhen des Nichtraucherschutzes und nahm die Gabe dankbar an. Die Kabinen wurden in Bulgarien und Rumänien in öffentlichen Krankenhäusern installiert, in denen aufgrund einer EU-Richtlinie nicht mehr geraucht werden sollte. Brüssel streckte seinen langen Arm bis in die Heilanstalten von Sofia und Bukarest aus. Dort wurde nun heftig darüber diskutiert, dass es eine himmelschreiende Diskriminierung sei, dass bettlägerigen Patienten das Rauchen verwehrt blieb, während die weniger Kranken sich mit ihrem Infusionsständer in die schicken Raucherkabinen aus Deutschland schleppen konnten.

Unser kleines Herbstfest fiel zur Freude der meisten Teilnehmenden in die Kategorie »außergewöhnliche Anlässe«, an denen der Genuss von Alkohol durch Frau Dr. Almut Brunner für vertretbar befunden und für diesen Abend genehmigt wurde. Ich war der Meinung, dass schon der Hinweis auf das Karaoke-Angebot genügte, um die dringende Notwendigkeit des Konsums enthemmender Substanzen zu unterstreichen.
Zu Beginn des Festes reckten alle die Hälse und hielten nach der Ministerin

Ausschau, die als Gastgeberin am Anfang kurz zugegen sein und das Buffet eröffnen sollte. Nach einer halben Stunde trat jedoch Uli Boeck ans Mikrofon: »Liebe Kolleginnen und Kollegen«, verkündete der Pressesprecher, »die Ministerin musste angesichts des bevorstehenden wichtigsten Pressetermins des Jahres ganz spontan früher als geplant nach Oberbayern aufbrechen.« Getuschel machte sich breit. Uli Boeck hob die Hand und bat um Ruhe. »Sie hat es sich aber nicht nehmen lassen, Sie alle mit einer Videobotschaft herzlich zu grüßen.«

Mit diesen Worten trat er beiseite. Das Antlitz von Frau Dr. Roswitha Wanninger erschien überlebensgroß auf einer Wand des Besprechungsraums. Ich stieß Friedbert an und raunte ihm zu: »Klar, ganz spontan. Das Outfit hatte sie gestern schon an.«

»Stimmt«, gab Friedbert zurück. »Und der Hintergrund sieht eindeutig nach Reichstagsgebäude aus«. Dort hatte die Ministerin am Vortag ein Interview gegeben.

Uns konnte es egal sein, ob die Ministerin sich die Ehre gab oder nicht. Denn wir gehörten mit Sicherheit nicht zu denjenigen, die sich um sie scharen, an ihren Lippen hängen und ihr huldigen wollten. Diese Plätze waren so fest vergeben wie ein Abo bei den Berliner Philharmonikern. Wer einmal einen Platz ergattert hatte, gab ihn so schnell nicht mehr her und verteidigte ihn mit aller Kraft.

Im Gegensatz zu Friedbert und mir bedauerte die Ministerin in ihrer Videobotschaft zutiefst, nicht persönlich mit uns feiern zu können.

Mit warmherzigem Lächeln sprach sie: »Sie haben alle eine Ablenkung vom Tagesgeschäft mehr als verdient. Wer hart arbeitet, muss gelegentlich ordentlich feiern.«

Sie lächelte schelmisch in die Kamera und fuhr fort: »Genau das sollen Sie heute tun. In Gedanken bin ich bei Ihnen in Berlin. Und ich freue mich, Sie morgen möglichst vollzählig bei mir in Oberbayern wiederzusehen.«

Augenzwinkernd fügte sie abschließend hinzu: »Und selbstredend im Vollbesitz Ihrer geistigen und körperlichen Kräfte.«

Friedbert und ich stießen unsere Weingläser aneinander, als die Herzlichkeit der Ministerin einem besorgten Ausdruck wich: »Ein ernstes Wort zum Schluss kann ich Ihnen am heutigen Abend leider nicht ersparen. Wie Sie alle wissen, hat sich der verdiente Politiker Karl-Heinz Beutel in Folge einer

beispiellosen Schmutzkampagne aus der aktiven Politik zurückgezogen.«
Eine interessante Interpretation der Ereignisse, dachte ich, als die Ministerin kämpferisch eine geballte Faust in die Kamera reckte und fortfuhr: »Auch für Politiker muss ganz entschieden bis zum Beweis des Gegenteils die Unschuldsvermutung gelten – und so halte ich das auch! Sie werden also erst zu gegebener Zeit klare Worte von mir hören.«
Hier machte die Ministerin eine wohl kalkulierte Pause, bevor sie mit einem jetzt wieder freundlich-optimistischen Blick erneut auf ihre Schäfchen im fernen Berlin hinab blickte: »In jeder Veränderung liegt eine Chance. Oder anders gesagt: Jedem Anfang wohnt ein Zauber inne ... Ich freue mich deshalb sehr, Ihnen für die Nachfolge von Karl-Heinz Beutel jemanden präsentieren zu können, der mich schon lange mit großer Loyalität und mit ausgewiesenem Sachverstand auf meinem Weg begleitet.«
Mehrere Personen strafften die Schultern und klammerten sich an ihrem Glas fest, allen voran Frau Dr. Almut Brunner, in der die meisten von uns die natürliche Thronerbin Karl-Heinz Beutels sahen. Und die selbst keinen Zweifel daran hatte, dass ihre Stunde als neue Staatssekretärin gekommen war.
»Künftig wird mir Holger Sudhoff aus meinem Nachbar-Wahlkreis zur Seite stehen. Er wird die Aufgaben von Karl-Heinz Beutel als Parlamentarischer Staatssekretär übernehmen. Ich kann Ihnen nach all den gemeinsamen Jahren in der Politik in Bayern und im Bund versichern: Holger Sudhoff wird das mit großem Engagement und mit Bravour tun. Ich bitte Sie, ihm einen kollegialen Empfang zu bereiten. Sie werden ihn morgen kennenlernen, er wird beim wichtigsten Termin des Jahres gleich mal erleben, wie großartig wir im Leitungsstab des BuEGeLN zusammenarbeiten! Was für ein tolles Team wir sind!«
Da war er also wieder, der viel beschworene Korpsgeist, dachte ich und schenkte Friedbert und mir großzügig nach.
Die Ministerin lachte uns von der Leinwand entgegen und verabschiedete sich mit einem huldigenden Winken von der Waschbetonwand des Besprechungsraums.
»Holger – wer?«, flüsterte Friedbert mir zu. Ein Blick in die verstummte Runde zeigte, dass wir nicht die einzigen waren, die die Ministerin mit ihrer Personalentscheidung ratlos zurückließ. Dabei konnte es uns egal sein, mit

wem wir uns künftig herumschlagen mussten. Schlimmer als zu Beutels Zeiten konnte es gar nicht werden. Andere waren hingegen derart verdattert, dass Gläser zu Bruch gingen.

Langsam wendeten sich alle Blicke Frau Dr. Almut Brunner zu. Ihr war das Weinglas in dem Moment entglitten, als nicht ihr Name, sondern der des unbekannten Hinterbänklers gefallen war. Willige Geister hatten rasch Scherben und Pfütze entfernt und ihr ein volles Glas gereicht, damit sie mit den Umstehenden auf die kluge Entscheidung ihrer Chefin anstoßen konnte. Auch aus der Ferne wurden Friedbert und ich Zeugen, wie Frau Dr. Brunner sprichwörtlich in sich zusammensackte. Mit hängenden Schultern und Mundwinkeln stellte sie das Glas unberührt ab und verließ fluchtartig den Besprechungsraum. Und das, bevor es richtig zünftig wurde und Bruno Mützweiler-Gräbing uns ermunterte, uns rege am gemeinsamen Karaoke-Spaß zu beteiligen.

Die meisten folgten seiner Aufforderung. Der Alkohol tat das Seine dazu, um anfängliche Hemmungen schnell abzubauen. Sogar der nordisch kühle und zugeknöpfte Uli Boeck verstieg sich im weiteren Verlauf des Abends zu einem gesanglichen Duett mit einer seiner Pressereferentinnen. Er hatte seine Sandkastenfreundin gegen den vehementen Widerstand des Personalrates ins Haus geholt. Innerhalb kürzester Zeit war sie verbeamtet und in Rekordzeit befördert worden.

Beim gemeinsamen Singen himmelten sich Uli Boeck und die Pressereferentin nun an und schmetterten mit großem Pathos den Song »Time of my life« aus *Dirty Dancing* ins Mikrofon. Ich dachte spätestens bei der Textstelle »and I owe it all to you«, dass dies kein gelungener, aber ein äußerst passender Beitrag zu diesem denkwürdigen Abend war.

Homestory, Oktober

Noch denkwürdiger verlief schließlich die Homestory, von der am Ende nicht viel übrig blieb. Zumindest nicht das, worauf wir wochenlang hingearbeitet hatten: Endlich wieder gute Bilder.
Was am Ende blieb, waren ein totes Pony und die Suche nach dem Täter. Nach stundenlangen Befragungen durch Experten des bayerischen Landeskriminalamtes löste sich der versammelte Leitungsstab des BuEGeLN in den späten Nachmittagsstunden allmählich auf und machte sich, zumeist in kleinen Grüppchen, von Oberbayern aus auf den Rückweg nach Berlin. Zwergpony Ernie lag inzwischen auf einem kalten Metalltisch in einem düsteren Kellergewölbe der Gerichtsmedizin in Augsburg, Garmisch-Partenkirchen oder München. Die KTU hatte sämtliche Tatort-relevanten Fotos gemacht und Spuren gesichert, dabei jedoch das Fazit ziehen müssen, dass die ganze Sache äußerst mysteriös war. Deshalb wurden Fachleute und *Profiler* des Bundeskriminalamtes und des Staatsschutzes hinzugezogen.
Zwar hatte eine tüchtige junge Beamtin die Tatwaffe samt einer Patronenhülse hinter einem der großen Heuballen entdeckt, die im Spätsommer und Herbst von der Nordsee bis zum Allgäu die abgemähten Wiesen unseres schönen Landes zieren. Von einem Täter oder einer Täterin war jedoch weit und breit keine Spur, obgleich die Sicherheitsleute der Ministerin und die ohnehin anwesenden Polizisten direkt nach dem Schuss in alle Richtungen ausgeschwärmt waren, um den kaltblütigen Mörder dingfest zu machen.
Die Befragung der Anwesenden fiel nicht erhellender aus, denn jede und jeder hatte ein Motiv, das zumindest den Gedanken an ein Tötungsdelikt nachvollziehbar erscheinen ließ. Das hieß nicht, eine solche Tat zu rechtfertigen, aber es erklärte den weit verbreiteten Unmut im Ministerium, der schließlich ein Ventil gesucht und zu dem Anschlag geführt hatte. Dass es Ernie, das bezaubernde Zwergpony, erwischt hatte, war ein Kollateralschaden, wie er bei stümperhaft ausgeführten kriminellen Taten nie gänzlich ausgeschlossen werden konnte.
Ich selbst gab wahrheitsgemäß zu Protokoll, dass in den vergangenen zwölf Monaten ein gewisser Groll gegen die Ministerin in mir gewachsen war. Ich betonte aber, dass ich aus tiefster Überzeugung jede Form von Gewalt

ablehnte und emotional und psychisch niemals in der Lage wäre, eine Waffe in die Hand zu nehmen, geschweige denn diese auf ein anderes Lebewesen zu richten und den Abzug zu drücken.

»Wobei«, diktierte ich dem Beamten in den Block, »wenn es um die Befreiung von menschenverachtender Tyrannei geht, etwa von Psychopathen wie Hitler, Stalin oder einem dieser adipösen nordkoreanischen Kims mit ihren schlecht sitzenden Pseudouniformen und noch schlechteren Frisuren ....«

An dieser Stelle legte mir mein Gegenüber die Hand auf die Schulter und sagte: »Lassen Sie mal gut sein, Frau Unruh. Ich weiß, Sie stehen wie alle hier unter Schock. Danke, Sie können jetzt gehen.«

Ich wandte mich irritiert ab und griff mir an dem langen Holztisch im Schatten des verwaisten Ponystalls eine der Käsesemmeln, die schon seit dem Morgengrauen unter Plastikfolie an Frische einbüßten und deren glasiger Belag sich an den Rändern Richtung Himmel bog. Aber irgendetwas musste ich zu mir nehmen, schlimm genug, dass wir hier seit Stunden herumstanden und uns der Magen in den Knien hing. Es bereitete mir diebische Freude, die Semmel mit einer Flasche lauwarmer Erdbeerschorle herunter zu spülen. Die einzige, zudem recht bescheidene Freude an diesem trostlosen Tag in den Weiten des idyllischen Voralpenlandes.

In der Tasche meines Blazers vibrierte das Handy. Ich nahm es heraus und schirmte das Display gegen den grellen Sonnenschein ab. Erschrocken zuckte ich zusammen. Ebbi hatte mir eine WhatsApp-Nachricht geschickt: »Mia, alles ok bei Dir? Schrecklich, das Ganze!«

Was genau er schrecklich fand, teilte er nicht mit mir. Ich nahm an, er meinte den Anschlag auf die Ministerin, der blitzschnell überall in der Republik die Runde gemacht hatte. Was Ebbi bestimmt nicht meinte, war, wie er mich hingehalten hatte und dass er sich seit jenem Abend vor vielen Monaten kein einziges Mal bei mir gemeldet hatte. Vielleicht hatte er die Nachricht geschrieben, während er auf einer Parkbank im Tiergarten saß und den Kinderwagen schuckelte, in dem sein Nachwuchs friedlich schlummerte. Scheißkerl, dachte ich und löschte alle Nachrichten, die wir jemals ausgetauscht hatten. Danach verschob ich seinen Adresseintrag in den virtuellen Papierkorb. Ein guter Tag, um Tabula rasa zu machen.

Ich wartete, bis Friedbert seine Sicht der Dinge zu Protokoll gegeben hatte

und verschwitzt und erschöpft auf mich zusteuerte. Endlich könnten wir hier weg.
»Lass uns hier abhauen. Grauenhaft, der schlimmste Tag meines Lebens«, stöhnte er und griff sich seine Umhängetasche mit dem Aufdruck: »Always believe something wonderful is going to happen.«
»Denk dran: Es hätte noch schlimmer können und wir stünden jetzt ohne Ministerin da«, gab ich zu bedenken. Friedbert schien in einem so desolaten Zustand zu sein, dass ihm die bittere Ironie entging, die in meinen Worten mitschwang.
In den abfahrbereiten Minibussen waren nur vereinzelt Plätze frei. Weder Friedbert noch ich wollten nach den aufregenden Ereignissen dieses Tages zwischen Uli Boeck, Bruno Mützweiler-Gräbing, Bine Schlöz, den Social Media-Experten oder den Pressereferentinnen sitzen und ihren Verschwörungstheorien lauschen. Wir brauchten einander und nicht den Tross aus Berlin. Deshalb liefen wir ein Stück und stellten uns an die Landstraße. Wir reckten die Daumen in die Höhe, wenn sich ab und an ein Fahrzeug Richtung München näherte.
Schließlich gabelte uns ein Lieferwagen auf mit der Aufschrift: »Frisch auf den Tisch – Fleisch aus Oberbayern«. Als wir dem freundlichen Herrn hinter dem Steuer erzählten, welche Tragödie sich gerade auf dem Hof der Familie Wanninger zugetragen hatte, unterbrach er uns und setzte zu einem enthusiastischen Vortrag über die Vorzüge von Pferdefleisch an, zum Beispiel wenn es um die Zubereitung eines traditionellen rheinischen Sauerbratens nach Großmutters Rezept ginge. Ich lehnte meine Stirn an die kühle Scheibe und starrte apathisch hinaus auf die vorbeiziehenden Wiesen, Felder und Pferdekoppeln. Mannomann, dachte ich, soviel Sauerbraten kann man gar nicht essen, wie hier herumsteht. Was im Zeichen von Nachhaltigkeit mit Ernie geschehen würde, sobald die Gerichtsmedizin den Leichnam freigab, war jetzt klar.
Den Rückflug nach Berlin brachten wir schweigend hinter uns. Friedbert hing seinen Gedanken genauso nach wie ich. Die einzige Lektüre, die wir im Gepäck gehabt hatten, waren die Regieanweisungen für den heutigen Tag. Sie hatten sich gleich zu Beginn der »besten Homestory aller Zeiten« erledigt und wir hatten sie in den Altpapierbehälter neben dem Check-In gestopft. Ob es noch einmal so eine Inszenierung geben würde, wagte ich

zu bezweifeln. Schade eigentlich, es hatte ja endlich wieder richtig gute Bilder geben sollen.

Die Bilder, die sich in Windeseile im Netz verbreiteten und am nächsten Tag jede Titelseite der Republik zierten, waren hingegen ausgesprochen hässlich geraten: auseinanderstiebende hysterische Menschen mit vor Todesangst verzerrten Gesichtern, ein totes Tier in einer riesigen Blutlache, im Wind flatterndes Absperrband und Polizeiautos, die die reizvolle Landschaft verschandelten.

Über allem die Frage: »Wer war das?«

Sieg des Gewissens, Dezember

Die Frage nach dem Täter wurde in den nächsten Tagen und Wochen heftig diskutiert. Weniger als die Frage nach dem Motiv, wie mir immer wieder auffiel. Trotz Einrichtung einer »SoKo Ernie« dauerte es über zwei Monate, bis, pünktlich zum Weihnachtsfest, endlich Licht ins Dunkel kam.

Friedbert und ich hatten zunächst auf Frau Dr. Almut Brunner getippt. Sie hatte nach dem missglückten Karrieresprung auf den Posten des kurz zuvor entlassenen Staatssekretärs Karl-Heinz-Beutel einen Nervenzusammenbruch erlitten und eine mehrwöchige Erholungskur am Starnberger See angetreten. Also nicht weit entfernt vom Tatort. Allerdings kam das zeitlich nicht hin, da Frau Dr. Brunner nach ihrem Zusammenbruch zunächst in Berlin stationär behandelt wurde. Sie traf erst am Abend des Anschlags in Oberbayern ein, hatte also ein wasserdichtes Alibi. Das galt auch für Karl-Heinz Beutel, der sich nach seiner Entlassung in den Flieger gesetzt hatte und zu einem mehrwöchigen Erholungsurlaub in Italien aufgebrochen war, um die ihn verfolgende Journalistenmeute abzuhängen. Ausgerechnet Italien, dachte ich, als ich davon hörte.

In einem persönlichen Schreiben wünschte die Ministerin Frau Dr. Almut Brunner alles erdenklich Gute zur Genesung: »Ich hoffe von Herzen, dass Sie, meine langjährige Weggefährtin, möglichst bald wieder mit voller Kraft neue Aufgaben im Ministerium und an meiner Seite wahrnehmen können.«

Mir war es nicht leicht gefallen, die guten Wünsche mit der nötigen Überzeugung zu Papier zu bringen.

Vom neuen Staatsekretär Holger Sudhoff bekamen wir zur allgemeinen Erleichterung nicht viel mit. Er scheute das Licht der Öffentlichkeit, gab entsprechend wenige Redevorbereitungen in Auftrag und galt als das, was man im Behördenjargon einen Aktenfresser nannte. Jemand, der sich bis tief in die Nacht hinein dem Studium von Leitungsvorlagen und Vermerken widmete, immer sämtliche Fakten parat hatte und damit eine optimale Ergänzung zu einer Ministerin darstellte, die gerne mit flotten Sprüchen Schlagzeilen machte, deren inhaltlicher Gehalt von eben solchen Holger Sudhoffs als Nachhut mühsam erklärt werden musste.

Von Karl-Heinz Beutel hörte man nach einer Weile nicht mehr viel. Es

wurde gemunkelt, dass er in der Toskana an seinen Memoiren saß. Der Arbeitstitel lautete angeblich: »Von Lamas und anderen treuen Gefährten.« Das politische Berlin zitterte nicht schlecht ob der Aussicht, den eigenen Namen demnächst in schillernden Schilderungen von Reisen diverser Ausschüsse nach Südostasien und Besäufnissen zu Lasten des Bundeshaushalts wiederzufinden. Ob er selbst an der Autobiografie arbeitete oder die literarische Umsetzung seiner spannenden und kurzweiligen Lebenserinnerungen einem *Ghostwriter* überließ, war nicht bekannt. Mich hätte eine solche Aufgabe gereizt, nicht unbedingt in den Diensten eines Karl-Heinz Beutel, aber es gab einem gewiss einen neuen Kick, das Redenschreiben nach all den Jahren gegen eine freischaffende Tätigkeit einzutauschen. Ich kannte allerdings ehemalige Kollegen, die den Weg in die Selbständigkeit als freie Autoren gewagt hatten. Beinahe alle waren kläglich gescheitert. Es gab einfach zu viele von uns, dazu all die Journalisten, die die Bereinigung des Zeitungsmarktes auf die Straßen gespült hatte.
Was mir blieb, war der Traum vom Jahrhundertroman. Bis ich einmal Zeit, Muße und genug Geld hätte, endlich den Griffel in die Hand zu nehmen und loszulegen, würde ich weiterhin meine wertvolle und begrenzte Lebenszeit in den Fluren einer obersten Bundesbehörde vergeuden. Das war die nackte Wahrheit. Allmählich knickte ich vor ihr ein.

Die andere Wahrheit, die kurz vor Weihnachten ans Licht kam, betraf die Vorbereitung und Durchführung des Mordanschlages, der unserer Ministerin im Oktober die bitter nötigen guten Bilder verhagelt und Zwergpony Ernie ins Jenseits befördert hatte.
Ich staunte nicht schlecht, als die BILD am Sonntag am dritten Advent mit der Schlagzeile aufmachte: »Mordanschlag Wanninger aufgeklärt: Er wollte nur ihr Bestes!« Darunter las ich etwas kleiner drei Zeilen:
»Persönlicher Referent B.M.G. gesteht Mordpläne.
Er wollte endlich wieder gute Presse.
Bibi und Tina führten zum Geständnis.«
Ich griff umgehend zum Handy und wählte Friedberts Nummer. Schlaftrunken murmelte er ins Telefon: »Ja, bitte? Wer da?«
Oh Mann, dachte ich, mach die Augen auf, ich bin es. Mein Name steht auf dem Display.

Trotzdem sagte ich nur: »Friedbert, ich bin's, Mia, mach den Computer an: Die BamS hat die Story«.
Meine Stimme überschlug sich vor Aufregung.
»Welche Story?«, fragte Friedbert begriffsstutzig zurück.
Ich sah vor meinem geistigen Auge, wie er sich abrupt in seinem Kingsize-Bett aufrichtete und sich die Schlafmaske von den Augen riss.
»Bruno Mützweiler-Gräbing hat das Ganze eingefädelt«, fasste ich den komplexen Fall ebenso knapp zusammen, wie es die BamS auf der Titelseite zustande gebracht hatte.
»Es ging von Anfang an um das Pony, nicht um die Ministerin. Es sollte nur so aussehen, als ob sie die Zielscheibe war. Bruno Mützweiler-Gräbing behauptet, er habe sich den Plan gemeinsam mit Uli Boeck ausgedacht, nachdem die Ministerin über Monate nur schlechte Presse hatte.«
Ich konnte gar nicht so schnell sprechen, wie die Gedanken in meinem Kopf hin- und herrasten.
»Und sie haben sich richtig unter Druck gefühlt, als immer mehr Menschen mit ›Nein!‹ auf die Frage antworteten, ob ihnen diese Politikerin bekannt sei. Die Beliebtheitswerte waren ja auch im Keller. Da haben Uli Boeck und Bruno Mützweiler-Gräbing Ernst gemacht!«
Am anderen Ende der Leitung ungläubiges Schweigen.
»Friedbert, hörst Du mir überhaupt zu?«
Mit schwacher Stimme hauchte er ins Handy: »Ich fasse es nicht, fahr fort.«
»Okay, also. Die Leute sollten mitfühlen und mitleiden. Sie sollten den Menschen, die Mutter sehen – nicht nur die Ministerin. Deshalb haben Uli Boeck und Bruno Mützweiler-Gräbing geplant, vor der versammelten Pressemeute das Pony abzuknallen. Sie wollten alle glauben machen, jemand habe die Ministerin kaltblütig ermorden wollen! Noch dazu im Kreis ihrer Lieben! Der Schwager des jungen Syrers hat die Sache dann erledigt.«
Ich überflog den Artikel, bis ich die Stelle gefunden hatte: »Die BamS schreibt, da unten würde doch jeder mit einer Knarre in der Hand groß ... Mützweiler-Gräbing und Boeck haben dem Syrer versprochen, den Rest seiner Familie aus Aleppo rauszuholen, wenn er es macht! Enge Kontakte zum Auswärtigen Amt und so.«
»Das glaubst Du doch selbst nicht«, unterbrach Friedbert meinen Redefluss, »Bruno Mützweiler-Gräbing und Uli Boeck, irgendein Schwager

eines syrischen Flüchtlings als Mörder? Mia, so eine Räuberpistole habe ich noch nie gehört!«

»Aber er hat gestanden«, kreischte ich hysterisch ins Handy. »Er hat alles zugegeben! Jetzt fahr doch endlich mal Deinen Computer hoch«, schickte ich ungeduldig hinterher.

»Beruhig Dich mal, mache ich doch gerade«, gab Friedbert beleidigt zurück.

»Warum sollte Bruno Mützweiler-Gräbing überhaupt gestehen, wenn ihm bis heute keiner auf die Schliche gekommen ist?«, fragte Friedbert und strapazierte meine Nerven.

»Das macht doch alles keinen Sinn, das ist eine ganz billige Ente!«, fuhr er fort.

Langsam verlor ich die Geduld mit ihm, riss mich aber zusammen und sprach im Ton einer Sonderschullehrerin bemüht langsam weiter: »Also, Bruno Mützweiler-Gräbing plagte das Gewissen so sehr, dass er es nicht mehr ausgehalten hat. Hier steht, dass er seiner kleinen Tochter jeden Abend aus »Bibi und Tina« vorlesen musste. Du weißt schon, dieses Mädchen-Pferdebuch.«

»Ja, kenn ich, Teil vier oder so läuft gerade im Kino. Wollte ich mir demnächst angucken«, unterbrach mich Friedbert zu allem Überfluss.

Ich redete weiter: »Die Kleine hat immer geweint, wenn ein Pferd verkauft oder eingeschläfert werden musste. Und irgendwann ist Bruno Mützweiler-Gräbing dann beim Vorlesen zusammengebrochen, als wieder so eine traurige Stelle kam. Er hat seiner Tochter heulend erzählt, er habe selbst mal ein Pony getötet«, erklärte ich Friedbert.

»Also nicht er selbst«, fuhr ich fort, »aber gewissermaßen im Geiste, als Auftraggeber. Die Kleine hat sich beim Kinder-Yoga verplappert und ihrer Kursleiterin brühwarm erzählt, der Papi habe ›geistig‹ ein Pony erschossen.«

Friedbert gab ein Geräusch von sich, das ich zwischen Stöhnen und Kichern verortete.

»Dummerweise ist die Yogalehrerein auch noch Vorsitzende des Tierschutzbundes Sektion Prenzlauer Berg. Sie hat Bruno Mützweiler-Gräbing nach der Stunde zur Seite genommen und zur Rede gestellt.«

Ich machte eine dramatische Kunstpause, bevor ich zum Schluss kam: »Er konnte seine Schuld nicht mehr ertragen und ist völlig kollabiert. Dann hat er sich der Polizei gestellt und alles zugegeben. Das hab ich hier schwarz auf weiß«, rief ich triumphierend ins Handy.

Am anderen Ende der Leitung wurde es still, nur das Klicken einer Computertastatur war entfernt zu hören.

»Jetzt hab ich es«, sagte Friedbert und klang plötzlich ganz munter.

»Das ist ja ein Knaller«, rief er aus. »Die anderen Zeitungen titeln dasselbe, die Frankfurter Sonntagszeitung, die Welt am Sonntag, querbeet durch den Blätterwald! Scheint also was dran zu sein. Das gibt es ja nicht!«, rief er erregt.

Endlich, dachte ich.

Die Berichte stimmten in den Fakten überein, Unstimmigkeiten gab es lediglich bei der abendlichen Bettlektüre im Hause Mützweiler-Gräbing, die die Schuldgefühle ins Unerträgliche gesteigert hatte. Aber egal, ob »Bibi und Tina«, »Zottel und Zwockel« oder »Lotte und Hotte«. Entscheidend war, dass einmal mehr das Gewissen einen Sieg über die niederen Instinkte errungen hatte, die uns Menschen beherrschten, seit der Herrgott Adam und Eva aus dem Paradies vertrieben hatte. Das zumindest stimmte hoffnungsfroh in einer Welt, in der Gewalt und Schrecken, Lüge und Neid regierten. Und es genügte, uns bei der Stange zu halten und weiterkämpfen zu lassen. Für das Gute, für Lebensqualität und Nachhaltigkeit und all die anderen hohen Güter. Auch Friedbert und ich würden den Kampf weiter fechten. Genau wie unsere Kolleginnen und Kollegen im BuEGeLN, an dessen Spitze unangefochtener denn je unsere Ministerin stand, um die Welt immer noch ein bisschen besser zu machen.

Epilog, ein Sommer

Das alles liegt hinter mir. Jetzt ist alles gut. Ich sitze am Fenster der einzigen Stube, die wir für uns behalten haben und die bei großem Andrang von Naturfreunden und Alpinisten nicht in ein zusätzliches Matratzenlager umfunktioniert wird. Wenn ich aus dem Fenster blicke, sehe ich nichts als Natur. Almwiesen, auf denen die Braunen grasen und sich behäbig von einem Fleck zum nächsten begeben, immer auf der Suche nach saftigem Grün und schmackhaften Alpenkräutern. Der Klang der Kuhglocken gehört für mich inzwischen zum Sound meines Tages wie früher in Berlin das Rattern der S-Bahn oder das Hupen aggressiver Autofahrer mit dem Aufkleber »Fridays for Diesel« auf der Heckscheibe, denen ich nicht schnell genug auf den Radstreifen ausgewichen war. Ab und zu hört man ein Murmeltier pfeifen.

Draußen sammelt Enrico die Kaffeebecher der Gäste der letzten Nacht zusammen, die ihren Rucksack geschultert haben und weitergezogen sind. Ruhe kehrt ein, bis am Nachmittag neue müde Wanderer auf unsere Hütte zusteuern und ihr Nachtlager bereit machen. Dann helfe ich meinem schönen Portugiesen unten in der Küche beim Zubereiten der Mahlzeiten. Wir hantieren mit großen Töpfen voll Chili con Carne oder mit gusseisernen Pfannen mit Bratkartoffeln. Bis zum Abendessen kümmert Enrico sich um alles, damit ich Zeit und Muße zum Schreiben habe.

Für den ersten Teil meiner Trilogie habe ich im ersten Anlauf einen Verlag gefunden. Nicht irgendeine kleine Klitsche, in der sich die Autoren um alles selbst kümmern müssen. Ich hatte Glück und bin bei einem der ganz Großen untergekommen. Nicht nur das. Ich habe einen Vorvertrag und einen Vorschuss für den zweiten und dritten Teil in der Tasche, obwohl der erste Teil erst im Herbst zur Buchmesse auf den Markt kommt. Ich arbeite bereits am nächsten Band. Den Plot habe ich von der ersten bis zur letzten Seite im Kopf. Trotzdem werde ich dafür länger brauchen. Im Oktober brechen Enrico und ich hier oben für dieses Jahr die Zelte ab. Den Winter werden wir in seiner Heimat verbringen, wo unser erstes Kind zur Welt kommen soll. Nächstes Jahr werden wir als Familie auf die Alpenvereinshütte zurückkehren. Wir werden sie Ende Mai für die neue Saison öffnen und zu dritt die Wanderer begrüßen, die sich zu uns in die einsame Bergwelt verirren.

Als ich noch in Berlin im BuEGeLN gearbeitet habe, hätte ich mir nie erträumt, wie mein Leben einmal aussehen könnte – ohne Stress, ohne Hektik, ohne Frust und das Gefühl, in einem Hamsterrad zu stecken, das sich immer schneller dreht. Ich habe mich danach gesehnt, aber erfühlen konnte ich es nicht im Lärm der Großstadt.

Die vollen U-Bahnen, das Gedränge in den Geschäften, die Telefonate, deren unfreiwilliger Zeuge man ständig wird, die wegen Laufveranstaltungen und Demos wochenlang gesperrten Hauptverkehrsadern, die Touristenströme, die Berge schrottreifer E-Roller an den Straßenecken, die Hitze zwischen den alten Gemäuern und die schlecht gelaunten Busfahrer, das alles habe ich hinter mir gelassen. Ich habe mein anstrengendes Leben eingetauscht gegen klare Luft, duftende Almwiesen, Ruhe und die Nähe zum Himmel.

Als ich Enrico bei gemeinsamen Freunden kennengelernt habe, war es, was man Liebe auf den ersten Blick nennt. Ich fand das früher kitschig und unrealistisch, und dann ist es uns beiden genau so passiert. Ein Blick, und alles war klar.

Enrico hat in seinem alten Leben in einer Werbeagentur geknechtet, sechzig Stunden die Woche, Minimum. Er hat in diesen Jahren ziemlich viel Kohle gemacht, bis ein handfestes *Burnout* ihn mit Mitte Dreißig außer Gefecht setzte. Die Therapie in einer Klinik in den Bergen hat ihm die Augen geöffnet für die Dinge, die uns wirklich zufrieden machen und für alles Geld der Welt nicht zu haben sind. Genau wie ich hat er alles hinter sich gelassen. Im Sommer sind wir hier oben, im Winter in Portugal. Wir brauchen nicht viel, wir haben ja uns. Und bald haben wir nicht nur uns, sondern unser erstes Kind.

Enrico und ich haben unglaubliches Glück gehabt: Wir haben früh genug den Absprung geschafft. Und wenn man erst einmal den Ballast und die Ketten losgeworden ist, besteht das Leben aus grenzenloser Freiheit. Sie erlaubt es einem, mit nur einer Sache glücklich zu sein: der Liebe. Das Schreiben kommt als mein persönliches Sahnehäubchen oben drauf.

Draußen sind Stimmen zu hören. Das müssen Friedbert und Lukas sein, die am frühen Morgen losgelaufen sind, um einen nahen Gipfel zu besteigen. Mehr haben sie sich für heute nicht vorgenommen, sie wollen ihre Kräfte schonen, um für den Rest der Alpenquerung genügend Reserven zu

haben. Enrico und ich sind stolz und glücklich, dass ihr Honeymoon die beiden auf unsere Berghütte geführt hat. Drei Wochen Zeit wollen sie sich für die ganze Tour nehmen. Danach werden sie nach Köln zurückfahren, wo sie erfolgreich eine Galerie für *queere* Kunst betreiben. Friedbert hat erzählt, dass sogar Elton John in der Galerie war und sich ernsthaft für das Gemälde eines vielversprechenden jungen Künstlers interessiert.
Gestern Abend haben wir lange unter dem Sternenhimmel gesessen und von alten Zeiten erzählt. Friedbert weiß auch nicht, was aus Bine Schlöz und Tristan von Herrlinghaus, aus Bruno Mützweiler-Gräbing, Uli Boeck und all den anderen geworden ist. Uschi und ich haben uns anfangs noch geschrieben, aber der Kanal ist versiegt und so erfahre ich keine Gerüchte und Neuigkeiten mehr aus dem BuEGeLN. Facebook und Instagram habe ich schon lange nicht mehr, es würde hier oben gar nicht funktionieren. Aber das alles interessiert mich auch nicht mehr. Nur um Frau Dr. Roswitha Wanninger kommt man nicht herum, seit sie zur Kanzlerkandidatin ihrer Partei gekürt wurde. Es sieht im Moment danach aus, als würde sie das Rennen machen. Die Grünen sind entzaubert, die Liberalen wankelmütig wie eh und je und meine ehemalige Partei kann sich freuen, wenn sie die Fünf-Prozent-Hürde nimmt. Es ist und bleibt ein Trauerspiel.
Ich beuge mich vor und sehe, wie Friedbert und Lukas die letzten Meter des Weges zu unserer Berghütte zurücklegen. Braungebrannt, erschöpft, aber glücklich.

Dann knallt eine Tür. Genau in diesem Moment werde ich jedes Mal wach und schrecke hoch. Ich stehe auf, öffne meine Schlafzimmertür und lasse Theo, meinen alten Kater, hinein. Er wird mir die Füße wärmen, bis ich morgens aufstehen und Papa versorgen muss, bevor ich ins BuEGeLN radle, um mich um die Singvögel im Alpenraum zu kümmern. Ich überlege seit ein paar Wochen ernsthaft, ob ich mir einen Golden Retriever oder lieber einen Labrador zulegen soll. Aus dem Tierheim oder aus Rumänien, versteht sich.

Im Norden ein Licht

Kurz nach dem Notabitur wird Joachim 1941 als junger Soldat an die Eismeerfront nach Finnisch-Lappland abkommandiert. Es gilt, Murmansk zu erobern. Die vermeintlich schnelle Operation wird zu einem Jahre währenden Stellungskrieg. Anfängliche Abenteuerlust und Begeisterung wandeln sich zu Zweifel und Verzweiflung.
Im Lager der Wehrmacht in Petsamo lernt Joachim Mirja kennen, eine Freiwillige der Lotta-Svärd-Bewegung, die für den »Waffenbruder« Hilfsdienste leistet. Joachim verliebt sich in die junge Finnin, ist in ihrem Elternhaus bald gern gesehener Gast.
Alles ändert sich, als Finnland mit der Sowjetunion im September 1944 einen Waffenstillstand abschließen muss, die deutschen Soldaten aus dem Land gedrängt werden und die Wehrmacht einmal mehr verbrannte Erde hinterlässt.
Hat die Liebe zwischen Joachim und Mirja in diesen dunklen Zeiten eine Chance?

Katrin Liebelt wurde 1967 im westfälischen Arnsberg geboren. Nach einigen Jahren als Redakteurin arbeitet die Historikerin und Politikwissenschaftlerin seit 2003 als Redenschreiberin für verschiedene Bundespolitiker. Während einer beruflichen Auszeit, die sie mit ihrem Mann und den vier Kindern in Thessaloniki verbringt, ist ihr erster Roman entstanden.

Hardcover · ISBN 978-3-937507-32-2

HEINER LABONDE VERLAG
& MEDIAKONTOR

Tel. 0 21 81-16 23 71
info@labonde-verlag.de
www.labonde-verlag.de